Louise Courteau

**Autres livres de l'auteure :**

– *Rencontres avec le peuple des étoiles : récits amérindiens inédits* (Atlantes) ;

– *Sky People: Untold Stories of Alien Encounters in Mesoamerica* (New Page Books) ;

– *More Encounters with Star People: Urban American Indians Tell Their Stories* (Anomalist Books) ;

– *Sisters in the Blood: The Education of Women in Native America.*


**Sur la même thématique chez Louise Courteau :**

– la collection *Ufologie singulière* ;

– *Le Gouvernement secret / Opération Cheval de Troie* ;

– *Crashs et récupérations d'ovnis* (tomes 1 et 2), Leonard H. Stringfield (parution 3e trimestre 2023).

(www.novimondi.com et .ca)

Titre original : *Space Age Indians* (publié par Anomalist Books)
ISBN : 978-1-913191-26-9
Dépôt légal : premier trimestre 2023
Bibliothèque et Archives nationales du Québec
Bibliothèque et Archives Canada

Image de couverture : Stefan Keller / Kellepics / Pixabay

**Louise Courteau Inc.**
410, St-Nicolas, suite 236
Montréal, Québec, H2Y 2P5, Canada
louise.courteau.inc@pm.me
www.louisecourteau.com

Ardy Sixkiller Clarke

# Autochtones d'Amérique et voyageurs de l'Espace

## Rencontres avec les hommes bleus et autres peuples des étoiles

Traduit de l'américain par Sylvana Buadès

Louise Courteau

J'aime mon ordinateur,
Je suis un Indien du futur,
Un Indien de l'ère spatiale, je ne serai pas laissé derrière,
Un Indien de l'ère spatiale, je change avec l'époque.

« L'Indien de l'ère spatiale »
Tiger Tiger

# Note de l'auteure

Certains historiens situent le début de l'ère spatiale en 1926, au lancement de la première fusée à carburant liquide par Robert H. Goddard. En juin 1944, une fusée allemande V2 devient le premier objet artificiel à pénétrer dans l'Espace. Malgré ces tentatives, la plupart des historiens font remonter le début de l'ère spatiale à 1957, avec le lancement de Spoutnik par l'Union soviétique, le premier satellite au monde, et datent sa fin au 20 juillet 1969, à l'alunissage d'Apollo 11, lorsque les astronautes Neil Armstrong et Buzz Aldrin foulent le sol lunaire. Depuis l'arrêt du programme Apollo en 1972, l'intérêt du public pour la conquête spatiale a diminué et, globalement, les gens sont passés à autre chose.

L'âge des personnes interrogées dans ce livre varie, mais elles ont un point en commun : elles ont vu deux astronautes autochtones[1] lancés dans l'Espace : en 2002, le commandant John Herrington, membre de la tribu des Chickasaw, suivi en 2009 de José Hernández, un Californien originaire de la tribu autochtone Purépecha dans la région nord-ouest de l'État mexicain du Michoacán. Bien que peu d'attention ait été accordée aux racines indigènes de ces deux astronautes, ils ont tous deux inspiré la jeunesse autochtone.

Il est difficile de croire qu'au cours de cette même période, j'ai recueilli plus de 4 000 récits sur le peuple des étoiles. Depuis mon premier livre, *Rencontres avec le peuple des étoiles*, j'ai recueilli 1 868 histoires supplémentaires. Il y a tellement d'autres témoignages en attente d'être documentés que j'aurais besoin de deux vies pour terminer la tâche. Recueillir ces récits est devenu comme une seconde nature ; je n'ai rien planifié, cela s'est fait naturellement.

---

1 NdÉ : Nous employons le terme « autochtone » pour qualifier les peuples natifs d'Amérique du Nord, en particulier ceux habituellement désignés sous le terme d'« Amérindiens ». Même si tous les témoignages proviennent de peuples autochtones des États-Unis, nous faisons ainsi le choix de nous aligner sur les appellations reconnues par le Canada, dans le souci de précision et de respect envers les peuples natifs.

Bien que tous tiennent une place importante dans mon cœur, je me suis particulièrement intéressée dans ce nouveau livre à l'histoire de ceux qui ont grandi pendant l'ère de l'exploration spatiale. Ce groupe est parfois désigné par les Anciens comme *les Autochtones de l'ère spatiale* et immortalisé en chanson par le duo de rock and roll miccosukee[2] : Tiger Tiger. Je voulais savoir si leurs perceptions et leurs expériences se distinguaient de celles de leurs aînés, et déterminer si la Guerre froide, la conquête de l'Espace ou la culture pop avaient affecté leurs souvenirs des rencontres. C'est pourquoi j'ai sélectionné des témoignages de personnes dont l'âge varie de l'adolescence à plus de 70 ans. Toutes utilisent des ordinateurs, internet ou les réseaux sociaux.

J'ai organisé les récits en trois grandes catégories de rencontres : les hommes bleus, les reptiliens et insectoïdes, et d'autres peuples des étoiles. Bien que ces races extraterrestres soient apparues dans mes trois autres livres, elles n'ont pas été au centre de mon travail. En raison de la nature extraordinaire de ces rencontres, je pense qu'il est temps de partager avec mes lecteurs ces récits étonnants et parfois bizarres.

Puisque vous m'accompagnez dans ce voyage, notez que j'étais déjà ouverte à l'idée que des personnes aient pu vivre des expériences hors du commun avec des êtres qu'ils décrivaient comme différents de nous et supérieurs à nous, autant intellectuellement que physiquement. J'ai appris l'existence de voyageurs de l'Espace aux capacités extraordinaires et qui, dans certains cas, accomplissent des miracles. J'ai découvert qu'il en existe plusieurs races, certaines bienveillantes, d'autres malveillantes. Aussi, certaines espèces ont une attitude presque humaine envers les animaux.

Souvent, les aspects les plus importants se sont révélés de façon inattendue, même s'ils n'étaient pas toujours évidents. Les anthropologues décrivent ce genre de vision comme un espace « limbique », où l'on fait tomber ses œillères pour accepter une nouvelle vision de la vie, au-delà de notre expectative. En vous ouvrant à l'importance de ces rencontres, vous êtes obligé d'accepter l'extraordinaire variété

------------

2 NdÉ : tribu originaire de Floride.

des visites. Ainsi, vous serez capable de comprendre la profondeur des échanges avec les peuples des étoiles.

J'espère sincèrement qu'au fil de votre lecture, vous serez également prêt à entrer dans cet état limbique et à accepter les récits tels qu'ils sont racontés, ce qui est mon cas. J'ai pris le soin de les transcrire exactement tels qu'ils m'ont été confiés, afin que ces rencontres continuent de vivre par la voix de mes lecteurs.

En les partageant autour de vous, cher Lecteur, vous les ajoutez à la culture et au savoir communs de l'ufologie. Ainsi, ces récits ne sont plus les symboles d'événements d'une seule vie : ils appartiennent à la collectivité et résident dans l'esprit de ceux qui les ont entendus ou lus.

Les parents parleront à leurs enfants des rencontres avec les peuples des étoiles, les grands-parents, à leurs petits-enfants. J'en parlerai aux miens.

Ardy Sixkiller Clarke

# Première partie

# LES HOMMES BLEUS

# 1. Les hommes bleus : introduction

La littérature ufologique s'étend peu sur les hommes bleus. Le récit le plus connu sur eux nous vient probablement de Whitley Strieber, qui décrit sa rencontre avec des êtres « au visage large, gris foncé ou bleu foncé… avec des yeux profonds et brillants, un nez court et retroussé et une grande bouche vaguement humaine ».

Selon Robert Morning Sky, un orateur hopi-apache, les hommes bleus ou « les bleus » ont la peau translucide, de grands yeux en forme d'amande et sont de petite taille. Mary Sutherland mentionna qu'en plus des quatre races humaines, il y avait autrefois une cinquième race habitant sur un continent inconnu. Cette race, la plus ancienne de toutes, était bleue. Ces êtres, à la tête extrêmement grosse, mesuraient plus de 2 m. Ils maîtrisaient le contrôle mental, y compris les capacités de téléportation, de télékinésie et de perception extrasensorielle. Un jour, ils localisèrent une planète plus adaptée à leurs besoins dans un système solaire lointain et s'y téléportèrent, pour disparaître de la surface de la Terre.

Blue Otter [Loutre bleue], un aîné cherokee des Gardiens de la prophétie, révéla que les Cherokees rencontrèrent le peuple bleu quand ils arrivèrent sur le territoire correspondant de nos jours à l'État du Tennessee. D'après les légendes, ils y découvrirent des jardins bien entretenus, cultivés par une race de gens bleus vivant sous terre. Ils avaient de grands yeux et sortaient la nuit à la lumière de la Lune. Les Cherokees les appelaient *le peuple aux yeux lunaires* ou *le peuple à la peau bleue*. Dans l'ensemble de leur cosmologie complexe, les Anciens décrivent un univers où les humains partageaient le monde avec d'autres peuples surnaturels non humains. Cependant, le peuple aux yeux lunaires ne fut jamais décrit comme surnaturel, mais comme une autre race physiquement différente du Cherokee.

Selon une légende cherokee, le peuple aux yeux lunaires se battit et perdit une guerre contre les Creeks, une nation voisine. Une autre version de l'histoire affirme que les Cherokees menèrent la guerre contre le peuple aux yeux lunaires, les chassant du village cherokee de Hiwassee, vers ce qui est maintenant Murphy, en Caroline du Nord.

D'autres racontent que le peuple à la peau bleue ne disparut jamais, mais choisit de rester sous terre. Dans le nord de l'Arkansas, une équipe spéléologique de douze hommes tomba sur des habitants à plus d'un kilomètre sous terre. Les explorateurs trouvèrent un tunnel illuminé par une phosphorescence verdâtre où ils rencontrèrent une race d'êtres à la peau bleue mesurant plus de 2 m. Ils possédaient une technologie avancée et vivaient dans des villes souterraines massives.

Dans cette section, vous lirez les histoires d'anciens combattants autochtones. Même si les âges varient et qu'ils combattirent lors de guerres différentes, leurs descriptions des hommes bleus semblent correspondre les unes aux autres. Dans tous les cas, ces hommes bleus faisaient preuve de bienveillance. Dans certains récits, ils proposèrent d'emmener les humains dans un lieu dépourvu de guerre. Ce thème ne m'était pas inconnu : j'avais déjà interrogé des témoins parlant d'un autre monde où la paix régnait.

Dans d'autres cas choisis pour cette section, vous trouverez des récits de guérison, allant de la simple amélioration de la vue à des actes sauvant la vie. D'autres racontent des histoires dans lesquelles les hommes bleus réalisèrent des exploits incroyables, y compris la téléportation d'une automobile.

## 2. L'histoire d'Ira : les hommes bleus scintillants et les Autochtones de l'ère spatiale

*En décembre, je me suis rendue à Hawaï pour rencontrer une personne que j'avais autrefois interrogée, et établir des liens avec des collègues impliqués dans le mouvement Native Hawaiian Charter School. Pendant mon séjour, j'ai appris qu'un vieil ami avait été admis à l'hôpital pour anciens combattants. Ira, qui s'est identifié comme Sioux Dakota et meilleur pisteur de la guerre du Vietnam, vit sur l'île depuis qu'il a quitté l'armée. Il m'a dit un jour avoir vu Hawaï pour la première fois lors d'une permission du Vietnam, qu'il était tombé amoureux de ces îles et avait décidé d'y rester une fois redevenu civil. Désigné « soldat indien Pima », il est immortalisé comme l'un des six marines dans la célèbre photo de la levée du drapeau sur Iwo Jima. En tant qu'ancien combattant, il a joué un rôle de premier plan à Oahu dans l'accueil des vétérans choisissant de s'installer à Hawaï. Il souffre depuis des années d'une MPOC (maladie pulmonaire obstructive chronique) et d'un emphysème, et lorsque je suis entrée dans sa chambre, un large sourire a illuminé son visage alors qu'il luttait pour s'asseoir dans son lit. Une infirmière est rapidement venue à son secours, a ajusté ses oreillers et lui a donné la télécommande de son lit. Après une accolade et un baiser, je me suis assise à côté de mon ami. Je n'étais pas venue à l'hôpital pour entendre un récit sur les ovnis, mais c'est exactement ce qui se passa.*

– Ne laisse personne te dire que tes vieilles années sont les meilleures de ta vie, déclare Ira tandis qu'il fait des efforts pour parler. Je n'ai jamais pensé que ma vie finirait ainsi.

Je lui tiens la main et j'écoute, sachant qu'aucun mot ne pourra miraculeusement guérir son état. Ce n'est plus le jeune homme arrogant et musclé que j'avais rencontré un soir sur une plage de Waikiki. Ses cheveux noirs, devenus blancs, pendent comme de longs fils sur sa poitrine. Il peine à respirer et, même avec de l'oxygène, je peux observer sa poitrine se lever laborieusement et descendre à chaque respiration.

– J'ai vu deux de tes cousins récemment, lui dis-je pour changer de sujet. Je les ai prévenus que j'avais l'intention de te voir, et ils me font te transmettre qu'ils t'aiment et souhaitent que tu rentres vite à la maison pour rendre visite à tous tes proches dans la réserve.

– J'ai l'intention d'y aller après ma mort. En fait, je voulais te parler de mes cendres. Je veux que tu les ramènes à la maison et que tu les répandes sur Strawberry Hill. Tu connais les lieux.

Avant que je puisse répondre, six hommes âgés entrent dans la pièce en poussant un chariot avec un gâteau d'anniversaire. Ils se lancent alors dans la chanson *Joyeux anniversaire*. Ils sortent une bouteille de whisky et sept verres, et trinquent au soixante-douzième anniversaire d'Ira. Ce dernier rebouche vite la bouteille, la cache sous ses oreillers, puis s'adresse à ses éternels camarades :

– Je veux vous présenter l'amour de ma vie, déclare Ira en me pointant du doigt. Je l'ai rencontrée un soir sur une plage où je faisais la bringue avec des potes. Elle travaillait au Moana comme femme de ménage pendant les vacances d'été de l'université, et j'étais en convalescence de notre passage au Vietnam. À l'époque, je ne savais pas qu'elle allait devenir professeur d'université et écrivain. Au fil des ans, elle m'est restée fidèle et c'est mon seul lien avec ma famille dans la réserve. Elle a aussi la distinction d'être la seule femme que j'ai demandée en mariage. Ils rient tous et lèvent leur verre dans ma direction. Bien sûr, elle a aussi la distinction d'être la seule femme à avoir dit *non* à ma proposition.

Ils lèvent à nouveau leur verre et rient aux éclats. Ira me fait un clin d'œil et, pendant un instant, il me rappelle l'homme macho rencontré dans ma jeunesse. Une fois les toasts et les rires terminés, je regarde le groupe autour du lit d'Ira.

– À quelle tribu appartenez-vous ? Chacun précise son appartenance tribale. Quelles sont les chances que sept anciens combattants autochtones américains vivent tous à Hawaï ?

– On faisait tous partie de la même brigade au Vietnam, déclare Chester. Un hasard ? Seul l'Oncle Sam pourrait répondre à cette question.

Un lieutenant m'a dit que les Autochtones étaient les meilleurs pisteurs et que c'est la raison pour laquelle on nous a envoyés à l'unité de reconnaissance.

– Ces hommes sont mes frères. Pour certains d'entre nous, c'est la seule famille que nous ayons jamais eue, ajoute Clay.

Mon attention est attirée par lui : c'est le seul homme dans la pièce qui ne porte pas de sandales ni de bermuda. Né dans une réserve du nord-est du Montana, il n'a jamais adopté la mode insulaire décontractée des hommes d'Hawaï.

– Une fois qu'Ira a vu Hawaï, il parlait tout le temps de s'y installer, ajoute Addison, en regardant par-dessus ses lunettes à monture d'écaille. À la fin de son service, il nous a dit que si nous avions besoin d'un endroit où loger, sa porte serait toujours ouverte et, l'un après l'autre, nous nous sommes retrouvés ici.

– Nous nous sommes serrés les coudes au Vietnam et ça n'a pas changé, déclare Mathias. Nous nous sommes entraidés pour traverser la toxicomanie, l'alcoolisme et le stress post-traumatique. Ce sont mes meilleurs amis, à la guerre comme dans la vie.

Je remarque son accent, il ne fait aucun doute qu'il n'a pas perdu le côté lancinant du Sud.

– À l'ère spatiale, aux Autochtones et à la fraternité !, ajoute Wilson, alors qu'il verse une autre tournée et que le groupe trinque.

– Qui sont les Autochtones de l'ère spatiale ?

– C'est nous !, répondent-ils à l'unisson.

Je les regarde se passer à nouveau la bouteille, stupéfaite de cette appellation qu'ils se sont choisis, mais je ne fais aucun commentaire. Lorsqu'elle est à moitié vide, la conversation se tourne vers les livres que j'ai écrits. Chester demande à Ira s'il m'a déjà fait part de l'histoire de leur rencontre au Vietnam. Ira admet qu'il ne m'en a jamais parlé, alors le groupe s'installe autour du lit pour me la raconter :

– Cette rencontre est la raison pour laquelle nous appelons notre groupe *Les Autochtones de l'ère spatiale*, explique Chester.

Quelque peu étonnée par son commentaire, je regarde Ira, qui me serre la main de façon rassurante et lutte pour parler :

– Je vais commencer par le début, dit-il avant de faire une pause, d'enlever son masque à oxygène et de tousser, puis de reprendre son récit : nous faisions partie d'une unité de reconnaissance située à une trentaine de kilomètres au sud de la zone démilitarisée. Nous avions installé un bivouac au milieu de quelques collines escarpées dans la jungle. Une nuit, nous sommes allés en mission de reconnaissance dans une petite vallée à l'est de notre campement pour vérifier certaines activités signalées. Chester nous dirigeait. C'était notre sergent.

Ira regarde l'homme assis sur le lit à côté de lui. Chester est le plus débrouillard du groupe et, même aujourd'hui, les autres s'adressent à lui comme à leur chef. Ira lutte pour continuer à parler, alors Chester poursuit le récit :

– J'ai envoyé Ira en avant pour dépister la situation. C'était le meilleur pisteur du Corps des marines. Il nous a tous gardés en vie. Les six hommes hochent la tête à l'unisson. Je comptais sur lui pour assurer notre sécurité. À son retour, Ira signala avoir aperçu une petite bande de Viêt-Cong sur la colline nord, à environ deux kilomètres de notre position.

– N'oublie pas cette lumière bleue bizarre, ajoute Percy.

Je le regarde. Il est en forme et musclé pour un homme de soixante-dix ans passés. Une chaîne en or pend autour de son cou avec un médaillon et une inscription d'origine inconnue. Plus tard, il me dira que l'inscription signifie « survivant » en tày, une langue vietnamienne.

– Oui. La lumière bleue, reprend Chester en regardant les autres anciens combattants assis autour de la pièce.

Ira poursuit avec le regard tendu :

– Je ne savais pas ce que c'était. Une énorme boule bleue flottait dans le ciel, environ trois fois la taille de la pleine lune. Elle parcourait lentement le ciel. Je l'ai regardé s'approcher du sol, de plus en plus près, jusqu'à ce qu'elle se pose sur la colline en face du camp viêt-cong. J'ai entendu les voix enthousiastes des Viêt-Cong lorsque la boule s'est posée, mais ne parlant pas leur langue, je n'étais pas sûr de ce qu'ils disaient. Cependant, j'ai compris qu'ils étaient aussi émerveillés que moi. Ensuite, je suis retourné à la base pour rapporter l'événement.

Ira s'arrête et tend la main vers son verre d'eau. Je l'attrape et le tiens le temps qu'il boive plusieurs gorgées.

– Quand Ira a signalé la lumière bleue, je l'ai ignorée comme une anomalie, déclare Chester. Il se passe des choses étranges dans la jungle la nuit, mais je ne pouvais m'empêcher de penser que quelque chose était différent cette nuit-là. Il n'y avait aucun bruit autour de nous, et ça nous mettait tous mal à l'aise.

– D'habitude, la nuit, dit Mathias, la jungle regorge de bruits et de sons parfois assourdissants. Malgré la situation inhabituelle, Chester nous ordonna de le suivre jusqu'au campement ennemi. Nous étions à environ 500 m du camp viêt-cong, quand une ligne de coups de feu rompit le silence. Des tirs rapides de fusil, d'obus de mortier et de mitrailleuses éclairaient la colline. Bizarrement, les Viêt-Cong ne nous tiraient pas dessus, mais vers la vallée en contrebas.

– Nous nous sommes penchés, car nous surplombions le champ de tir de ce qui semblait être une bataille à sens unique, déclare Ira. Les Viêt-Cong tiraient sur des reflets bleus circulant dans la vallée en contrebas. Nous avons compté trois lumières scintillantes, mais nous ne pouvions distinguer aucune forme, même si ces lumières semblaient se déplacer verticalement et d'une manière méthodique. Encore et encore, les lumières bleues ignoraient les tirs. Enfin, un faisceau de lumière atterrit directement au milieu de l'ennemi. Il y eut un éclair, un bruit d'explosion et nous n'entendîmes plus un seul tir.

– Les entités bleues avaient détruit le campement des Viêt-Cong ?

– Nous ne le savions pas, poursuit Chester. J'ai ordonné aux hommes de rester cachés le temps que la nuit passe, et d'observer simplement. Après l'explosion sur le flanc de la colline où se trouvait les Viêt-Cong, nous n'avons plus entendu de bruit ni de tirs. Je supposais que leur campement avait été détruit, mais je voulais m'approcher du camp en plein jour. Pendant ce temps, Ira surveillait les entités bleues qui parcouraient le fond de la vallée. Pas plus de dix minutes s'écoulèrent lorsque Ira m'avertit que les entités bleues avaient changé de direction et venaient vers nous.

– À ce moment-là, j'ai reconnu que les formes ressemblaient à des êtres humains, mais qu'elles étaient encastrées dans cette lumière bleue scintillante, enchaîne Ira. Alors que Chester nous ordonnait de reculer davantage dans la jungle et de nous éloigner du chemin direct des entités, je me suis tourné pour mener l'équipe vers une position plus sûre, et je me suis trouvé face à face avec l'un d'eux. Nous sommes restés plantés là, à nous regarder. C'était un être grand, probablement plus de 2,50 m et musclé. J'étais paralysé. J'ai laissé tomber mon fusil au sol et, en même temps, il a baissé le bras. Je savais qu'il ne me ferait pas de mal. J'ai demandé à mes compagnons de baisser leurs armes. Nous étions tous les sept ébahis d'étonnement, face à cette créature bleue géante et scintillante se tenant devant nous. Il était difficile de distinguer ses traits, la lumière qui l'entourait transformait son visage. Après quelques secondes, deux autres figures humanoïdes l'ont rejoint. Ils sont restés silencieux, comme s'ils nous évaluaient, puis ils sont passés devant nous et ont disparu dans la jungle.

– Tu as dit qu'ils ne te feraient pas de mal. Comment le savais-tu ?

– Je l'ai senti, répond simplement Ira.

– Comment l'as-tu senti ? Ils t'ont parlé ?

– Non, je n'ai jamais entendu de voix. Je savais.

Ira regarde les autres et tous hochent la tête.

– Quelques instants plus tard, continue Chester, nous avons vu la boule bleue qu'Ira avait remarquée à l'origine. Elle a décollé de la colline et a disparu dans le ciel.

– Nous savions que nous venions de rencontrer des hommes des étoiles, ajoute Addison.

– L'histoire ne s'arrête pas là, poursuit Ira, haletant, alors qu'il perd sa voix, pris par une toux incontrôlable. J'essaie d'atteindre le bouton d'appel de l'infirmière, mais il lève la main et, comme par miracle, sa toux cesse aussitôt. Il faut que les gens connaissent cette histoire, reprend-il. J'ai croisé d'autres anciens combattants qui ont rencontré des hommes bleus. Personne n'a jamais rien dit, mais je pense qu'il est temps.

Les autres sont d'accord. Sans prévenir, une infirmière entre dans la chambre et regarde le groupe avec méfiance. Ira la congédie rapidement et notre conversation se poursuit.

– À l'aube, nous nous sommes dirigés en direction de la vallée, déclare Chester. Nous étions encore sous le choc, chacun d'entre nous perdu dans ses pensées. Ira nous servait d'éclaireur et revenait occasionnellement pour nous assurer qu'il n'y avait pas de Viêt-Cong dans la zone. Nous avons atteint le creux de la vallée et commencé à monter la colline où se trouvait le campement ennemi.

– Vous vous souvenez de l'odeur ?, demande Ira. Tous hochent la tête. Ce n'était pas une odeur de poudre à canon, mais celle accablante du métal chaud et de la pourriture de la jungle. Un nuage de fumée planait au-dessus de la zone. Ça nous irritait les yeux et le nez. Nous nous sommes bâillonnés et couverts le visage.

La toux s'empare à nouveau d'Ira. Je verse un autre verre d'eau de la cruche et le lui tends. Il attrape la bouteille de whisky derrière lui et recouvre l'eau. Il prend de longues gorgées et sourit.

– Exactement ce dont j'avais besoin, dit-il.

Chester prend la bouteille, remplit les verres des autres et continue l'histoire :

– Le plus étrange, c'est qu'il n'y avait aucun corps sur tout le site. Les armes étaient là, certaines fondues, d'autres suspendues aux arbres, comme si elles avaient été jetées dans le ciel. Autour du poteau de la mitrailleuse, il y avait trois cercles de terre sombre. En nous déplaçant, nous en avons trouvé sept autres. C'était comme si les soldats ennemis s'étaient évaporés et que tout ce qui restait était des cercles décolorés.

– Réduits en poussière, commente Ira.

Ses amis hochent la tête, puis le silence s'installe.

– Vous souvenez-vous d'autre chose ?

– Comme nous l'avons dit, poursuit Ira, nous ne sommes pas les seuls à avoir vu les hommes bleus. Il y a d'autres histoires à leur sujet au Vietnam. Nous n'avons jamais fait état de notre expérience. Nous sommes convenus entre nous de garder le silence. Les hauts gradés ne nous auraient jamais crus, de toute façon.

– Ils auraient probablement pensé que nous avions trop fumé, ajoute Wilson, qui prétendait être le plus beau membre du groupe. Mais je le jure sur un tas de Bibles, ça s'est réellement passé et c'est vrai !

– D'autres brigades ont rencontré des hommes bleus à plusieurs reprises, mais pas seulement, déclare Chester. Je vais vous donner le nom et l'adresse d'un ami d'une autre unité qui a rencontré des hommes reptiles dans la jungle. Son témoignage vaut aussi la peine d'être révélé.

Je tends mon carnet à Chester pour qu'il écrive le nom et les coordonnées. Je lis et décide que je m'arrêterai dans l'Oklahoma pour rencontrer Sherman.

– Je connais un autre ancien combattant qui a rencontré les hommes bleus, ajoute Addison. Il m'a dit qu'ils lui avaient sauvé la vie. Donnez-moi votre carnet. Vous vous souvenez d'Ute, les gars ? Nous l'appelions ainsi parce que c'était un Ute pur-sang du Colorado, je crois. En vrai, il s'appelait Alphonse, mais nous avions senti qu'Ute lui convenait mieux. Quoi qu'il en soit, il vit sur la grande île et fait pousser du café. Je vais l'appeler et lui parler de vous. C'est un bon gars. Contrairement à nous, il a épousé une belle hawaïenne et a eu beaucoup de petits Ute. Si vous allez le voir, je sais qu'il vous parlera.

Il prend mon carnet et écrit un nom, une adresse et un numéro de téléphone.

– Vous savez, votre histoire est assez unique, dis-je.

– Je dirais plutôt *bizarre*, dit Ira. Mais bien réelle. Nous avons tous été témoins de l'événement.

Il regarde ses compagnons et tous hochent la tête, puis, l'un après l'autre, ils jurent que l'événement a été raconté exactement comme il s'est produit.

– Pour moi, il y avait de l'ironie dans cette rencontre, ajoute Chester.

– Comment ça ?

– Nous étions tous les sept dans cette région paumée du monde qui luttait pour rester en vie, tandis que la Nasa se réjouissait de la gloire d'avoir amené un homme sur la Lune. C'est l'une des raisons du nom de notre groupe, *les Autochtones de l'ère spatiale*. Nous en savons plus sur l'Espace que la Nasa. Nous avons touché à l'Espace, et nous savons qu'il y a de la vie là-bas, ce que la Nasa essaie toujours de découvrir.

– Et nous savons aussi autre chose, renchérit Ira. L'homme ne sera jamais autorisé à aller au-delà de cette planète dans sa mentalité actuelle de belliciste. Lorsque nous rencontrerons une race spatiale indigène et que nous dirons « Nous venons en paix », cette fois-ci, nous aurons intérêt à être sincères.

*Avant de quitter l'hôpital cet après-midi-là, je prends les noms et les adresses électroniques de tous les amis d'Ira et promets de rester en contact. Au bureau de l'hôpital, je parle avec un administrateur des vétérans et demande à être avertie si l'état d'Ira change. Je signe un formulaire déclarant que je suis responsable des derniers arrangements. Le lendemain matin, alors que je sors de la douche dans ma chambre d'hôtel, le téléphone sonne : Ira est décédé dans son sommeil. Il a fait sa transition exactement soixante-douze ans après sa naissance. Nous tenons un service commémoratif sur la plage pour lui – ses six amis et moi. J'ai choisi le site de nos adieux à l'endroit même où je l'ai rencontré pour la première fois. Un chant hawaïen indigène offert par l'un des amis hawaïens natifs d'Ira transperce le silence. À minuit, nous effectuons un plongeon dans l'océan et trinquons à Ira avec des shots de whisky.*

*Sur le chemin du retour, je porte une urne avec ses cendres. J'ai prévu de l'emmener dans le Dakota du Nord quand la neige fondra pour répandre ses cendres sur Strawberry Hill, un endroit où poussent les fraises sauvages. Des cerfs, des antilopes, des tétras des prairies et des lapins y vivent tout au long de l'année. C'est un endroit approprié pour le seul homme à m'avoir demandée en mariage sur une plage de Waikiki.*

# 3. L'histoire de Mathias : ils n'aiment pas la guerre

*Mathias m'appelle lorsque je quitte l'hôpital des vétérans. Il m'invite à prendre un café. Tandis que nous marchons jusqu'au café, Mathias, un Choctaw de Philadelphie, dans le Mississippi, explique qu'il a menti sur son âge pour rejoindre les marines et qu'il n'avait que 16 ans lorsqu'il arriva au Vietnam. « Je n'oublierai jamais ce jour-là. C'est le jour où Neil Armstrong a fait un pas de géant pour l'humanité : le 20 juillet 1969. Le même jour, exactement. Quelle ironie ! Pendant que les astronautes marchaient sur la Lune, je faisais mon premier pas en enfer. »*

Il n'est pas difficile d'imaginer que Mathias, qui désormais boite et doit s'aider d'une canne pour marcher, ait réussi à entrer dans l'armée à un si jeune âge. Malgré son âge avancé, il maintient une apparence puissante. Ses cheveux blancs contrastent avec sa peau de bronze. Un t-shirt avec une inscription *U.S. Marines* souligne sa stature imposante.

– J'étais grand pour mon âge, explique-t-il. Quand je me suis engagé, je mesurais 2 m et pesais environ 95 kilos. Même si je venais de terminer le collège, j'avais l'air plus vieux. C'était facile de tromper les recruteurs. Je n'avais pas de certificat de naissance, mais c'était courant à l'époque pour les Autochtones. Nous sommes presque tous nés à la maison et nos naissances n'ont jamais été déclarées.

– Et le lycée ?

– Il n'y avait pas de lycée pour les Choctaws en ce temps. Je pouvais seulement rejoindre l'armée ou déménager à Cherokee [la limite de Qualla, en Caroline du Nord, avait un lycée.] Mes parents n'avaient pas les moyens de m'envoyer en pension à Cherokee, alors j'ai rejoint le Corps des marines. Je me suis engagé pendant trois ans, je n'avais aucune idée de ce que je faisais.

Nous entrons dans le café et nous asseyons à une table à l'arrière de la salle. Mathias sourit à la serveuse et l'appelle par son prénom. Après avoir passé commande, il sort un inhalateur de sa poche de pantalon et prend deux longues inspirations.

– Je respire mal quand je marche, explique-t-il en laissant tomber l'inhalateur dans la poche de sa chemise.

– Vous avez quelque chose à ajouter à l'histoire d'Ira au sujet des hommes bleus ?

– Pas vraiment. Je pense que nous avons tout dit à propos de cette nuit-là.

– Il y a autre chose dont vous aimeriez me parler ?

Il hoche la tête et pousse un long soupir.

– C'est arrivé la veille de mon départ du Vietnam, commence-t-il. Tous les autres gars étaient des combattants non-volontaires, ils n'ont donc servi que deux ans. Un par un, ils sont partis après leur période de service. J'étais le seul des sept encore sur place. La veille de mon départ du Vietnam, j'étais de garde. Après mon tour, je suis retourné à ma couchette en me demandant si j'allais pouvoir partir, parce que j'avais regardé des fusées viêt-cong bombarder l'aéroport de Da Nang toute la nuit. Vers 2 h du matin, j'ai entendu le cri tant redouté : « Tous aux abris ! » Dans le chaos, j'ai commencé à chercher la sortie, quand l'explosion m'a fait reculer et atterrir à plusieurs mètres de ma tente. Lorsque j'ai réalisé que j'étais à découvert, sans protection, je me suis mis à l'abri, puis, soudain, je me suis senti propulsé vers l'avant. J'ai dû perdre connaissance. Je ne sais pas combien de temps je suis resté à terre, mais quand j'ai repris conscience, j'étais dans la jungle. J'entendais le chaos dans le camp. Des camarades marines hurlaient de douleur et des officiers criaient des ordres. Mathias s'arrête et ajoute du sucre dans son café.

– Vous êtes retourné au camp ?

– Pas tout de suite. J'ai entendu une autre bombe viêt-cong percer l'air. Je me suis assis pour essayer de me repérer quand, d'un coup, la jungle a pris feu. Ma jambe était brûlante, je ressentais une douleur atroce. Je doutais de pouvoir rentrer chez moi, mais au moment où cette pensée traversait mon esprit, les hommes bleus sont apparus. L'un d'eux a protégé mon corps pendant que plusieurs bombes tombaient à proximité. J'étais allongé là, à demi-conscient, et un sentiment inhabituel de paix m'a envahi. Je savais que je me rendrais à Okinawa et quitterais le Vietnam.

– Comment le saviez-vous ?

– Je l'ai senti. Je l'ai senti dans mon âme. Je ne m'inquiétais plus.

– Et votre blessure ?

– Quand les bombardements se sont arrêtés, l'un des hommes bleus s'est avancé et a placé sa main sur ma blessure. La douleur a cessé. Alors que je peinais à me relever, les hommes bleus se sont levés et ont disparu dans la jungle. Je savais que tout irait bien pour moi, mais je n'ai même pas pu les remercier. Il s'arrête pour finir son gâteau aux carottes et fait signe à la serveuse de lui resservir du café.

– Avez-vous reçu un traitement pour votre jambe ?

– Il y a une dizaine d'années, les médecins du département des anciens combattants ont enlevé plusieurs éclats d'obus. C'est pour ça que je marche avec une canne.

– Les hommes bleus vous ont-ils parlé ? Vous ont-ils rassuré ?

– Aucun mot n'a été échangé. Je savais seulement, au fond de moi, que je rentrerais chez moi sain et sauf.

– Pouvez-vous les décrire ?

– Ils étaient grands, plus grands que moi. Ils mesuraient plus de 2 m. Celui qui m'a protégé des explosions recouvrait tout mon corps, et j'étais grand à l'époque. Chose étrange, je n'ai pas ressenti son poids, même s'il était sur moi. Mathias s'arrête et regarde par la fenêtre un couple se disputer sur le parking.

– Comment l'expliquez-vous ?

– Je ne pense pas qu'ils soient des êtres physiques tels les humains. Ce sont des lumières bleues brillantes et scintillantes qui apparaissent comme des formes humaines. Je ne peux pas décrire leur visage, parce que la lumière bleue dissimulait leurs traits. Je pense qu'ils sont faits d'énergie. Peut-être que dans leur monde, ils prennent une forme physique, mais, sur terre, ils sont faits d'énergie pure. Et je crois qu'ils n'aiment pas la guerre. Ce sont des êtres pacifiques, et en leur présence, j'ai ressenti la paix et l'amour. Je pense qu'ils ont choisi de me sauver. D'autres marines sont morts cette nuit-là, mais ils m'ont sauvé.

– Pourquoi vous auraient-ils choisi ?

– Ils ont dit qu'ils me connaissaient. Je crois qu'ils savaient que j'étais avec mes amis la nuit où ils ont rencontré les Viêt-Cong.

– Que ressentez-vous à ce sujet ?

– J'ai l'impression qu'ils veillent sur moi. J'espère les rencontrer à nouveau, mais ils ne semblent apparaître que lorsqu'il y a un danger. Peut-être uniquement à la guerre. Je pense qu'ils n'aiment pas la guerre.

– De toute évidence, vous avez réussi à rentrer chez vous.

– Grâce aux hommes bleus, dit Mathias. Je ne me souviens pas bien du trajet vers l'aéroport. Quand l'avion a décollé, une vague d'encouragements est montée à l'intérieur de l'avion, comme on le sent lors d'un match quand un joueur va marquer un but. L'avion nous a amenés à Okinawa où j'ai fait un brin de toilette et enfilé des vêtements décontractés pour le voyage. J'étais censé me rendre dans le Mississippi. À la place, je suis allé à Hawaï et j'ai atterri sur le pas de la porte d'Ira. Je savais que j'étais rentré à la maison.

*J'ai vu Mathias à Noël dernier. Lui et Addison sont désormais colocataires. Quand je suis à Honolulu, je me joins toujours aux six anciens marines pour leur dîner dominical. Depuis, ils ont fait de moi un membre honorifique des Autochtones de l'ère spatiale. Après le dîner, nous nous promenons jusqu'à la plage, là où nous avons fait nos adieux à Ira, nous trinquons en son honneur avec une bouteille de whisky jusque tard dans la nuit. Tout le monde a une anecdote à raconter sur Ira. Au lever du jour, nous allons prendre un petit-déjeuner dans un café à proximité. Parfois, nous nous arrêtons faire une partie de dames avec d'autres habitants semblant faire partie du décor sur la plage. Je suis heureuse d'être avec eux, ces soldats autochtones, ces Autochtones de l'ère spatiale qui, malgré tout, vivent pleinement chaque jour sur la plage de Waikiki. Tandis que je les regarde flirter avec des filles en tenue de plage qui s'arrêtent pour les regarder jouer, Mathias fait la remarque suivante en plaisantant : « Nous ne sommes pas encore morts. » Ils sont tous d'accord. Moi aussi.*

# 4. L'histoire de Wilson : la fraternité m'a retenu sur Terre

*Wilson, que j'avais rencontré le jour de la réunion dans la chambre d'hôpital d'Ira, m'a accompagnée au funérarium pour récupérer ses cendres. Pendant le trajet, il a admis qu'il avait très peu participé à la conversation sur les hommes bleus, mais qu'il souhaitait me faire part de son vécu en privé. Quand nous sommes arrivés au parking de Waikiki Shell, il n'y avait qu'une seule voiture. Nous sommes sortis de sa Ford Sedan et, une fois assis sur le capot, il a repris son récit.*

– Ce dont nous avons été témoins au Vietnam m'a marqué à vie. Mon grand-père avait l'habitude de me raconter des histoires sur le peuple des étoiles, mais il ne m'avait jamais parlé des hommes bleus.

– En quoi cela vous a-t-il marqué ?

– Sans l'intervention des hommes bleus, nous serions tous morts cette nuit-là : nous n'avions aucune chance. Les Viêt-Cong étaient positionnés de telle manière que le moindre mouvement, le bruissement d'une feuille, l'envol d'un oiseau, n'importe quoi aurait fait tomber toute la puissance de leurs armes sur nous. Nous n'étions absolument pas préparés à leur artillerie. Et pourtant, nous avons survécu.

– Ça vous a dérangé ?

– Bien sûr que ça m'a dérangé. Je me demandais s'ils nous avaient sauvés parce que nous étions chrétiens et pas les Viêt-Cong. Est-ce que Dieu était de notre côté et non de celui des Viêt-Cong ? J'ai spéculé que, peut-être, nous avions raison, que nous étions du bon côté et pas eux. Ces questions m'ont presque rendu fou. Nous étions dans leur pays. C'étaient nous les agresseurs. Cette guerre était une aberration et nous le savions tous.

– Avez-vous trouvé des réponses à vos questions ?

– Oui, de la façon la plus incroyable. Mais ça a pris un certain temps.

Je regarde cet homme tranquille glisser du capot de sa voiture et observer le volcan endormi juste au-dessus de Waikiki.

– Vous voulez m'en parler ?

– J'ai trouvé ma réponse là-haut, dit-il en pointant du doigt le volcan Diamond Head.

Je saute du capot de la voiture et je le rejoins. Il regarde le volcan.

– Quand je suis revenu du Vietnam, j'ai fini chez Ira. Conformément à la tradition autochtone, il m'a accueilli. À un moment ou à un autre, nous sommes tous passés chez Ira. Nous dormions sur la plage, nous surfions, nous pêchions. Nous ne parlions pas de ce moment où nous avions survécu, mais nous nous posions tous la même question : pourquoi nous ? Nous étions tous victimes du Vietnam, mais, d'une certaine façon, victimes de nos sauveurs, les hommes bleus. Même si nous parlions rarement de ce qui s'était passé ce soir-là, je semblais me poser davantage de questions.

– Vous diriez que les autres avaient accepté l'événement ?

– Oui, ou du moins, plus que moi. Quand nous en parlions, le consensus général était que l'événement faisait partie de notre héritage en tant qu'Autochtones. Le peuple des étoiles a toujours interagi avec notre peuple. Nos ancêtres les connaissaient, nos grands-pères les connaissaient. Ils veillent sur nous uniquement parce que nous sommes Autochtones. Ce sont nos semblables, une partie de notre ADN.

– Et vous, pourquoi ne l'avez-vous pas accepté comme les autres ?

– Je n'en étais pas certain. Bien sûr, nous avions tous entendu des histoires d'ancêtres stellaires qui nous surveillaient et nous pro-tégeaient. C'était facile d'appliquer cette croyance aux hommes bleus. Nous savions qu'ils venaient des étoiles et nous avaient sauvés.

– Mais vous y croyiez ?

– Je me souviens d'une histoire de mon grand-père. Il raconta qu'un village cherokee entier avait été sauvé par des êtres des étoiles. Le village avait été littéralement transporté dans un autre endroit alors que les agresseurs approchaient. Il disait que le peuple des étoiles veillait sur nous, qu'ils l'ont toujours fait et le feront toujours.

– Et croyez-vous que le peuple des étoiles veille sur notre peuple ?

– Maintenant, oui, dit-il, alors qu'il commence à s'éloigner de la voiture.

Je le rejoins et remarque sa respiration laborieuse. Je lui conseille de s'asseoir, mais il semble perdu dans ses pensées. Il lève la tête vers le ciel, ferme les yeux comme s'il laissait le soleil réchauffer son visage, puis il reprend son récit :

– À mon retour, j'ai pensé à me réengager. Difficile de croire que j'ai envisagé une telle chose, mais la guerre et la jungle, c'était toute ma vie. Tous les matins, je partais faire une promenade sur le Diamond Head. Cela me maintenait en forme et loin de la foule. L'après-midi, je cherchais du travail. J'en ai finalement trouvé sur les docks, mais ce n'était qu'à temps partiel, donc j'allais me promener sur le Diamond Head en fin d'après-midi. Je n'aimais pas trop cette heure, la présence des touristes me gênait.

– Êtes-vous déjà allé au sommet du Diamond Head la nuit ? Je me demande souvent à quoi ressemble la vue.

– C'est là que j'ai vu les hommes bleus, dit-il.

– Vous les avez vus après votre séjour au Vietnam ? Il hoche la tête. Vous voulez m'en parler ?

– Nous ne sommes pas censés rester sur le Diamond Head quand il fait nuit. En fait, nous n'avons pas même le droit de commencer la montée après 16 h 30. Nous pouvons être arrêtés par l'armée si nous désobéissons. Dans les années 1900, le Diamond Head servait de poste d'observation défensif.

– De toute évidence, il n'était pas opérationnel pendant l'attaque de Pearl Harbor.

Il me regarde et hausse les épaules.

– Quoi qu'il en soit, depuis ce temps, c'est devenu un site classé au patrimoine des États-Unis. Une partie du volcan est fermée au public et sert aujourd'hui de plateforme pour les tours et les antennes paraboliques du gouvernement.

– Êtes-vous allé dans la zone interdite ?

Il acquiesce.

– Mon expérience au Vietnam m'a appris à me cacher de l'ennemi. Je considérais les opérations gouvernementales sur le Diamond Head comme l'ennemi. De là, je pouvais voir beaucoup de choses : la plage, la ville et des ovnis.

– Des ovnis ?

– Oui, j'ai vu des ovnis. Je les ai vus s'approcher du Diamond Head et disparaître. Je pense qu'ils utilisent une sorte de dispositif de camouflage. Ils disparaissent pour que personne ne les voie, mais je les ai vus. J'ai aussi vu les hommes bleus.

– Ils vous ont vu ?

– Oui. Ils m'ont dit de m'éloigner de l'endroit parce que j'étais en danger.

– Pourquoi ?

– Ils ne me l'ont jamais dit. En revanche, ils m'ont dit que ce soir-là, au Vietnam, ils nous avaient sauvés parce que nous n'étions pas les agresseurs. J'ai expliqué que j'avais beaucoup de questions et que je voulais savoir ce qui était arrivé aux corps des Viêt-Cong. Ils m'ont dit qu'ils les avaient pris et étaient en sécurité dans un autre monde, où il n'y avait pas de guerre.

– Vous les avez crus ?

– Oui. Ils m'ont dit qu'ils pouvaient m'y emmener si je le voulais. Je leur ai dit que je ne pouvais pas partir sans mes camarades. Ils m'ont répondu qu'ils ne pouvaient pas attendre et que je devais quitter le secteur. C'était la fin de notre conversation.

– Et vous avez quitté le secteur immédiatement ?

– Je n'avais pas le choix. D'un coup, ils se sont approchés de moi et la lumière bleue scintillante m'a entouré. Ensuite, je me suis retrouvé assis dans ma voiture, garée exactement à cet endroit. Je crois que ce sont eux qui m'ont amené là.

Il se retourne et regarde sa voiture pendant que nous y retournons.

– Avez-vous déjà parlé de cette rencontre aux autres ?

– Non. Je pense qu'il y a des choses qu'il vaut mieux ne pas dire.

– J'ai du mal à vous suivre.

– J'étais tenté de partir avec les hommes bleus, mais la loyauté et la fraternité m'ont retenu sur la Terre. Je ne pouvais pas abandonner les gars qui m'avaient aidé à survivre au Vietnam. Je sais que, si la situation était inversée, ils ne me quitteraient pas. C'était notre devise. Un pour tous. Je ne pouvais pas partir.

*Je vois Wilson chaque fois que je vais à Honolulu. Il m'emmène dans la ville de Haleiwa et nous allons manger une glace chez Matsumoto, maintenant célèbre dans le monde entier. Il attend que je sois là pour y aller. En route, nous parlons toujours des hommes bleus, qu'il n'a jamais revus à ce jour. Il m'avoua que, peu après les avoir rencontrés, il cessa sa marche quotidienne jusqu'au Diamond Head.*

## 5. L'histoire de Sadie : un cadeau des hommes bleus

*Lors des derniers arrangements avec le directeur des funérailles pour les cendres d'Ira, une certaine Sadie s'approcha de moi. Elle me fit part de sa longue amitié avec Ira et du fait qu'elle l'avait souvent entendu parler de moi. Je l'écoutais parler affectueusement de mon ami à voix basse. Puis, brusquement, elle m'attira loin du bureau et me demanda si Ira m'avait déjà parlé des hommes bleus. Surprise par sa question, je restai sans voix tandis qu'elle commençait nerveusement à me raconter leur apparition un soir dans un hôpital. Elle se dirigeait vers la sortie, quand le directeur des funérailles apparut avec un catalogue d'urnes. Je rattrapai Sadie dans la rue et l'invitai à boire un verre. Une heure plus tard, j'étais assise sur un banc en acajou dans son jardin, véritable petite jungle de fleurs tropicales et d'arbres fruitiers.*

– Merci d'avoir accepté de me rendre visite à la maison. Je n'aime pas parler de ces choses en public. Trop d'oreilles indiscrètes.

Je regarde cette petite femme à la voix douce verser de la limonade dans deux verres. Un chignon poivre et sel cache partiellement sa nuque. Son visage saisissant, aux contours forts, affiche des pommettes saillantes et des petits yeux bridés ; des traits typiques d'un métissage. Vêtue d'un muumuu[3] hawaïen imprimé qui lui tombe aux chevilles, elle bouge avec la grâce d'une danseuse de hula.

– Si je puis me permettre, quelle est votre origine ethnique ?

– Croyez-le ou non, je suis à moitié navajo. Ma mère était coréenne. Nous avons déménagé dans l'Arizona quand j'avais 3 ans, mais maman détestait le désert. Elle est partie le jour où j'ai réussi mon bac. J'ai passé quelques années dans la réserve et je me suis inscrite au programme de soins infirmiers à l'université tribale. J'étais bien la fille de mon père, alors, pour marcher dans ses pas, je me suis engagée dans l'armée. J'avais suivi deux ans d'école d'infirmière quand je me suis engagée, et l'Oncle Sam m'aida à réaliser mon rêve. À ce moment-là, ma mère vivait à Hawaï. Lorsque j'ai obtenu mon diplôme, j'ai demandé une affectation dans les îles. Elle se lève

---

3. NdÉ : Robe hawaïenne.

et cueille une fleur d'hibiscus qui fleurit abondamment d'un énorme buisson. Je suppose que vous vous demandez comment j'ai connu Ira, reprend-elle en plaçant la fleur derrière son oreille ? Je hoche la tête. J'ai été infirmière militaire pendant vingt-neuf ans. Lorsque les blessés étaient envoyés en convalescence à Hawaï, je prenais souvent soin d'eux pendant cette période. Ira était un homme doux, c'est grâce à cela que je l'ai remarqué.

– Vingt-neuf ans, c'est long.

– Oui. Je suis à la retraite maintenant, mais c'est là que j'ai appris à connaître Ira et ses amis. Ils ont tous passé du temps à l'hôpital. Elle s'arrête et sourit. Ira parlait souvent de vous. Il vous appelait *l'amour de sa vie*.

Me sentant mal à l'aise à propos de son commentaire, je tente d'expliquer ma relation avec Ira :

– Nous étions à peine sortis de l'adolescence quand nous nous sommes rencontrés. Nous prenions des chemins différents. Nous nous côtoyions parce que nous étions autochtones. Au fil des ans, nous sommes restés amis pour la même raison. Nous sommes ainsi : les Autochtones veillent toujours les uns sur les autres. Je pense qu'Ira s'est servi de moi pour éviter tout engagement envers les femmes dans sa vie.

Elle sourit et secoue la tête.

– C'était plus que ça, pour Ira. Sadie se lève et prend dans ses bras un chat qui erre dans son jardin. Ira m'a donné cette chatte, dit-elle en s'asseyant. Il l'a trouvée quelque part en ville dans une poubelle.

– Au salon funéraire, vous avez mentionné les hommes bleus. J'écris des livres sur les rencontres avec le peuple des étoiles. Ira me disait qu'ils venaient des étoiles. Que pouvez-vous me dire à leur sujet ?

– Au fil des ans, j'ai entendu des dizaines d'histoires de vétérans du Vietnam au sujet des hommes bleus. Ira et ses *Autochtones de l'ère spatiale*, comme il aimait appeler leur groupe, m'ont parlé de leur rencontre avec ces êtres, mais il y en avait d'autres, beaucoup d'autres.

Elle marque une pause et me ressert de la limonade. Une brise fraîche emplit l'air d'un parfum de gingembre.

– Vous avez déjà vu les hommes bleus ?

– Oui, et je ne l'oublierai jamais. C'était à l'hôpital, tard dans la nuit, quand tout le monde dormait sauf moi, dit Sadie. Personne ne voulait les horaires de nuit : c'est là que les pleurs commençaient et que les tentatives de suicide avaient lieu.

– Que s'est-il passé la nuit où vous avez vu les hommes bleus ?

– C'était un peu après minuit. Je savais l'heure qu'il était parce que, toutes les heures, je faisais ma ronde dans les allées, je vérifiais chaque patient pour m'assurer que tout allait bien. Or, cette nuit-là, quand je suis entrée dans la salle, j'ai vu une lumière, une lumière étrange.

– Comment ça, *étrange* ?

– Toute la pièce était baignée de lumière, une faible lumière bleue. J'ai regardé attentivement, mais je n'en ai pas trouvé la source. Quand je suis entrée dans la lumière, j'ai ressenti une sensation étrange. Je me souviens avoir marché dans l'allée de la salle. Tous mes patients semblaient endormis. Je n'ai rien vu d'inhabituel avant d'arriver au lit d'Owen Marks.

– Owen Marks ?

– Un ancien combattant qui acceptait mal de vivre. Il avait perdu ses deux jambes au Vietnam et avait tenté de se suicider deux fois. Quand je suis arrivée à son lit, il n'y était pas. J'ai paniqué. J'ai regardé sous le lit en pensant qu'il était peut-être tombé dans son sommeil, et c'est là que je l'ai vu.

– Owen ?

– Les hommes bleus et Owen. Il était dans un coin de la pièce encadré par deux hommes bleus. Ils étaient exactement comme Ira les avait décrits. Des entités très grandes, deux fois plus grandes qu'Owen. Elles avaient une forme humaine, mais il y avait une luminosité autour d'elles qui rendait leurs traits vagues et indistincts.

– Que faisaient-ils ?

– Ils étaient assis, immobiles. On aurait dit qu'ils embrassaient Owen. Ils le serraient presque comme un bébé. La lumière scintillante autour d'eux déformait la scène et m'aveuglait. Je ne suis pas sûre de ce que j'ai vu. C'était peut-être mon imagination, mais c'est l'impression que cela m'a donnée.

– Ils vous ont vue ?

– Je ne sais pas. Tout au long de la scène, un sentiment de paix m'a envahie. Vous connaissez ce sentiment de laisser tous vos soucis disparaître ? Je secoue la tête. C'est comme si vous n'aviez pas de soucis, pas d'inquiétude. Tout le stress de la démence de ma mère et celui lié au soin de ces pauvres soldats était parti. J'étais en paix. J'ai du mal à l'expliquer. C'était comme si Dieu avait touché mon âme et enlevé toute la douleur et l'angoisse. Quelque part, je savais que tout irait bien.

– Combien de temps avez-vous observé les hommes bleus ?

– Je ne sais pas. Le veilleur de nuit m'a trouvée endormie au pied du lit d'Owen. Je pense que j'ai dû m'évanouir. Quand je me suis réveillée, Owen dormait profondément dans son lit.

– Vous lui avez parlé des hommes bleus le lendemain ?

– Il ne se souvenait pas d'être sorti de son lit, ni de ce qui s'était passé. Je ne lui ai jamais posé de question sur les hommes bleus.

– Mais êtes-vous sûre de ce que vous avez vu ?

– Je vous assure avoir vu les hommes bleus. Et il y a eu d'autres preuves.

– Quel genre de preuves ?

– Owen. Du jour au lendemain, toute sa personnalité a changé. Il n'était plus suicidaire. Il est devenu une source d'inspiration dans le service, il encourageait les autres. Il a même formé une équipe de basketball en fauteuil roulant. Le psychiatre de l'hôpital était totalement perplexe, mais pas moi. Je savais ce qui s'était passé. Les hommes bleus l'ont aidé. Ils accomplissent des miracles.

– Vous avez mentionné le soulagement de vos angoisses et inquiétudes. Vous pouvez m'en parler davantage ?

– Je ne peux pas l'expliquer, mais je ne m'inquiète plus de tout. Je suis calme et en paix. C'est le cadeau des hommes bleus. Elle marque une pause et prend une gorgée de limonade. Vous savez, quand les anciens combattants me racontaient des histoires sur l'apparition des hommes bleus sur le champ de bataille ou dans des situations dangereuses, je les prenais à la légère. Je pensais que c'étaient des hallucinations dues à la fatigue, la peur ou la drogue. Je n'ai jamais pensé une seule fois qu'ils étaient réels, mais je peux vous garantir qu'ils existent et que, pour une raison ou une autre, ils semblent apparaître aux soldats.

– Comment ça ?

– J'ai été infirmière pendant longtemps. Ma carrière m'a permis d'entrer en contact avec un grand nombre d'anciens combattants. J'ai pris soin d'hommes qui ont combattu en Corée, au Vietnam et pendant la Seconde Guerre mondiale. Ils m'ont tous raconté des événements liés aux hommes bleus. Ils sont dans le paysage depuis que je suis infirmière.

Elle s'arrête et caresse la chatte qui ronronne. Nous demeurons assises là, sans parler. Deux étrangères liées par l'amitié d'un homme. Enfin, je brise le silence qui s'est installé et je demande :

– Avez-vous autre chose à dire au sujet des hommes bleus ?

Sadie secoue la tête et remplit mon verre de limonade.


*Je n'ai jamais revu Sadie. Trois ans plus tard, j'étais à Honolulu pour affaires lorsque je lus dans le journal du matin qu'elle était décédée. Un article de fond racontait son décès et citait des vétérans qui la connurent au fil des ans. Le lendemain, sa notice nécrologique parut dans le journal : « Elle nous a quitté après sa mère, Lee Begay, et son ami de toujours, Ira Red Eagle. » Il était évident qu'elle aimait Ira. Son acte final sur terre a été de déclarer ses sentiments. Ce soir-là, après ses funérailles, j'ai marché jusqu'à la plage et me suis assise sur le rivage. J'ai scruté le ciel nocturne, à l'affût d'un signe du peuple des étoiles. Je savais que quelque part là-haut, dans le vaste néant de l'Espace, Ira et Sadie étaient ensemble, et cette pensée me réconforta. Espérons que les hommes bleus veillent sur eux deux.*

## 6. L'histoire d'Ute : ils veillent sur nous

*Avant de quitter Hawaï, je me rendis en avion à Big Island (la plus grande île de l'archipel d'Hawaï). Je louai une voiture et conduisis jusqu'à l'hôtel Hilo Hawaiian, à côté de Banyan Drive. Le lendemain matin, j'allai à la rencontre d'Ute, qui vivait à une vingtaine de kilomètres de la ville de Hilo. Après m'être garée, je le vis assis sur un grand ponton, regardant l'allée. Il me fit un signe de la main et s'avança vers moi. Comme Addison l'avait indiqué, Ute était un Ute pur-sang et un ancien combattant du Vietnam. En approchant, je notai qu'on pouvait lui trouver différentes identités ethniques des îles hawaïennes. Il me salua comme un vieil ami et me suggéra de faire un tour. Tandis qu'il m'emmenait derrière sa maison, deux adolescentes se tenant sur le ponton nous regardèrent disparaître. Alors que nous grimpions la colline escarpée vers ses plants de café, il s'arrêta et me tendit la main pour m'aider à monter la pente glissante. Une fois au sommet, nous nous assîmes sur un banc en bois et regardâmes son domaine en contrebas. Il me dit que c'était son endroit préféré sur l'île et où il aimait faire part de son vécu.*

– J'avais 18 ans quand l'Oncle Sam m'envoya au Vietnam, commence Ute. Juste un garçon qui sortait de l'école secondaire. L'Oncle Sam avait le bras long : il vous aurait trouvé n'importe où à l'époque. Je ne voulais pas y aller, je pensais partir au Canada. J'ai rêvé que je ne reverrais jamais le Colorado, ni mon père. Il n'y avait que papa et moi à cette époque ; j'avais une sœur, mais elle mourut d'une pneumonie à l'âge de 12 ans. Mon père décéda lorsque j'étais au Vietnam, ce que j'appris seulement six semaines plus tard. La tribu l'avait déjà enterré. Je ne suis jamais rentré à la maison et n'y suis pas retourné depuis.

– Addison m'a dit que pendant que vous étiez au Vietnam, vous avez rencontré un homme bleu des étoiles. Pouvez-vous m'en parler ?

– Vous allez raconter mon histoire dans vos livres ? Addison m'a dit que vous écrivez des livres sur les rencontres avec les ovnis.

– Peut-être. J'ai recueilli des centaines d'histoires. Je choisis de publier certaines plutôt que d'autres. Cela dépend de plusieurs critères.

– Comme quoi ?

– Si, à mon sens, vous êtes crédible ou non. Si l'histoire est fascinante au point que mes lecteurs soient intéressés. Si je peux masquer votre identité et votre lieu d'habitation pour que personne ne vous trouve. Un certain nombre de points de ce genre.

– Et vous ne révélez jamais l'identité du narrateur ?

– Jamais.

– J'aimerais lire vos livres avant de prendre une décision. Si vous les avez écrits à mon goût, je vous laisserai publier mon récit. Sinon, cette histoire restera entre vous et moi. Je ne fais pas confiance au gouvernement. Si je vous la raconte et qu'elle est publiée, ils pourraient s'en prendre à moi, à ma femme et à mes enfants. Je dois donc faire attention. Vous comprenez ?

– Oui. Vous avez ma parole. Je ne publierai jamais votre histoire sans votre permission.

Ute se lève et se dirige vers une petite cabane située près du banc en bois où nous sommes assis. À l'intérieur, il ouvre un petit réfrigérateur et prend deux bouteilles.

– Qu'est-ce que ce sera pour vous : ananas ou goyave ?, demande-t-il.

Je lui réponds que je préfère l'ananas. Il ferme la porte du réfrigérateur et revient s'asseoir sur le banc. Il ouvre la boisson et me la tends.

– L'Oncle Sam a menti aux Américains pendant la guerre. Plusieurs unités, dont la mienne, ont été envoyées au Cambodge. Les Cambodgiens, qui revendiquaient la neutralité, n'étaient pas neutres. Ils ont permis aux Viêt-Cong d'établir des bases et de traverser leurs frontières. C'était en 1970, et avec l'élection de Nixon, l'objectif des États-Unis n'était plus de gagner la guerre, mais d'instaurer ce qu'ils appelaient la *vietnamisation*, à savoir de renforcer le gouvernement vietnamien et d'éliminer la menace frontalière du Cambodge. Bien sûr, nous savons comment ça s'est terminé. Nixon a prétendu que c'était l'armée sud-vietnamienne qui envahissait le Cambodge, mais, en vérité, nous étions là avec eux. Il marque une pause et prend une longue gorgée de jus de goyave.

– Je comprends ce que vous devez ressentir. J'avais un frère et un oncle au Vietnam. Mais j'ai entendu dire que vous aviez une histoire sur les hommes bleus. Vous pouvez m'en parler ?

Il hoche la tête et prend une gorgée de jus de goyave.

– Notre plan était d'envahir un territoire appelé *le bec de perroquet*. Je ne sais pas pourquoi on l'appelait ainsi. Je n'ai vu aucun perroquet ce jour-là. Les Viêt-Cong nous ont attaqués de plein fouet. Les soldats tombaient tout autour de moi. Environ une heure après le début de la bataille, je me suis soudainement rendu compte que j'étais séparé de mon groupe. J'étais seul.

– Comment ça, *seul* ?

– Plus aucun membre de mon unité n'était debout. Ils étaient tous morts, à l'agonie ou battaient en retraite. Je me souviens d'avoir trouvé un grand arbre. Je me suis assis, adossé à lui, et j'ai pleuré. Je savais que mon rêve de ne jamais revenir au Colorado se réalisait. J'allais mourir. Il n'y avait pas d'échappatoire.

– Ça a dû changer à un moment donné, puisque vous êtes là. Que s'est-il passé ?

– Je me souviens d'avoir jeté mon arme. J'avais tué mon dernier homme. Si je devais mourir, j'avais décidé que je ne serais pas l'agresseur. J'allais mourir sans arme.

– Mais vous avez survécu. Comment avez-vous réussi à sortir de la zone ?

– Les hommes bleus m'ont sauvé.

– Comment ?

– Je me suis laissé tomber sur les genoux pour prier. J'ai demandé à Jésus de me considérer favorablement et de me pardonner mes péchés et, surtout, d'avoir tué des Viêt-Cong. Pendant ma prière, une lumière m'enveloppa et, d'un coup, je flottai dans les airs vers le ciel.

– Vous saviez qu'on vous retirait du champ de bataille ?

– Non. Quand la lumière est tombée sur moi, je pensais que Dieu était venu pour moi et que j'étais mort. Je ne comprenais pas que j'avais été enlevé par les hommes bleus.

– Quand vous en êtes-vous rendu compte ?

– Je me suis réveillé dans une pièce propre et fraîche. Il y avait des lumières bleues, une sorte de brume, et je n'étais plus sale, ni chaud, ni moite. Mes vêtements de combat étaient propres. Je me sentais reposé et revigoré. J'étais sur une table en métal, je me suis assis, mais j'étais toujours désorienté. Je ne savais pas où j'étais, ni comment j'y étais arrivé. Je me suis promené dans la pièce, et je pensais que j'étais au paradis, peut-être dans une salle de détention, et que Dieu allait juger de mon sort.

– Quand avez-vous réalisé que ce n'était pas Dieu, mais les hommes bleus ?

– Je ne sais pas combien de temps j'ai passé dans la salle. Je pense que le temps passe différemment dans l'Espace. Cela aurait pu être cinq minutes, tout comme cinq heures. Au bout d'un moment, un grand esprit bleu est entré. C'était un homme bleu, mais il était difficile de distinguer ses traits. Il paraissait lumineux, mais bleu. Tout son corps scintillait. Plus tard, il m'expliqua que leur corps, dans sa forme naturelle, n'était pas solide et qu'ils étaient des êtres de lumière. Il dit qu'ils pouvaient aller et venir entre la lumière et la matière solide, mais que c'était fastidieux et que, le plus souvent, ils ne prenaient pas de forme solide, parce qu'un homme bleu solide déclenchait davantage d'inquiétudes chez les humains.

– Vous ont-ils dit pourquoi ils vous ont enlevé ?

– Pour me sauver. Ils ont observé la bataille et m'ont vu me prosterner sur le sol pour prier ; ils ont décidé que j'en valais la peine. J'attends toujours de savoir ce qui m'a rendu spécial, alors que des dizaines d'autres sont morts.

– Combien de temps êtes-vous resté avec les hommes bleus ?

– Pendant plusieurs jours, selon la notion du temps sur terre. Une fois l'invasion terminée et que les troupes restantes se retirèrent, on m'emmena dans un endroit sûr où je pouvais rejoindre d'autres troupes de combat sans être remarqué. Lorsque l'on retourna à la base, je découvris que j'étais le seul de mon unité à avoir survécu. C'était une chose difficile à gérer. Je fus envoyé en permission et je finis à Hawaï. J'étais sur la plage à Waikiki un soir lorsque je rencontrai deux Hawaïennes, deux sœurs. Elles m'emmenèrent chez elles et je fis connaissance du reste de la famille. C'était la première fois, depuis que je m'étais enrôlé, que j'avais l'impression d'avoir une maison. Lorsque j'ai quitté l'armée, je suis retourné à Hawaï et j'ai épousé l'aînée. Nous sommes toujours ensemble et nous avons six beaux enfants. Je suis béni. Tout ça grâce aux hommes bleus.

– À bord de leur vaisseau spatial, avez-vous appris quelque chose ?

– J'ai appris que leur civilisation a plus d'un million d'années de plus que la nôtre. Une fois, ils vécurent sous une forme solide et matérielle, mais, avec le temps, ils apprirent à transformer leur corps en énergie sans détruire leur âme.

– Leur âme ? Comment ça ?

– Eh bien, maintenant, j'émets mes propres hypothèses à leur sujet. Je suppose que c'était leur âme. Ils se comportaient quand même comme des êtres, alors ce n'était peut-être pas leur âme. Quoi qu'il en soit, le fait de pouvoir devenir des êtres de lumière leur a permis d'atténuer leur problème de population, jusqu'à ce qu'ils trouvent d'autres mondes où leur peuple puisse s'installer et vivre.

– Ils vous ont dit que leur planète était surpeuplée ?

– Oui. Une fois qu'ils ont trouvé un moyen de se transformer en énergie lumineuse, leurs scientifiques, leurs leaders et leurs érudits sont devenus des entités lumineuses.

– Et les autres ?

– Les travailleurs ont conservé leur forme solide pendant un certain temps. Aujourd'hui, les êtres de lumière et les êtres solides vivent ensemble pacifiquement. Il n'y a pas de mariage entre eux, mais un respect mutuel. Les êtres de lumière ne vieillissent jamais. Ils peuvent vivre éternellement, mais ils prennent parfois une forme solide pour faire l'expérience du monde réel.

– Ils ont pris une forme solide devant vous ?

– Un seul. C'était celui qui s'occupait de moi, mon accompagnateur. Il pensait que cela me mettrait plus à l'aise.

– Pouvez-vous le décrire ?

– Comme je l'ai dit, c'étaient des géants. Ils mesuraient 2,50 m ou plus. Leur peau était bleue, ce qu'ils attribuaient à l'atmosphère de leur planète. À part ça, ils avaient des traits parfaitement humains. Leur civilisation s'est étendue à deux autres planètes dans leur partie de l'Univers. Sur l'une d'elles, les gens ont cessé d'être bleus au fil du temps. Ils ont également enregistré une croissance réduite de leurs progénitures.

– Vous y ont-ils emmené ?

– Non, nous sommes restés au-dessus de la Terre. Ils avaient des instruments pour zoomer sur différents endroits, c'est comme ça qu'ils observent ce qui se passe. Ils ne croient pas à l'agressivité. C'est une race pacifique et ils utilisent leurs connaissances et leurs compétences avancées pour se défendre pacifiquement.

– Comment ?

– Par le contrôle de l'esprit et en déplaçant des personnes dans un environnement différent.

– Avez-vous remarqué des qualités humaines chez les hommes bleus ?

– Si vous parlez d'émotions, je n'en ai pas vues beaucoup. Il était évident qu'ils étaient compatissants, ils m'ont sauvé, après tout. Mais je n'ai rien vu de tel que le rire, la plaisanterie, la tristesse ou le bonheur. Ils étaient stoïques, très sérieux.

– Comment communiquaient-ils ?

– Sous forme lumineuse, ils utilisaient la télépathie. C'était un mot nouveau pour moi, mais j'ai appris qu'il s'agissait de penser et de répondre par la pensée. Mais quand ils prenaient une forme solide, mon accompagnateur me parlait comme vous et moi. Il me dit que, parmi son peuple, peu d'individus parlaient, car, au fil du temps, l'évolution les changea et ils n'ont désormais plus besoin de parler.

– Qu'en avez-vous pensé ?

– Je lui ai dit que je n'étais pas sûr de vouloir vivre dans un monde où les gens pouvaient lire dans mes pensées, et il m'a dit que cela éliminait les pensées inutiles. Les gens apprennent seulement à penser et à parler lorsque c'est nécessaire. Ils apprennent aussi à maintenir leur esprit vide.

– Lui avez-vous demandé quel effet cela a eu sur son peuple ?

– Je lui ai demandé si la perte de pensées et de discours les avait affectés et il m'a répondu que cela avait étouffé la créativité. Si j'ai bien compris, ils ont maintenant corrigé ce problème.

– Comment ?

– Lorsqu'un enfant naît d'un couple solide et qu'il fait preuve d'une intelligence exceptionnelle, ils le retirent à l'âge de 2 ans. Ils permettent à ces enfants de vivre dans une colonie spéciale.

– Une colonie ?

– C'est le mot qu'il a utilisé, mais il semblait vouloir dire dans une région éloignée des autres. Là, ils sont libres de rêver sans que leurs pairs connaissent leurs pensées. Ce sont les futurs scientifiques et érudits. Ils finissent par devenir, eux aussi, des figures importantes et aident les autres à développer de nouvelles technologies.

– Vous a-t-il expliqué autre chose ?

– Oui. Ils ont encore des bébés comme nous, mais seulement les couples sous forme solide.

– Vous a-t-il précisé ce qui arrive aux bébés qui ne répondent pas à leurs critères intellectuels ?

– Il a dit qu'ils devenaient des travailleurs.

– Et qui sont ces travailleurs ?

– Ce sont les *spéciaux*. Ils construisent les villes et aident à moderniser les nouvelles planètes. Ils sont pris en charge spirituellement par les gens de lumière et, selon lui, ils sont très heureux dans leur rôle.

– Y a-t-il autre chose que vous souhaitez me raconter au sujet de votre rencontre avec les hommes bleus, mis à part que, bien évidemment, cette rencontre a changé votre vie ?

– Ils m'ont sauvé, mais je me demande si c'était mon destin depuis le début, et si j'aurais vécu sans leur intervention. Le fait que je ne sois jamais rentré au Colorado ne veut pas dire qu'ils aient quelque chose à voir avec ça. Je suis tombé amoureux et Big Island est mon foyer, jusqu'à ce que le « *big one* »[4] l'engloutisse dans la mer. Il y a autre chose : je suis un exemple vivant d'un homme qui connaît la vérité sur la vie dans l'Espace. Les hommes bleus existent, tout comme vous et moi. Ils veillent sur la Terre et m'ont dit que si nous choisissions de nous détruire, ils nous laisseraient faire. Mais, dans ce cas, si je le souhaite, ils viendraient pour moi et ma famille et nous emmèneraient ailleurs.

– Vous y croyez ?

– Je crois qu'ils en ont les moyens. Je ne suis pas sûr de partir avec eux. Je me sens chez moi sur terre. Je ne m'imagine pas quitter la Terre Mère un jour. Elle me soutient et me permet de subvenir aux besoins de ma famille en cultivant du café dans le sol riche de notre petite ferme de 20 acres [8 ha] et, jusqu'à présent, c'est le seul endroit qui m'a donné envie de rester.

– Y a-t-il autre chose que vous aimeriez me dire ?

– J'ai une référence pour vous, un ami qui était aussi au Vietnam. À part Addison et ses copains, il y en a d'autres qui ont vu les hommes bleus.

– Savez-vous pourquoi tant d'anciens combattants du Vietnam ont vu des ovnis pendant la guerre ?

– J'ai réfléchi à cette question. Je pense que si vous meniez une enquête sur les anciens combattants du Vietnam, vous constateriez que probablement cinq sur dix ont vu des ovnis, ou ont directement rencontré des aliens. Même si les histoires varient et peuvent parfois sembler incroyables, je les crois. C'était une guerre des élites, mais ce sont les pauvres qui se sont battus. Les riches se sont enrichis grâce au Vietnam, alors que les pauvres se sont appauvris. Nous sommes rentrés chez nous drogués, alcooliques et psychologiquement malades. Tout cela pour que les gros chats puissent compter leur argent. Ne croyez pas que la guerre soit pour la démocratie. Il s'agit de promouvoir le capitalisme, d'ouvrir de nouveaux marchés et de soumettre le monde au mode de vie de Ronald McDonald.

---

4. NdÉ : Aux États-Unis, « *the big one* » fait référence au séisme dévastateur qui devrait se produire sur la faille de San Andreas, en Californie, et qui pourrait notamment détruire San Francisco et Los Angeles. D'après les spécialistes, un séisme de forte magnitude se produit environ tous les 150 ans dans cette zone ; le dernier en date est celui de 1906.

*Après avoir passé toute la matinée avec Ute, je déjeunai avec lui et sa famille. Ses filles me posèrent d'innombrables questions sur le Montana, l'université et mon mode de vie. Elles avaient vu de la neige deux fois sur le volcan, mais ne pouvaient pas imaginer un monde couvert de neige pendant des mois.*

*Ute lit mes livres et m'appela un soir pour me dire qu'il appréciait la façon dont je racontais les histoires de ses frères autochtones et me donner la permission de publier la sienne.*

*Chaque fois que je vais sur Big Island, je m'arrête et passe une journée avec lui et sa femme, Laki, et leurs filles, Kahi et Lani. Son entreprise se porte très bien et sa marque de café a gagné en popularité. Une de mes étagères de cuisine contient des sacs de sa marque de café. Ute m'indiqua qu'il ne revit jamais les hommes bleus, mais il ne les attend pas, sauf si se produit l'Apocalypse.*

# 7. L'histoire de Mele : j'ai vu la Terre depuis l'Espace

*Mele, tombé dans la toxicomanie pendant ses deux ans de service au Vietnam, subit un traitement alors qu'il était en poste à Hawaï. Il décida d'y élire domicile une fois libéré de l'armée. Autochtone chickasaw de naissance, il préférait la diversité ethnique d'Hawaï par rapport à son État natal, la Géorgie. Bien qu'il ait également avoué être impliqué dans une petite production de marijuana lorsqu'il quitta l'armée, il attribua sa sobriété à sa femme mi-hawaïenne mi-japonaise, qui le soutint pendant qu'il préparait un diplôme en astronomie, qu'il obtint par la suite. Il se réjouit de ma visite lorsque je le contactai pour qu'il raconte son vécu.*

J'ai roulé de Hilo à Waimea sur Saddle Road. Waimea est un centre d'élevage de bétail sur les îles hawaïennes, mais j'ai rencontré Mele à l'observatoire astronomique à Mauna Kea, situé à 2 800 m d'altitude. Même si je vis à près de 1 800 m dans le Montana, j'ai immédiatement remarqué la différence. Appuyée contre ma voiture de location pour reprendre mon souffle, je regarde un homme s'approcher de moi. Il porte un bermuda et un t-shirt avec le logo Save Mauna Kea sur le devant.

– Je m'appelle Mele, dit-il en souriant. Je pense que c'est moi que vous cherchez.

– Je reprends mon souffle.

– Oui, à cette altitude, il y a environ 30 % d'oxygène en moins qu'au niveau de la mer. Si vous avez besoin d'oxygène, je peux vous aider. Je la transporte avec moi en tout temps. Il se retourne et me montre une petite unité de la taille d'un sac à main. Si vous êtes mal à l'aise, nous pouvons aller en ville à Waimea.

– Je crois que c'est une bonne idée, dis-je en ouvrant la porte du conducteur et en me hissant derrière le volant.

Mele monte avec moi et nous descendons lentement le volcan. Lorsque nous arrivons à Waimea, il me dirige vers Ulu La'au, un parc naturel au centre de cette petite ville.

– Depuis combien de temps vivez-vous dans les îles hawaïennes ?, est ma première question tandis que nous arpentons l'un des sentiers du parc.

– J'ai 71 ans maintenant. Je suis arrivé ici après le Vietnam, à 21 ans, donc cinquante ans. Un demi-siècle. J'adore les îles, particulièrement ce parc. Bien qu'il appartienne à l'État, il est loué par le Waimea Outdoor Circle pour la recherche, la restauration et la pédagogie environnementales. L'objectif est d'éliminer les espèces végétales envahissantes et de les remplacer par des plantes endémiques et des plantes canoë [plantes apportées à Hawaï par les Polynésiens dans leurs canoës], ainsi que les espèces végétales locales menacées. C'est un lieu de régénération et tous ceux ayant servi au Vietnam ont besoin d'un lieu de régénération.

– Votre ami, Ute, m'a dit que vous aviez eu une expérience avec les hommes bleus. Pouvez-vous me la raconter ?

– Je n'ai pas raconté cette histoire depuis le Vietnam, dit-il. Ute m'a fait part de son expérience et j'en ai fait de même avec la mienne. Nous étions frères d'armes à plus d'un titre. Beaucoup de frères ont vu les hommes bleus au Vietnam. J'ai entendu beaucoup d'histoires. Je crois que c'était un groupe de visiteurs extraterrestres trouvant la guerre odieuse, qui étudiait notre comportement. C'est uniquement ma théorie, je n'ai aucune preuve.

– Racontez-moi l'incident avec les hommes bleus.

– Avez-vous déjà entendu parler de l'opération *Ranch Hand* ?, demande-t-il. Je secoue la tête. C'était une guerre par herbicides instituée par l'armée, explique-t-il. J'étais dans la région de Dak Son quand ils ont décidé de vaporiser leur poison, l'*Agent orange*. C'est ainsi qu'ils l'appelaient. C'était mortel, ce truc. L'armée a tué beaucoup de frères avec l'Agent orange. Mele s'arrête et s'appuie contre un arbre. Sa respiration est laborieuse. Désolé, dit-il, j'ai juste besoin d'un peu de repos. Nous nous asseyons sur un banc. On a fini par entendre parler de la pulvérisation, reprend-il. J'étais mal en point. J'étais sûr que les hauts gradés savaient que nous étions dans les parages, mais ils décidèrent quand même de pulvériser la région, sans discernement. Je cherchais un endroit un peu plus sécuritaire, quand je suis tombé sur une grotte. L'ouverture était petite, mais j'ai rampé à l'intérieur. J'avançais dans la grotte en rampant et j'ai vu des flashs lumineux plus loin. Je ne sais pas pourquoi, mais j'ai continué à avancer vers ces flashs, même si je me disais que c'était stupide.

– Pouvez-vous les décrire ?

– C'était juste des flashs lumineux, comme quand quelqu'un soude dans l'obscurité.

– Quelle était la taille de la grotte ?

– À l'entrée, c'était petit. J'étais littéralement sur le ventre, j'avançais à l'aide de mes bras. Mais une dizaine de mètres plus loin, l'ouverture est devenue de plus en plus grande, jusqu'à ce que je puisse me tenir debout. Je mesure 1,78 m. Plus je m'approchais de la lumière, plus les flashs s'intensifiaient. Je pensais avoir trouvé une ouverture vers l'un des tunnels viêt-cong, mais, en fait, j'ai eu la surprise de ma vie.

– Vous n'aviez pas peur d'explorer la grotte ?

– J'avais 19 ans. J'étais invincible. Je n'ai même pas réfléchi. Je voulais simplement savoir ce qui se passait. La grotte était sinueuse ; en d'autres termes, il y avait un certain nombre de virages et de courbes, mais après avoir passé le troisième virage, je les ai vus. Il s'arrête pour tousser.

– Vous êtes sûr que ça va ?

– Oui. Je n'ai pas l'habitude de parler autant, me dit-il en souriant.

– J'ai de l'eau, lui dis-je.

Je sors une bouteille et la lui donne. Il l'accepte et boit plusieurs gorgées.

– Je suis étonné de ce que vous, les femmes, transportez avec vous. Pas étonnant que vous soyez en meilleure forme que les hommes.

– Alors, qu'avez-vous constaté en arrivant au virage ?

– J'ai vu trois grandes entités. Elles étaient entourées d'une lumière bleue aveuglante. À ce moment-là, je ne réalisais pas que c'étaient des extraterrestres.

– Quand l'avez-vous réalisé ?

– J'essayais de me cacher pour pouvoir les espionner. J'essayais toujours de déterminer qui ils étaient et ce qu'ils faisaient. J'ai d'abord remarqué qu'ils portaient des costumes étranges. Puis j'ai senti une main sur mon épaule et j'ai failli mourir d'une crise cardiaque : quand je me suis retourné, j'étais face à un homme bleu. Avant que je puisse réagir, il m'a pris par le bras et m'a emmené vers une zone plus grande. Je le jure, on aurait pu mettre un jumbo jet à l'intérieur. C'était énorme et, au milieu, il y avait un vaisseau spatial.

– Pouvez-vous les décrire ?

– Ils étaient grands. Ils mesuraient environ 2,50 m. Ils étaient très musclés, avec de gros bras, comme des culturistes. Ils m'ont fait savoir qu'ils ne croyaient pas à la guerre et n'avaient pas l'intention de me blesser, ni qui que ce soit d'autre. Même s'ils ne prenaient pas parti, ils ressentaient la douleur des deux camps. Ils m'ont demandé pourquoi je combattais les autres hommes, et je leur ai dit que je ne savais pas, sauf que mon gouvernement m'avait dit de me battre.

– Comment ont-ils réagi ?

– Ils m'ont répondu qu'une fois qu'un homme était dans son avion, les gouvernements ne contrôlaient pas ses actes.

– Combien de temps êtes-vous resté avec eux ?

– Peut-être une heure dans la grotte. Ils m'ont proposé de m'emmener avec eux. Quand je leur ai dit que je ne pouvais pas, ils m'ont proposé de m'emmener dans un endroit où je serais en sécurité. J'ai accepté. Je suis monté à bord et ils m'ont déposé dans une zone dépourvue d'Agent orange. Il m'a fallu plusieurs jours pour trouver mon unité militaire. Tout le monde pensait que j'étais mort. Je ne leur ai pas dit que j'étais avec les hommes bleus, qui m'ont sauvé de nos propres forces armées.

– Dois-je comprendre que vous êtes monté à bord de leur vaisseau spatial ?

– Non seulement je suis monté à bord, mais ils m'ont montré la Terre depuis l'Espace. Ils m'ont dit que la Terre était trop belle pour être détruite par la guerre et les armes biologiques, et que je devais en faire davantage pour changer les choses. J'ai ignoré leurs propos. Je ne pensais pas pouvoir changer quoi que ce soit.

– Avez-vous changé d'avis à ce sujet ?

– Je pense que l'on peut initier un changement dans notre famille ou dans nos quartiers, mais je ne pense pas que quiconque puisse changer l'avis des politiciens ou des dirigeants de Washington. Ils ne se soucient que d'eux-mêmes, pas de nous.

– Cette rencontre a-t-elle modifié votre vie ?

– J'ai obtenu un diplôme en astronomie. Avec son altitude élevée, son environnement sec et son flux d'air stable, le sommet de Mauna Kea est l'un des meilleurs sites au monde pour l'observation astronomique. Oui, je dirais qu'ils ont changé ma vie. Je scrute l'Univers à la recherche de formes de vie. J'espère les revoir un jour. Avant de les quitter, je leur ai demandé si je les reverrais et ils m'ont répondu : « Regarde le ciel. Nous sommes toujours là, à observer. » Alors, c'est ce que je fais. Je regarde le ciel.

*Même si je retourne à Hawaï presque chaque année, je n'ai jamais revu Mele. Je pense parfois à lui quand je regarde le ciel nocturne au-dessus de ma maison dans le Montana. Comme lui, j'espère un jour voir les hommes bleus.*

# 8. L'histoire de Sherman : sauvé des reptiliens par les hommes bleus

*Je suis arrivée à Binger, dans l'Oklahoma, par une journée froide et venteuse de janvier. Je cherchais Sherman, un vétéran ayant rencontré des créatures reptiliennes pendant son service au Vietnam. J'ai roulé lentement dans la rue principale, à la recherche des bureaux du gouvernement autochtone de Caddo. Alors que son nom était familier à la jeune réceptionniste, elle n'avait aucune information sur lui. Elle m'a finalement dirigée vers une famille qui pourrait me renseigner. J'ai découvert que Sherman n'était pas un résident de Binger, mais vivait dans un centre pour personnes âgées spécialisé dans le travail avec les anciens combattants souffrant de maladies en phase terminale, dans une ville située à plus de 100 kilomètres. Après de nombreuses impasses, je l'ai finalement localisé. Quand je me suis présentée et lui ai dit avoir rencontré un marine à Hawaï qui m'avait donné son nom, un large sourire illumina son visage tandis qu'il reconnaissait le nom de son vieil ami Chester.*

– Vous allez devoir vous asseoir près de moi, dit Sherman, ou votre dictaphone pourrait ne pas capter ma voix. Je suis victime du Vietnam à bien des égards. Non seulement j'ai été presque rendu aveugle, mais je souffre de MPOC (maladie pulmonaire obstructive chronique).

Pendant qu'il s'installe dans un fauteuil inclinable en cuir près de la table d'appoint, je prépare mon dictaphone. Sherman est un homme petit. Il ne mesure pas plus de 1,60 m et ne pèse probablement pas plus de 50 kg. Ses cheveux noirs et raides, parsemés de gris, me rappellent plusieurs aînés que j'ai vus à la réception des bureaux du gouvernement de Caddo. Il porte des lunettes à monture épaisse qui, l'admet-il, n'aident pas beaucoup. Il a donc abandonné depuis longtemps la lecture, qui était pourtant sa forme de divertissement préférée.

– Je passe mes journées à écouter la radio et des livres enregistrés, dit-il. Après la guerre, j'ai souffert de stress post-traumatique. C'est pour ça que je ne me suis jamais marié. Je suis le dernier d'une longue lignée de guerriers. C'est mieux ainsi. Si j'avais vécu une vie normale, en étant marié et avec des enfants, j'aurais probablement eu un fils ou un petit-fils en Irak et en Afghanistan. Trop de guerres insensées. Mais ce n'est pas pour cela que vous êtes ici, pas pour entendre l'histoire de la vie d'un vieil Autochtone mourant.

– J'aimerais entendre l'histoire de votre vie, et j'ai tout mon temps. Je suis à votre disposition.

Sherman sourit.

– Heureusement que je ne vous ai jamais rencontrée dans ma jeunesse. J'aurais peut-être brisé mon vœu de célibat, dit-il en riant fort. Tout d'abord, je n'ai raconté cette histoire à personne d'autre que Chester. Peut-être qu'il est temps que le monde sache pour les hommes reptiles.

Je le regarde fermer les yeux, se pencher vers l'arrière dans son fauteuil, puis il commence à parler dans un chuchotement théâtral : j'ai rejoint le Corps des marines dès l'âge de 18 ans. Je n'ai pas attendu la conscription. Je suppose que je voulais me prouver, et peut-être aussi au monde, qu'un homme de petite taille pouvait être un marine. J'ai eu mon baccalauréat à Paris Island, en Caroline du Sud et j'ai immédiatement été envoyé au Vietnam. Je n'avais aucune idée de ce qui m'attendait, mais je l'ai appris dès le deuxième jour. Il s'arrête, pousse le levier de son fauteuil inclinable pour revenir en position assise. Il prend un verre d'eau, boit deux gorgées, ajuste sa canule respiratoire, puis continue : j'étais sur place depuis pas plus de quarante-huit heures lorsque notre unité a appris qu'un tunnel avait été localisé. Si vous ne connaissez pas les tunnels, c'est quelque chose qui sort d'un autre monde. Les Viêt-Cong en avaient creusés des dizaines de milliers de kilomètres sous le district de Cu Chi, au nord-ouest de Saïgon. Ils les utilisaient pour loger des troupes, transporter des vivres, monter des attaques surprises et poser des pièges. Chaque fois que nous en découvrions un, des « rats de tunnel » entraient dedans pour saboter leur réseau souterrain, tuer tous les Viêt-Cong à l'intérieur, installer des explosifs et faire sauter les tunnels. Un réseau de petites entrées d'environ 60 cm de largeur et 90 cm de haut accédait à leur réseau de tunnels.

– Vous étiez un rat de tunnel ?

Il acquiesce.

– Comme je l'ai dit, le deuxième jour où j'étais là-bas, on m'a emmené dans un endroit où des soldats sud-vietnamiens, qui étaient de notre côté, montraient aux Américains comment circuler dans les tunnels. Il y avait aussi des Australiens et des Néo-Zélandais en formation. Nous avons été choisis pour faire partie de ce programme, comme d'autres, en raison de notre taille, qui était semblable à celle des Viêt-Cong. À peine quelques jours après la formation, j'étais à quatre pattes dans ces tunnels. On m'a donné une lampe de poche, un pistolet et un couteau. C'était ma seule protection.

– Avez-vous pensé à refuser de devenir un rat de tunnel ?

– Refuser un tel devoir signifiait la cour martiale directement, et je ne voulais pas passer la guerre en prison, mais cette idée ne m'est jamais venue à l'esprit. J'adorais l'euphorie de ramper dans les tunnels et de saboter les Viêt-Cong. Je me disais que lorsque je détruisais un tunnel, je sauvais des dizaines de vies américaines.

– Quel genre d'hommes étaient sélectionnés pour devenir des rats de tunnel ?

– Nous étions une bande d'arrogants. Nous restions entre nous pour maintenir notre santé mentale, en nous soutenant mutuellement. Nous ne prenions jamais de drogues et nous vantions de faire un travail qu'aucun homme sain d'esprit ne ferait. Nous questionnions souvent les hauts gradés. Nous détestions les sous-lieutenants, des étudiants qui ne savaient rien de la guerre, sauf ce qu'ils avaient appris dans les manuels scolaires.

– Que pensaient-ils de vous ?

– Je pense qu'ils avaient peur de nous. Comme je l'ai dit, il fallait être à moitié fou pour aller dans ces tunnels. Je pense qu'ils nous voyaient comme une menace. Les *fraggings* étaient plus fréquents que la plupart des gens ne le pensent. Vous savez ce dont il s'agit ?

– Je crois que oui. C'est bien le meurtre délibéré d'un collègue soldat ?

– Habituellement, c'était un sous-officier ou un sous-lieutenant. Au fur et à mesure que la guerre durait et qu'il était de notoriété publique que nous perdions, les *fraggings* devenaient plus fréquents et les officiers avaient peur. Sherman ferme à nouveau les yeux, tire le levier sur le côté de son fauteuil inclinable, puis reste silencieux, comme s'il se projetait dans ses années de guerre. Nous avons fait des choses moches au Vietnam, ajoute-t-il.

Le regret perce dans sa voix.

– C'était dans l'un des tunnels que vous avez rencontré les reptiliens ?

Il hoche la tête et continue son histoire :

– Je venais de rentrer de permission à Hawaï. Après treize mois au Vietnam, nous étions autorisés à prendre un congé de sept jours. J'avais choisi Hawaï, même si c'était généralement la destination des soldats mariés, parce que je n'étais pas intéressé par les prostituées d'Asie du Sud-est. J'adorais Hawaï. J'aurais dû m'y installer quand mes amis y sont arrivés. Chester m'a invité, mais je suis resté dans les collines de l'Oklahoma, où je suis né. Si c'était à refaire, je serais hawaïen. Je fais couleur locale, non ?, demande-t-il en souriant.

– Je pense que vous passeriez facilement pour un Hawaïen pure souche.

Il se redresse dans son siège et regarde dehors, par la baie vitrée.

– Au cours de mes treize premiers mois au Vietnam, j'ai installé des explosifs et fouillé des dizaines d'ouvertures de tunnel. Je n'ai jamais rencontré de Viêt-Cong, contrairement à certains de mes copains. Plusieurs ont trouvé la mort dans ces tunnels. Il s'arrête, comme s'il se souvenait de ceux ayant perdu la vie. Le lendemain de mon retour de permission, une entrée de tunnel a été trouvée. Selon les hauts gradés, il s'agissait d'un tunnel clé, qui reliait les villages et les bases de soutien des Viêt-Cong jusqu'à la frontière cambodgienne. Il semblerait qu'il y ait eu un certain nombre d'activités étranges dans la région, et les hauts gradés pensaient qu'il s'agissait d'un point d'entrée essentiel du réseau.

– Vous y êtes entré seul ?

– Deux d'entre nous y ont été envoyés. Sheldon, un Australien, et moi. C'était un tunnel à plusieurs niveaux, couvrant quatre étages sous terre. Après avoir passé l'entrée en rampant, j'étais dans une petite pièce assez haute pour me tenir debout. J'ai fait signe à Sheldon, qui m'a rejoint. Dans la pièce, nous avons trouvé une table contenant divers matériaux servant à la fabrication de bombes et plusieurs conteneurs remplis de cartouches de carabine. Il y avait également des rations militaires et des sacs de riz près des murs. Nous avons posé une charge et avons continué le long du tunnel. Nous avons traversé plusieurs chambres de couchage souterraines. Il y avait des hamacs, fabriqués à partir de parachutes américains, tendus entre des poteaux de bambou. Après, nous pensions être arrivés dans une impasse : nous ne trouvions plus ni ouverture ni passage. Les murs semblaient de pierre ou de terre argileuse. Nous nous apprêtions à remonter quand Sheldon s'appuya contre un mur et passa au travers. Là, nous avons trouvé un long passage étroit. Nous avons rampé dans un tunnel lisse en forme de tube. Il mesurait peut-être 5 m de long.

– À quelle profondeur étiez-vous à ce stade ?

– Peut-être cinq ou six mètres sous terre. C'était le quatrième niveau, si je me souviens bien.

– Et à ce moment-là, vous n'aviez rencontré aucun Viêt-Cong ?

– Aucun. Lorsque je suis sorti du tunnel étroit, je me suis retrouvé dans une pièce bien éclairée, plus grande que toutes celles que j'avais vues. J'ai attendu quelques secondes, le temps que Sheldon me rejoigne. L'endroit l'a étonné aussi. Nous ne pouvions pas localiser la source de lumière, mais la pièce était aussi lumineuse qu'en plein jour. Les murs étaient comme de la pierre lisse et polie. À notre gauche, il y avait une porte en pierre. Elle était plus grande qu'une porte normale, ce qui était surprenant pour nous, puisque les Viêt-Cong étaient de petite taille. En approchant de la porte, à la recherche d'un autre tunnel, nous avons entendu des bruits venant de derrière la porte. Nous avons préparé nos armes, prévoyant de tuer tout ce qui entrerait. C'est alors que nous avons vu les hommes reptiles.

– Vous leur avez tiré dessus ?

– Je n'ai pas tiré une seule fois. C'étaient des êtres effrayants, surtout pour un Autochtone de l'Oklahoma. Sheldon m'a suggéré de partir, mais il était trop tard, puisqu'ils nous ont vus au même moment. Ils ne ressemblaient pas à des humains. Je dirais qu'ils mesuraient environ 2,50 m et étaient de couleur vert brunâtre. Ils se déplaçaient comme des éclairs. Sheldon a tiré, mais la balle a touché le plafond. Leurs yeux jaune vif avec des pupilles noires verticales, comme les chats, étaient pernicieux. Pendant qu'ils nous attaquaient, je n'ai remarqué que trois doigts à leurs mains, qui ressemblaient plus à des serres qu'à des mains. Leur nez était fendu et leur visage plat. En fait, ils ressemblaient à des lézards. Même s'ils se tenaient debout sur d'énormes pattes bulbeuses, ils utilisaient leur queue énorme pour se déplacer rapidement sur le sol. Ils avaient un collier étrange autour du cou, qui semblait faire partie intégrante de leur corps. Cela m'a fait penser à une carapace de tortue où la tête peut se rétracter pour dormir, ou en cas de menace.

– Comment ont-ils réagi lorsqu'ils vous ont vus ?

– Ils sifflaient et caquetaient entre eux. Ils nous ont sauté dessus, soulevés du sol et jetés contre le mur. Pendant qu'ils continuaient à siffler, ils nous aspergeaient d'une sorte de substance qu'ils éjectaient de leur bouche. J'étais allongé sur le sol et les ai vus traverser une autre porte de pierre et disparaître. Sheldon et moi avons pris nos fusils. Nous étions tous les deux étourdis et avions du mal à voir, mais nous nous sommes dirigés vers la porte en pierre où nous les avions vu disparaître juste sous nos yeux. Après, j'ai perdu connaissance. Je ne sais pas combien de temps je suis resté allongé là, mais quand je me suis réveillé, j'étais à l'extérieur du tunnel. Au début, je ne savais pas comment j'y étais arrivé, mais un géant bleu qui scintillait était penché au-dessus de moi et m'assurait qu'il ne me voulait aucun mal.

Sherman s'assied brusquement, pris d'une toux sans fin. Chaque fois qu'il s'arrête, elle recommence. Je lui offre de l'eau, mais il refuse. Après plusieurs minutes, il reprend son récit :

– Une fois en toute sécurité, nous avons fait exploser notre artisanat et c'était la fin du tunnel souterrain secret des hommes reptiles. À ce jour, je souffre. C'est pour ça que ma vue est si faible. En fait, c'était mon dernier tunnel. En raison de ma vue, les marines m'ont envoyé en convalescence à l'hôpital d'Hawaï, et plusieurs mois plus tard, j'ai été déclaré invalide. C'est là que j'ai rencontré Chester. J'ai gardé le contact avec Sheldon pendant plusieurs années. Il est devenu aveugle peu après avoir quitté l'armée. J'ai eu un peu plus de chance. Malgré mon handicap, j'ai pu travailler – rien qui exige de conduire, de lire ou d'écrire –, mais j'avais de bons revenus malgré ma vue.

– D'après vous, quelle était cette substance ?

– Je pense que c'était comme un venin de serpent. En fait, c'était sans doute censé nous tuer, mais notre équipement de protection et nos casques nous ont sauvés. Quand ils sifflaient vers nous, une langue fourchue sortait de la fente de leur face et nous arrosait de son venin. En voyant leur langue saillante, j'ai tourné la tête vers le sol et j'ai couvert mon visage. On voit encore les effets du poison sur mes mains. Sherman tire le levier de son fauteuil et s'assied à nouveau. Il pose ses mains sur la table entre nous, où apparaissent de profondes cicatrices. C'est ce que le venin extraterrestre m'a fait, dit-il. Je suppose qu'ils pensaient que nous ne nous en remettrions jamais et que nous allions mourir dans ce tunnel.

– Avez-vous informé vos commandants de l'événement ?

– Vous plaisantez ? Nous savions bien qu'ils ne nous croiraient jamais. Les médecins pensaient que nous étions tombés sur une matière dangereuse dans le tunnel et ils nous ont envoyés à l'hôpital. J'ai été hospitalisé en plusieurs endroits. Sheldon et moi y avons passé six mois, d'abord en Allemagne, puis à Hawaï, avant que l'armée ne décide de nous renvoyer chez nous. J'ai parlé de l'événement à Chester. C'était le seul à être au courant et, maintenant, vous. Je n'avais jamais vraiment pensé aux soucoupes volantes et à tout le reste. Je trouvais ça insensé. Je vivais dans le monde réel. Mais les hommes reptiles sont aussi réels que vous et moi. Les hommes bleus sont aussi réels que vous et moi. Je peux confirmer qu'il y a des êtres dans cet Univers qui ne ressemblent pas à des êtres humains, qui sont plus intelligents que nous et peuvent voyager dans l'Univers. Certains sont bienveillants, d'autres sont malintentionnés. Une bonne leçon d'humilité pour nous, les humains, vous ne trouvez pas ?

*J'ai emmené Sherman dîner ce soir-là. Il m'a raconté une version abrégée de sa vie autour d'une bouteille de vin rouge onéreux. Tandis que je l'écoutais, j'ai ressenti l'humilité d'être en présence de cet homme merveilleux, qui avait vécu plus de vies qu'un chat, mais qui maintenait toujours un amour pour la vie lui permettant de flirter outrageusement avec moi. Il ne me présenta aucune excuse pour son comportement et, à mon sens, il n'en avait pas besoin.*

*Je ne l'ai pas revu depuis. En février, je lui ai envoyé une boîte de bonbons, les œuvres complètes de Tony Hillerman en version audio et une carte d'anniversaire. J'ai reçu un mot d'une des infirmières disant qu'il aimait la boîte de bonbons et la carte. Il en était maintenant à sa deuxième écoute des livres de Hillerman. Il allait toujours bien et aurait voulu écrire, mais sa vue avait empiré. Elle ajouta qu'il voulait que je revienne le voir avec une autre bouteille de vin pour passer du temps avec lui. J'ai prévu de le faire lors de mon prochain voyage dans l'Oklahoma. En attendant, j'ai pris un abonnement auprès d'une entreprise de vin pour qu'il reçoive une bonne bouteille avec un assortiment de chocolats et du fromage tous les mois pendant un an. C'est le moins que je puisse faire pour le dernier d'une longue lignée de guerriers Caddo.*

# 9. L'histoire de Nanose : ils ont emmené mes amis

*Nanose me contacta après qu'un ancien élève m'ait présentée comme étant Madame Ovnis à une soirée d'appréciation locale de basketball. Il m'arrêta sur le parking alors que je luttais pour ouvrir le coffre de ma voiture. Après m'avoir aidée, Nanose me raconta qu'il avait rencontré des êtres venus d'ailleurs et qu'il devait en parler à quelqu'un. Il m'invita à prendre le petit-déjeuner avec lui le lendemain matin. Quand j'acceptai, un large sourire illumina son visage et il me serra la main vigoureusement. J'ignorais encore que son histoire se distinguait des rencontres habituelles avec le peuple des étoiles.*

J'observe cet homme costaud, en treillis militaire, marcher lentement vers ma table. Il s'assied, examine la salière et la poivrière, les revisse, puis me regarde en souriant. C'est un bel homme, dans la trentaine. Une bague avec un aigle orne sa main droite, et une boucle d'oreille en plumes d'aigle pend de son oreille gauche, s'accrochant parfois dans ses longs cheveux noirs qui tombent sous la ligne de ses épaules.

Après avoir commandé du café et des donuts, Nanose se penche en avant et me parle à voix basse :

– J'ai vu les hommes bleus venus de l'Espace en Irak, déclare-t-il. Dans mes rêves les plus fous, je n'aurais jamais cru que des hommes à la peau bleue, aussi brillants que la Lune, existaient. Mais je vous assure qu'ils sont bien réels. Ils viennent de l'Espace. Ce sont des géants, mais doux et pacifiques.

– Pouvez-vous me décrire le contexte de cette rencontre ?

– Je me suis engagé dans l'armée en 2001, à l'âge de 20 ans, surtout par ennui. Il n'y avait pas de travail dans la réserve et tout le monde traînait, fumait de l'herbe et buvait. Au bout de quelques années, j'en ai eu assez de ce mode de vie. Je n'étais pas assez intelligent pour obtenir une bourse universitaire, alors j'ai décidé de laisser l'Oncle Sam m'envoyer à l'école. C'était avant les événements du 11 Septembre et je ne m'attendais pas à me retrouver sur un champ de bataille. Pourtant, en 2004, je fus envoyé en Irak. Il s'arrête quand la serveuse arrive avec un assortiment de donuts. Je ne dis pas aux étrangers que je suis un ancien combattant ; je n'aime pas le mentionner. C'est la première fois que je parle des hommes bleus.

– Depuis combien de temps n'êtes-vous plus dans l'armée ?

– Je fus au Moyen-Orient pendant deux ans et vingt-trois jours. Je suis maintenant à la maison depuis dix ans et un jour. L'armée m'a proposé de l'argent pour me réengager, mais il n'était pas question que je prenne le risque de repartir au front. La guerre doit être comme l'Enfer. Il s'arrête, regarde l'assiette de donuts et choisit un rouleau rempli de gelée. Je me considère chanceux d'avoir survécu, reprend-il. J'ai réussi à obtenir ce que je voulais : un diplôme universitaire, mais c'est de peu d'utilité. Pas de travail pour un entraîneur de fitness dans la réserve. Je suppose que je pourrais être professeur de sport, mais je ne pense pas être doué pour l'enseignement. De plus, il suffit de peu à mon esprit pour me ramener directement en Irak. Je pense que ça me suivra toujours.

– Que vous est-il arrivé là-bas ?

– Beaucoup de choses, mais ce que je vais vous révéler, vous ne l'entendrez pas à la télévision. Les soldats perdus ou disparus n'étaient pas signalés. Le gouvernement gardait secrète la mort des Américains en Irak. Je veux vous raconter ce qui m'est arrivé à moi et à mes copains là-bas. Vous pouvez le croire ou non, parce que, même maintenant, quand j'y pense, cela me semble incroyable. Il cesse de parler, secoue la tête, comme par scepticisme, et mange son donut en trois bouchées. Je ne suis pas du genre à perdre mon temps ou le vôtre. Je vous jure que cette histoire est vraie. Il fait de nouveau une pause, s'essuie les mains avec une serviette et prend une gorgée de café.

– Je ne porte aucun jugement sur les récits que j'entends, le rassuré-je. Je suis là pour écouter et prendre note de votre histoire.

– D'accord. C'est ce que je voulais entendre. Un soir, notre unité de patrouille fait l'objet d'une attaque au mortier. Plusieurs membres de notre équipe sont blessés ou morts. Après nous être repliés et une fois la nuit tombée, notre lieutenant appelle des volontaires pour récupérer les corps de nos camarades. Mon ami Rense et moi prenons la route. Il nous faut peut-être 20 mn pour trouver le premier corps. Il y en a quatre. Nous commençons à les mettre dans des sacs quand, soudain, je vois une lumière sortir des collines. Je fais signe à Rense de regarder dans cette direction, mais il semble étourdi ou sous l'emprise d'une sorte de sortilège. Je le secoue, mais il ne répond pas. J'essaye de comprendre ce qui se passe, mais mes yeux continuent de se diriger vers une lumière fascinante, une belle lumière bleue. Je ne parviens pas à déterminer d'où elle provient, mais elle me tient stupéfié. Quand elle s'avance vers moi, j'observe la forme de deux hommes, des géants, qui sont bleus. Ils s'approchent de moi, alors je pointe mon fusil sur eux, mais ils me disent ne me vouloir aucun mal. Mon fusil glisse au sol automatiquement, comme si une force me disait qu'il n'y avait aucun danger.

– Vous ont-ils dit ce qu'ils voulaient ?

– Ils m'ont dit qu'ils pouvaient emmener mes amis, mes camarades décédés, pour qu'ils reprennent vie dans un autre monde. Je ne savais pas quoi faire de cette information. J'appelle Rense, mais il ne répond pas. Ils m'expliquent que Rense n'aura aucun souvenir de ce qui se passe et qu'ils reviendront bientôt pour lui.

– Où comptent-ils les emmener ?

– Ils ont dit qu'ils auraient une belle vie, mais pas sur cette terre. J'étais en proie au dilemme. Je ne savais quoi faire. Je savais que leur famille à la maison voudrait enterrer leur mort, mais, en même temps, l'opportunité d'une nouvelle vie était attrayante et j'ai accepté qu'ils les emmènent.

– Vous pouvez les décrire ?

– Ils avaient une forme humaine, mais ils étaient bleus. Leur corps, ou peut-être leur costume, était d'un bleu luminescent. Un beau bleu.

– Vous leur faisiez confiance ?

– C'est drôle, je leur faisais entièrement confiance. Pourtant, je savais qu'ils n'étaient pas de cette Terre. J'ai ressenti une paix et une satisfaction absolues en leur présence.

– Que s'est-il passé ensuite ?

– L'instant d'après, Rense et moi cherchions les corps. Il n'avait aucun souvenir des événements. Nous avons cherché pendant une demi-heure environ, puis nous sommes retournés vers notre unité. Nous avons expliqué n'avoir trouvé aucun corps. Nanose fait une pause, termine un autre donut et boit son café. Je poursuis :

– Que pensez-vous de ce que vous avez fait ce soir-là ?

– J'ai pris une décision. Je pensais que l'opportunité d'une autre vie était ce qu'il y avait de mieux pour mes copains. Je me trompe peut-être, mais quand je rencontrerai saint Pierre aux portes du Paradis, je lui dirai que j'ai fait de mon mieux.

– Et Rense se souvient de cette nuit-là ?

– Il a été tué lors d'une patrouille le lendemain soir. J'étais avec lui, mais je n'ai rien pu faire. Nous n'avons jamais retrouvé son corps. Je crois que les hommes bleus l'ont emmené aussi. C'est étrange, vous savez. C'était comme s'ils connaissaient son destin. Ils m'ont dit qu'ils reviendraient prochainement pour lui, mais à ce moment-là, je ne l'avais pas compris comme ça. Je n'avais pas réalisé qu'ils annonçaient sa mort. Nanose mange un autre donut et se verse une autre tasse de café de la carafe laissée par la serveuse.

– De toute évidence, ces événements ont eu des répercussions profondes sur votre vie. Que ressentez-vous aujourd'hui ?

– J'ai souvent pensé à contacter la famille de Rense pour leur expliquer que je crois que leur fils est en vie sur une autre planète, puis je me retiens, en pensant à quel point ça semble délirant. Et finalement, peut-être de savoir que leur fils est vivant sur une autre planète serait encore pire que de croire qu'il est mort. Je suis content qu'il ait une belle vie. Les hommes bleus me l'ont promis. Mon seul regret, c'est de ne pas les avoir accompagnés.

– Ils vous ont proposé de vous emmener ? Il hoche la tête.

Les larmes perlent ses yeux, alors je décide de changer de sujet :

– Vous avez dit avoir obtenu un diplôme universitaire. Où travaillez-vous maintenant ?

– Je suis pompier. Mon diplôme ne m'a pas beaucoup aidé. Il n'y a aucun emploi dans la réserve, même pour un diplômé d'université. Je travaille aussi un peu dans la construction lorsqu'il n'y a pas d'incendie ; tant que ça paye les factures... J'ai une petite cabane à la campagne où vit mon grand-père. Quand je ne travaille pas, je regarde la télé et je joue à des jeux vidéo. Je lis beaucoup. J'ai un jardin potager. Nous n'avons pas l'eau courante, alors il est petit. J'aimerais avoir un grand jardin, mais le manque d'eau rend les choses difficiles. J'aime le calme de la campagne. Pas de voitures, pas d'avions, pas de gens. Seulement mon grand-père, et c'est un homme calme, lui aussi. Parfois, nous nous asseyons le soir et regardons les étoiles. J'espère que, quand le bon Dieu emportera mon grand-père, les hommes bleus viendront pour moi. Tous les soirs, je murmure une prière pour leur retour, mais, jusqu'à présent, ils ne sont pas revenus.

*Lors de ma visite suivante à la réserve, je suis allée voir Nanose chez lui à la campagne et j'ai rencontré son grand-père, Abraham. Il est toujours très mesuré et préfère ne pas discuter de la guerre, mais lorsque nous sommes seuls, il parle ouvertement des hommes bleus. Bien qu'il ait été invité à de nombreuses reprises à des soirées pour les anciens combattants de la réserve, il n'y assiste jamais. Il attend toujours les hommes bleus et a du mal à comprendre la décision qu'il a prise ce soir-là. Il m'a dit que son nom, Nanose, signifie couguar. Il croit que son nom a présagé sa capacité à aller au front et, furtivement, comme le chat de sa nomenclature, à réussir à traverser le pays déchiré par la guerre et à survivre. Quant à moi, je crois que Nanose est un survivant, et son nom lui donne d'incroyables pouvoirs spirituels. Il ne l'a pas encore réalisé.*

# 10. L'histoire de Matoska : j'espère qu'ils reviendront pour moi

*Matoska, un vétéran de l'armée de 24 ans, m'envoie un courriel depuis l'Afghanistan pour me dire qu'une fois de retour aux États-Unis, il aimerait me rencontrer. Il précise qu'un événement très inhabituel lui est arrivé en patrouille un soir et qu'il faut le raconter. Nous nous donnons rendez-vous dans le Colorado, à mi-chemin entre ma maison et la sienne.*

J'ai rendez-vous avec Matoska sur une aire de repos. Vêtu d'un pantalon de camouflage et d'un t-shirt vert olive, je le reconnais immédiatement d'après sa description. Bien campé sur son 1,80 m, on le remarquerait au milieu de n'importe quelle foule. Il me dirige vers une table de pique-nique en ciment avec une glacière posée au centre.

– Ma grand-mère m'a appris que lorsque l'on a des invités, on apporte toujours à manger, dit-il en m'offrant un sandwich sous vide. J'ai un assortiment de boissons aussi.

– De l'eau, ça me convient bien, dis-je en déballant mon sandwich. J'observe ce jeune homme qui pourrait faire couleur locale parmi de nombreux groupes ethniques différents.

– Je suppose que vous vous demandez qui je suis. Ma mère était lakota et cheyenne du Sud, et mon père était blanc, originaire de Finlande, d'où mon nom, Matoska, qui signifie *ours blanc*. J'étais enfant unique. Ma mère m'a élevé seule lorsque mon père a décidé que la Finlande lui manquait. Elle a refusé de l'accompagner, et nous n'avons plus jamais entendu parler de lui.

– Dommage pour lui, dis-je en remarquant la tristesse dans sa voix.

Matoska soupire et prend une bouchée de son sandwich. Il regarde un semi-remorque se garer dans l'aire de repos et, avant que je puisse tenter de rassurer cet ancien marine nerveux assis en face de moi, il m'interroge :

– Avez-vous déjà entendu parler des hommes bleus ?

J'acquiesce. Ses épaules se détendent, comme si une charge en avait été ôtée. Il se lève, me serre les deux mains, lève les yeux vers le ciel et marmonne des mots, telles des louanges à Dieu.

– Oui, oui, oui !, s'exclame-t-il. Je le savais depuis le début. D'autres ont vu les hommes bleus aussi. Un large sourire illumine son visage alors qu'il s'assied de nouveau de l'autre côté de la table. Il me serre à nouveau les deux mains, les embrasse, puis chuchote « Merci ».

– Pouvez-vous me parler de votre rencontre ?

Il hoche la tête et reprend son souffle :

– J'ai vu les hommes bleus en Afghanistan. Le bleu le plus brillant, le plus étincelant qu'on puisse imaginer. Je n'ai jamais raconté cette histoire à personne mais, Dieu merci, j'ai regardé une de vos interviews sur YouTube au sujet du peuple des étoiles. Je savais que je devais vous contacter ; merci d'avoir accepté de me rencontrer. Je sais qu'un rendez-vous avec un étranger sur une aire de repos est inhabituel, mais j'avais besoin d'intimité, et vous savez ce que c'est dans une maison autochtone : trop d'oreilles curieuses. Il s'arrête et rit.

– Je suis heureuse de vous rencontrer, lui dis-je.

Il hoche la tête et prend une bouchée de son sandwich. Puis il ouvre un paquet de chips et m'en offre, avant de continuer :

– J'ai été déployé à Kandahar en janvier 2010. J'étais opérateur de transmission. J'utilisais et entretenais du matériel de communication de toute sorte, des radios de combat aux téléphones satellites. On manquait de personnel dans ce domaine d'expertise. Je partageais cette responsabilité avec un autre opérateur, alors nous faisions douze heures de travail et douze heures de repos. Pendant mes heures de repos, j'allais souvent en patrouille dans la ville, en partie par ennui et en partie parce que j'y aimais les enfants. En grandissant, j'ai toujours pensé que les Premières Nations étaient pauvres, mais la pauvreté et la souffrance des enfants afghans est incomparable. Il s'arrête et prend une gorgée de soda, avant de continuer :

– Un soir, alors que je surveillais les radios de combat, j'ai reçu un message important pour des évacuations médicales d'urgence. Nos troupes avaient été blessées par une bombe d'accotement et d'autres se trouvaient sous des tirs intenses. Dans ces conditions, les équipes d'évacuation aérienne ne peuvent pas se déployer immédiatement pour récupérer les blessés.

– Des soldats américains ont été tués ce soir-là ?

Il hoche la tête.

– Mais vous n'en entendrez pas parler sur CNN. Il y a tellement de choses cachées sur ce qui se passe là-bas. Il prend une autre bouchée de son sandwich, avant de le poser sur l'emballage. Le lendemain, on nous a envoyés récupérer les corps. Je me suis porté volontaire pour y aller ; ces hommes étaient mes frères.

– Qu'avez-vous découvert ?

– Nous n'avons secouru qu'un seul soldat, Dustin, qui avait survécu à la nuit.

– Il y avait des victimes ?

– Les sept autres étaient portés disparus. Nous avons trouvé des signes de leur présence, un fusil, une médaille de Saint-Christophe, mais pas de corps.

– Que leur est-il arrivé ?

– Dustin m'a dit qu'il ne le savait pas, mais, tard le lendemain soir, il m'a raconté une histoire incroyable, affirmant que le peuple des étoiles était venu les chercher.

– Le peuple des étoiles ?

– Selon lui, il s'était réfugié dans un bâtiment et avait décidé d'attendre le lever du jour. Les autres étaient dehors, et même s'il les a appelés toute la nuit, personne n'est venu. Environ une heure après le silence radio, il m'a dit qu'il avait vu une lumière éblouissante. Tous les coups de feu ont cessé, un faisceau lumineux est descendu, et il l'a regardé récupérer les corps un par un et les soulever dans un engin tubulaire en vol stationnaire au-dessus de la scène.

– Il s'est souvenu d'autres détails ?

– Il a dit qu'au fur et à mesure que l'événement se déroulait, il ne pouvait pas le quitter des yeux. Il a crié après ses copains, mais aucun d'eux n'a répondu.

– Il a vu le peuple des étoiles ?

– Il a dit qu'une fois que le peuple des étoiles avait récupéré tous les corps, ils sont venus le voir.

– Il vous a dit à quoi ils ressemblaient ?

– Il a dit qu'ils étaient grands et bleus, ils mesuraient environ 2,50 m. Très musclés et très forts. Ils lui ont dit qu'ils allaient emmener ses amis. Ils ont aussi expliqué à Dustin que ses amis iraient bien et qu'il survivrait et rentrerait chez lui retrouver sa femme et ses enfants.

– Il a été interrogé par son commandant ?

– Il n'a jamais dit aux hauts gradés ce qui s'était passé. Il a préféré raconter qu'il ne se souvenait de rien.

– Ses supérieurs l'ont cru ?

– Ils n'ont trouvé aucune raison de ne pas le croire. Tout a été gardé secret. Il n'y avait aucun moyen d'expliquer la disparition de sept soldats, et la presse s'en serait donnée à cœur joie. C'est resté secret.

– Et leurs familles ?

– La chose la plus intéressante au sujet de cet événement, c'est qu'aucun des soldats disparus n'avait inscrit de parent à prévenir. Donc, c'était facile de cacher l'information. Personne n'a jamais su ce qui s'était passé cette nuit-là, et Dustin était déterminé à garder le silence.

– Pourquoi, selon vous ?

– Vous pensez que quelqu'un l'aurait cru ?

– Probablement pas.

– Dustin voulait faire carrière dans l'armée. Il avait probablement peur de leur dire ce qu'il avait vu, par crainte d'être réformé pour raisons psychologiques.

– Vous avez cru à son histoire ?

– À l'époque, je n'étais pas sûr. Je savais que les corps n'avaient jamais été retrouvés. Même si ça ne faisait pas la une des journaux télévisés, ça ne voulait pas dire que ça ne s'était pas produit. Je les connaissais. C'étaient mes amis, aussi proches que des frères, et ils avaient disparu.

– Donc, vous n'avez jamais révélé l'histoire de votre ami jusqu'à maintenant ?

– Eh bien, ce n'est pas la fin de l'histoire. Deux jours plus tard, je suis allé en patrouille avec Dustin. Nous parcourions les rues. Ce jour-là, la chaleur était insupportable. Nous sommes entrés dans un bâtiment désert pour nous abriter. Il faisait tellement chaud en Afghanistan, qu'on pouvait faire frire un œuf sur une pierre au soleil. C'était l'enfer, et nous portions de l'équipement lourd, des gilets de protection et des sacs à dos remplis d'équipement de survie. Nous voulions juste nous éloigner du soleil et boire un peu d'eau. Il s'arrête et finit son sandwich et sa canette de soda.

– Quelque chose s'est produit à l'intérieur du bâtiment ?

– Oui, de merveilleux. Il s'arrête de nouveau et ouvre une autre canette. Après avoir fouillé le bâtiment, nous nous sommes positionnés contre un mur, tout en surveillant l'entrée. Je me souviens m'être relaxé un peu et avoir profité de la fraîcheur du bâtiment, et c'est là que c'est arrivé. Sortis de nulle part, les hommes bleus se sont matérialisés devant nous. Ils nous ont dit que nos amis allaient bien et qu'ils avaient pu sauver nos camarades tombés au combat. Tous les sept étaient en vie et en bonne santé.

– En vie et en bonne santé ? Mais je pensais qu'ils étaient morts. Ce n'est pas ce que vous m'avez dit ?

– Ils ont dit qu'ils les avaient emmenés vivre dans un monde sans guerre. Leurs souvenirs du passé avaient été effacés et remplacés par des nouveaux, afin qu'ils ne se souviennent plus de la guerre ou de leur vie sur terre.

– Comment avez-vous réagi ?

– Au début, j'étais en colère. De quel droit se prenaient-ils pour Dieu ? Juste au moment où j'allais le leur dire, j'ai réalisé que j'étais en présence d'êtres puissants, qui étaient bienveillants et humains. Ils incarnaient les aspects les plus positifs de l'humain. Puis, ils ont disparu comme ils étaient apparus. Toutefois, avant de partir, ils ont dit à Dustin qu'ils tranquilliseraient son esprit.

– Qu'a dit votre ami au sujet de leur apparition ?

– C'est justement ce qui est étrange. Quand j'ai mentionné les hommes bleus, il m'a regardé comme si j'étais fou et m'a dit qu'il n'en avait jamais entendu parler. Il se demandait même si je n'avais pas un peu trop fumé. Il était évident qu'il n'avait aucun souvenir des événements. Je ne lui en ai jamais reparlé. Je ne sais pas pourquoi je m'en suis souvenu. Mais je vous jure sur la Bible, que je crois sacrée, que cela s'est passé exactement comme je vous l'ai raconté. Il s'arrête et se lève pour jeter nos emballages de sandwich dans la poubelle. Je ne pense pas que ce soient des dieux, mais ce sont des hommes pieux qui surveillent nos guerres et choisissent parfois des humains à sauver.

– Et concernant les hommes qui ont été enlevés, avez-vous enquêté pour voir ce qu'ils avaient en commun ?

– Oui, justement. Une nuit où tout le monde se reposait, j'ai regardé les dossiers. Ils avaient tous entre 20 et 24 ans. Il y avait deux Mexicains qui se sont engagés dans l'armée pour obtenir la nationalité américaine, deux Blancs de l'Alabama, un soldat noir du Mississippi et deux Autochtones. Ces derniers n'ont indiqué aucune appartenance tribale, seulement *Premières Nations*. Les deux ont précisé qu'ils résidaient dans l'Oklahoma. Et comme je l'ai mentionné plus tôt, ils n'ont indiqué aucun parent. Ils étaient seuls au monde. Peut-être que les hommes bleus les ont choisis pour cette raison. Quand j'y ai pensé, je me suis senti mieux. Au moins, personne ne les pleurait à la maison. Je pense que Dustin y a échappé parce qu'il avait une femme et des enfants.

– Pourquoi ne vous ont-ils pas emmené ?

– Quand ils sont apparus devant Dustin et moi, je pense qu'ils sont venus l'aider à oublier. Et moi, je n'étais pas combattant ; j'étais opérateur, simplement en patrouille avec Dustin. S'ils m'avaient donné la possibilité de partir, j'y aurais peut-être réfléchi, même si j'aime ma mère. Je l'aime beaucoup. De plus, elle était inscrite sur la liste de mes parents à contacter.

– Vous croyez qu'ils le savaient ?

– Ils ont soigneusement choisi qui ils prenaient. Des hommes sans attache avec la Terre.

– Vous considérez donc les hommes bleus comme pacifiques et bienveillants ?

– Je les vois comme des hommes des étoiles qui aiment la paix et ont donné une seconde chance à mes amis, qui se retrouvaient dans une guerre dont ils n'étaient pas responsables. Selon tous les rapports officiels, ils étaient morts.

– Vous partirez avec eux un jour ?

– Quand ma mère fera sa transition, j'espère qu'ils reviendront pour moi. J'aimerais vivre dans leur monde.

*Je n'ai jamais revu Matoska. Je reçois parfois un courriel de sa part, mais il ne mentionne jamais les hommes bleus. Il signe toujours ses courriels avec cette citation : « Toujours à scruter le ciel… Ours blanc. » Je pense souvent à lui. Ce n'est pas le premier ancien combattant à me parler d'une rencontre avec les hommes bleus. Je ne peux m'empêcher de me demander combien d'autres anciens combattants ont vécu la même expérience mais gardent le silence.*

# 11. L'histoire de Winter : des hommes bleus étincelants ont touché mon cerveau

*Winter fêtait son baccalauréat chez un ami quand ses rêves d'avenir s'envolèrent en raison d'un accident de voiture causé par un abus d'alcool. Paralysé du côté gauche, depuis la taille jusqu'en bas, le bras droit paralysé et aveugle d'un œil, son rêve d'étudier la médecine disparut ce soir-là. Après deux ans de chirurgie et de rééducation, il souffrait de dépression extrême et avait tenté deux fois de se suicider. J'ai vu Winter et sa sœur grandir. Ses parents, tous deux éducateurs, m'invitaient souvent à dîner lorsque je venais à la réserve. Un soir, alors que les parents de Winter assistaient à une réunion du conseil tribal, je passai un moment avec lui et il me parla de son calvaire et du peuple des étoiles.*

Winter m'accueille à la porte de sa maison. Il fait demi-tour avec son fauteuil roulant et m'invite dans le salon. Sa mère et son père n'y sont pas.

– Mes parents sont en haut et se préparent pour la réunion. Grande soirée : ils votent la résolution pour étendre la cotisation tribale. J'ai fait du pop-corn et j'ai une bouteille de soda en ton honneur et des glaçons. Donc nous sommes prêts, dit-il en manœuvrant son fauteuil roulant pour se placer dos à une grande fenêtre.

Ses parents arrivent au moment où je m'installe et, après un bref salut et une embrassade, ils partent. Je m'assieds de nouveau sur la chaise.

– J'ai demandé à te parler en privé, déclare Winter, en entendant la porte d'entrée se fermer.

– Tes parents m'ont dit que tu voulais me voir.

– Je suis content que tu sois venue. Je te fais confiance. Je voulais raconter mon histoire à quelqu'un en qui j'ai confiance. Non seulement, je te connais depuis toujours, mais j'ai également lu tes livres. Il y a quelques histoires de rencontres extraterrestres qui sont semblables à la mienne, mais pas exactement.

– J'ai pour habitude d'enregistrer mes entrevues et de prendre des notes. Winter hoche la tête et m'observe placer le magnétophone sur la table d'appoint entre nous, et sortir mon cahier. Tu as parlé de cette rencontre extraterrestre avec tes parents ?

– Mon Dieu, non. Ils en ont bien assez comme ça. Regarde-moi. Non seulement, j'ai détruit ma vie cette nuit-là, mais aussi la leur. Il y a des choses que je garde pour moi, mais après avoir lu tes livres, ça m'a fait réfléchir. Si mon histoire peut aider quelqu'un, je suis prêt à en faire part.

– Je suis contente de l'entendre. Par où commençons-nous ?

– Je suppose que le meilleur point de départ est la fête de remise des diplômes. J'étais torché ce soir-là. En fait, je ne me souviens même pas être monté dans la voiture avec Amelia. C'était un peu ma copine, mais rien de sérieux. J'avais un seul objectif, celui d'être médecin et de revenir ici, de travailler à l'hôpital, de me marier et d'avoir des enfants.

– Je me souviens que c'était déjà ton objectif quand tu avais 10 ans. Que s'est-il passé ce soir-là ? Tu t'en souviens ?

– En fait, je ne me souviens pas de grand-chose. Butch, mon meilleur ami, m'a dit que deux gars m'avaient porté jusqu'à la voiture et qu'Amelia avait pris le volant. Elle avait bu aussi, mais ils pensaient qu'elle pouvait conduire. Comme tu le sais, le trajet vers chez nous est sur une route de montagne avec quelques virages en épingle à cheveux. Elle en a raté un et a roulé sur le talus. La voiture a fait des tonneaux jusqu'à ce qu'elle s'immobilise contre un arbre, à moins de trois mètres du fleuve.

– J'ai vu le lieu de l'accident. Le Grand Esprit veillait sur toi ce soir-là.

– Peut-être. Il est certain que quelqu'un veillait sur moi, déclare Winter.

– Tu étais conscient quand c'est arrivé ?

– Pas au début. Je me souviens de la douleur et que du sang coulait sur mon visage. Je ne pouvais pas bouger. J'ai appelé à l'aide, mais c'était inutile.

– À quel moment le peuple des étoiles est-il arrivé ?

– J'étais coincé par le siège arrière, qui s'était effondré contre le siège du passager avant. J'ai appelé Amelia, mais elle ne répondait pas. J'ai appris plus tard qu'elle était morte sur le coup. Je me sens mal à ce sujet. Amelia était ma meilleure amie et la fille la plus intelligente que j'avais jamais rencontrée. Il m'a fallu beaucoup de temps pour accepter sa mort. Elle voulait aller à l'école d'infirmiers. Lorsque nous étions petits, nous disions souvent que je serais médecin et elle serait mon infirmière.

– Tu as donc repris connaissance après l'accident, c'est ça ?

Il me regarde. Je peux voir les larmes dans ses yeux.

– Oui, mais impossible de bouger. Je n'avais aucune sensation dans mes jambes et mes pieds. J'ai paniqué et frappé contre la porte. J'ai crié à en perdre la voix. Personne n'est venu, alors j'ai abandonné. J'ai senti le goût du sang dans ma bouche et je savais que je ne survivrais probablement pas, à moins que l'on vienne me secourir rapidement. C'est à ce moment-là que cela s'est produit.

– Tu parles du peuple des étoiles ?

Il acquiesce.

– Soudain, une lumière bleue brillante et irisée est descendue sur la voiture, alors j'ai pensé que la police avait découvert l'accident. Là, j'ai vu un être enveloppé d'une étrange lumière bleue. Je n'ai pas pu distinguer ses traits. Je me suis dit que j'étais mort et que mes ancêtres étaient venus me chercher pour m'emmener dans le monde des esprits.

– Tu peux décrire les entités que tu as vues ?

Il s'arrête un instant, verse du soda dans les verres avec sa main gauche et me tends le bol de pop-corn. Pendant un moment, nous restons silencieux, mangeant du pop-corn et sirotant nos boissons.

– Ce n'est pas facile de les décrire, reprend-il. L'image est floue dans mon esprit. Je sais qu'ils avaient une forme humaine, mais il y avait une lueur scintillante qui déformait leur image. C'était difficile d'obtenir une image claire.

– T'ont-ils parlé ?

– Pas au début. L'un d'eux a arraché la porte arrière de la voiture et l'a jetée comme si c'était un jouet. L'autre est arrivé par derrière, a arraché l'autre porte et a enlevé le siège arrière qui me bloquait. Celui derrière moi a posé ses mains sur ma tête et le saignement s'est arrêté. J'ai senti comme une guérison dans ma tête. Elle était tellement chaude que je pensais qu'elle allait exploser. Quand il l'a couverte avec ses mains, il m'a dit de ne pas avoir peur.

– Tu avais peur ?

– Dès qu'il m'a touché, la sérénité a empli mon corps. Je n'avais plus peur. Je savais que j'allais survivre.

– Que t'a-t-il fait à la tête ?

– Il a guéri ma plaie. Quand je suis arrivé à l'hôpital, il ne restait qu'une cicatrice que les médecins ne pouvaient pas expliquer. Il se penche en avant et soulève ses longs cheveux noirs. On distingue une cicatrice blanche d'environ un demi-centimètre de large sur sept centimètres de long. Ils m'ont posé des questions à ce sujet, mais j'ignorais ce qui s'était passé. Pourtant, je savais que c'était les hommes des étoiles. Ils m'ont fait quelque chose à la tête. En fait, je pense que s'ils n'étaient pas venus, je me serais vidé de mon sang ou j'aurais fini avec une incapacité mentale à vie. Je pense qu'ils m'ont sauvé la vie et m'ont permis de continuer à utiliser mes facultés mentales.

– S'ils ont tant de pouvoir, pourquoi n'ont-ils pas guéri ta paralysie ?

– Ils m'ont retiré de la voiture et m'ont placé contre un arbre. Ils m'ont dit que d'interférer avec le destin d'autrui n'était pas une pratique courante pour eux, mais ils ont fait une exception dans mon cas.

– T'ont-ils dit pourquoi ?

– Ils ont dit que mon destin était déjà tracé. Je n'ai pas compris. Quelques jours après l'accident, j'ai senti de la colère. Ces êtres étaient puissants, et je crois qu'ils auraient pu guérir ma situation physique, mais ils ont choisi de ne pas le faire.

– Donc... tu as accepté ta paralysie ?

– Ça n'a pas été facile. La première année, j'étais en colère, tellement en colère que j'étais agressif avec les gens qui essayaient de m'aider. Je leur ai dit des choses horribles, que je regrette aujourd'hui.

– Je pense que c'est normal. L'important, c'est de ne pas t'en vouloir, lui dis-je en tentant de le rassurer.

– J'ai encore des épisodes de dépression. Je veux mourir parfois, mais une force m'en empêche.

– En lien avec les hommes des étoiles, tu veux dire ?

– Oui. Il m'est arrivé quelque chose quand ils m'ont soigné la tête. J'espère que tu ne vas pas me prendre pour un fou. Tu sais que j'ai toujours été un bon élève. J'ai obtenu mon baccalauréat en étant major de ma promotion. Mais quelque chose s'est produit ce soir-là et c'est difficile à expliquer.

– Essaye quand même.

Il boit son verre de soda et prend une longue inspiration :

– Mes capacités mentales se sont développées. Je ne sais pas pourquoi. À l'hôpital, j'ai découvert que je pouvais lire un livre en une journée. J'ai demandé à ma mère de m'apporter un dictionnaire, un gros. Elle en a apporté un énorme de la bibliothèque de l'école, tu vois, le genre qui pèse une tonne et qu'on laisse généralement sur une table parce qu'il est trop lourd pour être déplacé. Je l'ai lu en entier. J'ai commencé à remarquer d'autres choses : j'ai dû modérer mon vocabulaire quand je parlais à des amis me rendant visite. Mon niveau de vocabulaire était bien plus avancé qu'avant l'accident. J'ai découvert que j'apprenais plus facilement et que je m'intéressais à presque tous les sujets. Winter s'arrête et mange une autre poignée de pop-corn. J'ai lu toute la littérature classique, américaine et britannique. J'apprenais de la poésie par cœur. Les livres de mathématiques et de sciences étaient des lectures quotidiennes pour moi.

– Tu crois que les extraterrestres ont fait quelque chose qui a développé ton intelligence ?

– Je crois que quand ils ont soigné ma tête, ils ont fait quelque chose à mon cerveau. Oui. Je crois qu'ils ont développé mon intelligence.

– Tu as déjà envisagé d'aller à l'université ?

– Il faudrait que j'aie un accompagnateur. Je ne peux pas aller aux toilettes tout seul, dit-il.

Je remarque un signe de défaitisme et je prends sa main. Il me répond avec un faible sourire et des larmes se forment dans ses yeux.

– Winter, il y a toutes sortes d'aides pour les étudiants handicapés, y compris des accompagnateurs. Peut-être qu'être médecin n'est pas ta vocation, finalement. Peut-être que les hommes des étoiles le savaient. Tu es très intelligent, c'est certain. Je sais que tu voulais devenir chirurgien, mais tu devrais peut-être faire de la recherche médicale et trouver un moyen d'inverser la paralysie pour les victimes d'accidents. Les possibilités sont illimitées. Peut-être que le peuple des étoiles savait que ton destin n'avait pas besoin de mobilité physique.

Un sourire traverse son visage et il essuie une larme sur sa joue.

– Je pense que c'était plus que ça. Je voulais être médecin pour être riche. Aider les gens, c'était au second plan. J'avais l'habitude de m'imaginer avec une belle épouse et de beaux enfants, vivre dans une grande maison et prendre de super-vacances.

– Et maintenant ?

Il secoue la tête.

– Les jolies filles ne veulent pas de moi. Quelle femme voudrait être avec un handicapé ?

– Ton intellect n'est pas handicapé. Certaines femmes aiment les hommes pour leur intelligence. En effet, tu aurais besoin de tes deux mains et de tes jambes pour être chirurgien, mais il y a d'autres façons de contribuer au domaine médical. Peut-être que le peuple des étoiles le savait et ils ont seulement amélioré tes capacités mentales.

– Tu crois que c'est pour ça qu'ils m'ont laissé ainsi ?

– Qui sait ? Je ne fais que spéculer, mais je pense qu'il est temps que tu commences à voir le côté positif et à faire quelque chose de ta vie.

– C'est ça qu'on appelle l'*amour vache* ?

– C'est possible, dis-je en lui tendant la main. J'ai entendu parler de miracles incroyables impliquant l'intervention du peuple des étoiles. Peut-être qu'ils savaient que, dans ton cas, être handicapé était un bienfait, que cela te mettrait sur la voie de tes objectifs, même si tu ignorais leur nature. J'espère que tu saisiras l'occasion qui t'est offerte ici et que tu imagineras un avenir différent.

– Peut-être que tu as raison. Il sourit et me tend la main de nouveau. Est-ce que quelqu'un t'a déjà dit que tu étais intelligente ?, demande-t-il. Avant-même que je puisse répondre, il poursuit ses compliments. Je suis si heureux que tu fasses partie de ma vie et que tu sois amie avec maman et papa. J'ai toujours pensé que tu étais ma deuxième maman. Un jour, je pourrais peut-être te montrer à quel point tu comptes pour moi.

– Trouve un remède contre la vieillesse, et je te serai éternellement reconnaissante, dis-je en souriant.

– C'est comme si c'était fait !, dit-il en faisant tourner son fauteuil roulant.

Nous passons le reste de la soirée à finir le bol de pop-corn et à boire du soda, à nous remémorer le passé et à discuter des options pour son avenir.

*Winter et moi communiquons régulièrement. Le voir me rappelle chaque fois que les hommes bleus peuvent accomplir des miracles. Peu après ma visite, il s'inscrit à l'université tribale et termine les cours de base en six mois, au lieu des deux années habituellement requises. Il est transféré à l'université d'État et s'inscrit à un programme pré-médical. Malgré son handicap, ce n'est plus le garçon infirme qui me raconta un jour comment ses rêves s'envolèrent en cette nuit fatidique. C'est plutôt un jeune homme dynamique et intelligent, qui étonne ses homologues et ses professeurs par ses compétences analytiques et ses connaissances étendues sur les produits pharmaceutiques et les maladies. Il s'intéresse actuellement à l'étude de la robotique et à son utilisation en science médicale. Je pressens de grandes choses de sa part à l'avenir et je m'attends à ce qu'il apporte un changement significatif dans le monde. Je crois que le peuple des étoiles le savait déjà.*

## 12. L'histoire de Madison : une sphère de lumière bleue

*Madison était agent du FBI dans une réserve du sud-ouest et membre d'une tribu californienne. Elle avait demandé le poste sur cette réserve particulière en raison du problème de trafic de drogue. Son frère était mort d'une overdose, la laissant sans famille, sauf un cousin éloigné vivant à Seattle. Elle jura de faire tomber les membres de cartels mexicains opérant dans les réserves. Un soir de patrouille, elle rencontra le peuple des étoiles, un événement qui la poussa à réévaluer ses choix professionnels.*

J'ai rencontré Madison pendant un confinement scolaire. Un élève avait apporté une arme à l'école et fut pris en train de la montrer à ses amis. Le directeur ordonna la fermeture du campus. À l'époque, j'étais consultante invitée et je devais me trouver dans une autre école au moment de l'événement. La police tribale fut la première à se présenter, suivie de la police du Bureau of Indian Affairs (BIA). Un représentant local de la Sécurité intérieure arriva et aboya des ordres à nous tous, qui n'attendions que de fuir cette prison de fortune. Quand Madison, l'agent du FBI, arriva, je l'approchai et lui demandai la permission de quitter les locaux de l'école. Même si elle sympathisait avec ma situation, elle ne pouvait pas faire grand-chose. Réalisant que j'allais être coincée là pendant des heures, je trouvai une place dans le gradin supérieur du gymnase. Je sortis mon dictaphone et mes écouteurs, et commençai à écouter un entretien de la veille. Un chien policier arriva et se mit à explorer chaque rangée, tandis que Madison parcourait les gradins de haut en bas.

Quand elle me vit, elle s'approcha et s'assit à côté de moi.

– Vous ressemblez à une fan d'Aerosmith, dit-elle.

J'appuie sur le bouton d'arrêt du magnétophone et j'enlève mes écouteurs.

– Vous avez raison. Je suis fan, mais là, je n'écoutais pas de musique, je revisitais simplement un entretien d'hier soir.

Nous nous serrons la main et, après une brève présentation, elle sourit et dit :

– Maintenant, je me souviens où j'ai entendu votre nom. Vous êtes *Madame Ovni*. J'ai entendu dire que vous étiez dans la réserve et j'espérais vous rencontrer. Je m'intéresse à votre travail et j'ai lu vos livres, mais je ne m'attendais pas à vous rencontrer.

– Merci. Je suis toujours contente de rencontrer un de mes lecteurs.

– Combien de personnes avez-vous interrogées dans cette réserve ?

– Vingt-trois au total.

– Les histoires se rapportent à des rencontres avec des extraterrestres ?

– Les gens d'ici les appellent le *peuple des étoiles* et, oui, j'ai interrogé des personnes qui l'ont directement rencontré.

– De quelle manière trouvez-vous les personnes qui rencontrent ces entités ?

– Par le biais de connaissances et de parents qui me les envoient. D'autres fois, ces témoins me cherchent et j'ai pensé à plusieurs reprises que le destin était intervenu : souvent, je me trouve au bon endroit au bon moment, c'est comme si l'histoire venait à moi. Je ne peux l'expliquer. Je rencontre des étrangers qui me révèlent soudainement qu'ils ont fait une rencontre hors du commun. C'est comme si quelqu'un intervenait pour que je puisse raconter leur vécu.

– Vous croyez au destin ? J'acquiesce. Moi aussi. C'était peut-être le destin que l'école soit confinée parce que cela m'a amenée ici en tant que membre de l'équipe d'intervention. Et c'est peut-être le destin qui vous a confinée ici. Le destin ou le hasard ?

– Je ne suis pas sûre de vous suivre.

– J'ai aussi vécu une expérience hors du commun qui mérite d'être racontée, explique-t-elle. Cette rencontre m'a poussée à remettre en question tout ce qu'on m'a enseigné, mais je ne peux pas vous raconter ça maintenant. Je dois me joindre aux autres. Je ne pense pas que ce jeune homme qui se vante devant ses camarades de classe cache quoi que ce soit, mais nous devons en être certains. Elle sort une carte de visite de sa poche. Si vous êtes libre ce soir, nous pouvons nous retrouver autour d'un verre. Appelez-moi plus tard, mon numéro de portable est sur la carte.

Deux heures après, le directeur s'exprime via l'interphone pour annoncer que le confinement est levé et que nous pouvons partir.

Madison et moi nous retrouvons vers 20 h chez elle, dans la section des logements de fonction de la réserve.

– Le logement fait partie des avantages de l'emploi, dit-elle en entrant dans son salon. La maison est beaucoup trop grande pour moi, alors, si vous avez besoin de vous loger un jour, n'hésitez pas à m'appeler. Asseyez-vous, je reviens dans une minute. Je m'assieds dans une grande chaise juste au moment où elle revient de la cuisine avec deux énormes daïquiris aux fraises. Une version sans alcool, comme demandé, et une avec alcool pour moi, dit-elle en les plaçant sur la table basse. Vous savez, j'enfreins la loi en ce moment. L'alcool est interdit dans cette réserve. Bien sûr, neuf maisons sur dix en ont, mais cela ne signifie pas qu'il n'y ait pas de loi qui l'interdise. Mais parfois, j'aime bien être vilaine, dit-elle en riant.

– Vous avez dit que vous aviez une expérience à raconter. J'espère que cela ne vous dérange pas si je l'enregistre.

– Pas du tout. C'est après cette rencontre que j'ai commencé à chercher des livres sur le sujet. Jusque-là, je pensais que de telles histoires n'avaient d'autre but que d'attirer l'attention. C'est à ce moment-là que je suis tombée sur vos livres. Je sais que vous gardez tout anonyme. J'applaudis votre approche à l'égard de vos entretiens. Beaucoup de chercheurs ne comprennent pas pourquoi les Autochtones ne leur parlent pas, mais la manière dont vous les traitez les honore. Ils peuvent être libres et honnêtes avec vous, et ils savent que vous ne les censurerez pas.

– C'est important pour moi.

– Eh bien, allons-y. Je vais vous raconter mon histoire. J'appuie sur le bouton du dictaphone et elle commence : l'attente est l'un des pires aspects de mon travail. Je passe d'innombrables heures en mission de surveillance, l'attente est ennuyeuse et le plus souvent infructueuse. Un soir, il y a quelques mois, je surveillais un prétendu trafiquant de drogue. Je le soupçonnais d'être un clandestin qui s'était installé avec une fille de la réserve et avait des liens avec un cartel mexicain. Je ne sais pas comment il est arrivé dans la réserve, mais il ne lui a pas fallu longtemps pour trouver une femme ; et avec une *green card*,[5] il était libre de traverser la frontière. C'est une pratique courante chez les trafiquants de drogue, on en trouve partout dans l'ouest du pays. Leur mode de fonctionnement consiste souvent à trouver une femme locale qui leur donne la liberté de se déplacer autour de la réserve et, avec une carte verte, ils se déplacent librement de l'autre côté de la frontière.

– Vous patrouillez seule ?

– Je suis le seul agent du FBI dans la réserve. J'informe la police du BIA, qui est aussi fédéral, de mes opérations lorsque je pars en patrouille, mais ils ne m'assignent aucun coéquipier pour travailler avec moi.

– Comment avez-vous rencontré l'extraterrestre ?

– Ce soir-là, j'étais en mission de surveillance depuis sept heures. À 4 heures du matin, je commençais à avoir sommeil et je décide de rentrer chez moi. Il y avait deux petites collines le long de la route avec un pont à une voie au-dessus du fleuve. Je traverse la première sans incident, mais, à l'approche d'un virage, je remarque une sphère bleue brillante qui plane sur le côté de la route. Je ralentis. Franchement, je suis fascinée par la lumière. Je ne sais pas trop ce que je vois et, au moment où je ralentis, j'observe une sphère bleue brillante s'élancer dans les sous-bois le long de la route. Je m'arrête immédiatement et je braque une lampe torche dans la direction de la sphère. Je sors de la voiture, ainsi que mon arme, puis je marche vers le bord de la route.

– Vous avez communiqué votre position à la police ?

– Non. C'est arrivé trop vite. Je continue à marcher jusqu'au pont. Après lui, il y a un panneau pour avertir les conducteurs de la pro-chaine colline, et des barrières et des poteaux d'acier de chaque côté du pont pour empêcher les voitures de tomber dans le fleuve. Avec ma lampe, j'éclaire l'obscurité au-delà du pont, et je distingue deux hommes de l'autre côté des poteaux. Quand je leur ordonne de lever les mains et d'avancer vers moi, un coup de feu me manque de quelques centimètres.

---

5. NdÉ : Carte de séjour américaine.

– Je pensais que vous aviez vu une sphère bleue et brillante. Il y avait des hommes aussi ?

– Comme je l'apprendrai plus tard, je suis face à des trafiquants de drogue et ils sont en train de me tirer dessus.

– Et vous n'avez pas peur ?

– Je suis formée pour faire attention. Je n'ai pas peur sur le moment, mais mon courage est de courte durée. D'un coup, je me rends compte que la sphère bleue m'entoure. Juste au moment où j'ai commencé à me retourner, elle m'a enveloppée et, même si je peux entendre les coups de feu, ils semblent ricocher sur la sphère bleue. À ce moment-là, je lutte pour échapper à la lumière et je cours vers mon véhicule, mais, d'un coup, une entité m'attrape et, instantanément, mes pieds ne touchent plus terre et je suis escortée à travers les bois. Je sens le bien-être m'envahir et je ne résiste pas.

– Avez-vous vu les entités qui vous ont kidnappée ?

– Je les ai seulement aperçues. Elles semblent humaines, mais elles sont enveloppées dans cette lumière bleue scintillante. Ils communiquent dans ma tête et me disent de ne pas avoir peur. En un instant, je suis de nouveau au bord de la route. Soudain, les deux trafiquants de drogue arrivent les mains levées. Ils me demandent de les arrêter. Ils ont tellement peur de la lumière bleue qu'ils craignent pour leur vie. J'appelle les renforts de la police tribale. Après une heure de recherche, nous récupérons leur stock de drogue.

– Vous avez une idée de qui vous a kidnappée ?

– Non. Je n'ai vu personne. Je n'ai vu que la lumière bleue.

– Où vous ont-ils emmenée ?

– Ils m'ont portée sur environ un kilomètre et demi à travers la forêt. Puisque j'ai été formée pour observer, j'ai essayé de me souvenir de chaque détail de mon environnement. J'ai entendu le fleuve et vu une tour de relais au loin. À ce moment-là, je crois que je me suis évanouie. Madison s'arrête et allume une cigarette. Elle prend deux bouffées et l'écrase dans le cendrier. Elle marche nerveusement autour du canapé. Voilà, c'est mon histoire, reprend-elle. Vous avez entendu quelque chose de semblable ?

– J'ai entendu parler de sphères de lumière et d'hommes bleus.

Je la vois se détendre, puis, inspirer et expirer longuement.

– L'expérience a changé ma vie à jamais. Je sais qu'il y a de la vie loin de la Terre. Elle est peut-être différente, mais elle est bien là.

Madison a quitté le FBI deux mois après notre entretien. Elle est retournée à l'université et a obtenu un doctorat en archéologie quelques années plus tard. Aux dernières nouvelles, elle faisait partie d'une équipe qui fouillait une ancienne ville dans la forêt tropicale, quelque part au Guatemala.

## 13. L'histoire de Rayen : les hommes bleus et un train à grande vitesse

*Rayen, 33 ans, mère de jumelles de 5 ans et d'un garçon de 7 ans, est femme au foyer à temps plein. Son mari, Russell, dirige le service d'assainissement de la réserve. Les deux se sont mariés peu de temps après le lycée, ont obtenu leur diplôme d'études universitaires et retardé la conception de leurs enfants jusqu'à ce qu'ils puissent verser un acompte pour leur maison et Rayen quitter son emploi. Un soir, de nouveau dans une chambre miteuse d'un motel de la réserve, je m'installe dans le lit, lorsque Rayen m'appelle. Elle a entendu les rumeurs selon lesquelles je recueille des récits sur la rencontre d'entités et se demande si elle peut me relater son expérience. Quand je lui fais part de mon emploi du temps, elle propose de venir me voir dix minutes plus tard. Puisque je n'ai jamais été du genre à décourager quelqu'un avec une histoire à raconter, j'accepte.*

J'ai à peine le temps d'enfiler un peignoir que j'entends frapper à la porte de ma chambre. Contrairement à la plupart des femmes de réserve, elle a les cheveux courts, une coupe élégante. Il est évident qu'elle n'est pas habillée pour sortir. Le trou dans son pantalon de jogging révèle qu'elle avait probablement prévu de passer la soirée chez elle, à se détendre en famille.

– J'apprécie vraiment, vraiment que vous acceptiez de me voir. J'ai bien conscience que je m'impose. Je vois que vous étiez prête à aller vous coucher.

– J'étais sur le point de lire. Vous ne vous imposez pas. Je suis contente de vous rencontrer.

– Vous êtes très gentille. Il n'y a pas beaucoup de gens qui sortiraient du lit pour écouter une histoire comme la mienne, mais j'espère que vous pourrez m'aider.

J'ouvre le réfrigérateur de la kitchenette de ma chambre, sors deux bouteilles d'eau et lui en offre une.

– J'espère que cela ne vous dérange pas si j'enregistre votre récit.

Elle hoche la tête.

– Cela ne me dérange pas, mais pas de nom, s'il vous plaît. Je ne veux pas que quelqu'un sache qui je suis.

– Vous avez ma parole.

– Par où voulez-vous que je commence ?

– Par le début, c'est toujours mieux.

Elle acquiesce. Je la regarde enlever ses chaussures, plier ses jambes, placer ses pieds sur le canapé et poser son menton sur les genoux.

– Je n'ai jamais vraiment pensé aux ovnis, mais il faudrait être un ermite pour ignorer que des gens se font enlever et que ces apparitions sont assez fréquentes. J'y ai toujours accordé peu d'attention, car je suppose que je ne croyais pas vraiment que les histoires étaient vraies, sauf peut-être les photos d'ovnis que j'avais vues à la télé ou sur internet. Elles ont l'air authentiques. Toutefois, il y a environ un an, j'ai commencé à y croire.

– Vous pouvez me dire comment cela s'est produit ?

– L'incident a eu lieu à l'automne, l'an dernier. Je me suis rendue en ville pour acheter des vêtements et des fournitures scolaires pour mes enfants. Ma belle-mère m'a dit qu'elle allait les garder, alors je les ai laissés à la maison. Russell, mon mari, travaillait ce jour-là, donc je suis allée en ville seule. J'ai passé une excellente journée à faire les magasins. J'ai déjeuné avec une amie de l'université, j'ai terminé mes achats vers 18 h et suis rentrée chez moi. J'avais deux heures de route devant moi. Je m'attendais à arriver à la maison vers 20 h. Russell avait promis de faire dîner les enfants et de les mettre au lit.

– La rencontre a eu lieu sur le chemin du retour ?

Elle hoche la tête, ouvre la bouteille d'eau et prend quelques gorgées.

– J'étais sur une section isolée de la route, près du passage à niveau de Burgess. Vous avez déjà emprunté cette route ?

– Plusieurs fois.

– Eh bien, vous savez à quel point l'endroit est calme et isolé. La ville entière n'est qu'un pâté de maisons. Il faisait particulièrement sombre quand je suis arrivée en ville. En général, je vois des fenêtres éclairées, des enseignes lumineuses allumées, quelque chose pour montrer qu'il y a de la vie. Ce soir-là, rien. Pas de lumières, pas de gens, pas même une lumière dans une maison. Cela m'a donné une sensation étrange. Je me souviens des poils hérissés sur les bras, comme s'il y avait de l'électricité statique. J'ai ralenti au passage à niveau, j'ai regardé dans les deux sens pour m'assurer qu'il n'y avait pas de train et j'ai traversé les voies. Soudain, j'ai entendu comme un bruit de tonnerre et ma voiture a commencé à être ballottée. J'ai levé les yeux et un train roulait sur les rails, sans lumières. Il se dirigeait directement vers moi. Il n'y avait aucun avertissement qu'un train approchait du passage à niveau. Les barrières automatiques étaient levées. J'ai pilé sur l'accélérateur. Il était impossible que je puisse arriver de l'autre côté indemne. Puis, d'un coup, j'ai senti ma voiture léviter.

– Léviter ?

– Vous savez, décoller du sol. J'ai ouvert la portière, mais il n'y avait rien en-dessous de moi à part l'obscurité, mais, je le jure, ma voiture montait dans les airs et je ne pouvais aller nulle part.

– Est-ce qu'il y avait des odeurs ou des sons inhabituels dont vous vous souvenez ?

– Non. Après ça, j'ai dû m'évanouir. Je me suis réveillée dans un endroit inconnu. Je n'avais jamais rien vu de tel dans ma vie.

– Qu'entendez-vous par *endroit inconnu* ?

– Eh bien, j'ai rapidement compris que j'étais à bord d'un vaisseau spatial. Je me suis retrouvée dans une pièce chaude, humide et à peine éclairée. C'était moite et ça sentait les arbres en décomposition. Ma voiture avait disparu et je n'arrêtais pas de penser que je devais encore deux ans de crédit auto. Je m'inquiétais de la façon dont je rentrerais chez moi. Puis, cinq entités étranges sont entrées dans la pièce.

– Pouvez-vous les décrire ?

– Ils étaient bleus. Je sais que cela semble incroyable, mais c'étaient des êtres énormes, d'apparence humaine, mais d'un bleu lumineux.

– Est-ce qu'ils ont communiqué avec vous ?

– Ils m'ont parlé en anglais, dans ma tête. J'ai entendu des voix dans mon cerveau.

– Vous ont-ils dit pourquoi vous étiez à bord du vaisseau spatial ?

– Seulement qu'ils observaient la Terre et m'ont vue à l'approche du passage à niveau. Ils ont réalisé que le train allait entrer en collision avec mon véhicule et ont décidé de me sauver.

– Ils vous ont donné une raison ?

– Non, et j'étais bien trop paniquée pour le demander. Je voulais simplement rentrer chez moi. Je savais qu'ils m'avaient sauvée, mais je voulais simplement m'éloigner d'eux.

– Vous est-il arrivé autre chose à bord du vaisseau ?

– Je n'en suis pas sûre. J'ai essayé de rester éveillée, mais je n'ai pas pu. Ensuite, je me souviens que, d'un coup, j'étais assise dans ma voiture de l'autre côté du passage à niveau, le moteur allumé.

– Lorsque vous êtes arrivée chez vous, étiez-vous consciente de ce qui s'était passé ?

– Il était presque minuit quand j'ai pénétré dans le garage. Russell a ouvert la porte de la cuisine et m'a crié dessus, exigeant de savoir où j'étais. Je lui ai dit que la voiture était tombée en panne, que j'étais bloquée sur le bord de la route jusqu'à ce que quelqu'un arrive et redémarre ma batterie. J'avais presque quatre heures de retard.

– Vous avez menti, alors. Pourquoi ?

– Parce qu'à l'époque, je pensais que c'était plus crédible que ce qui s'était réellement passé. Elle se lève du canapé et arpente la chambre. Je sais que je devrais dire la vérité, mais je ne peux pas me résoudre à le faire. Vous pouvez me dire si vous avez entendu parler des hommes bleus de l'Espace ? Je n'arrive pas à les oublier.

– J'ai souvent entendu parler des hommes bleus. Je vous assure que c'est plus fréquent que vous ne l'imaginez.

Elle m'attrape les mains et les tient longuement.

– Merci. C'est tout ce que je voulais savoir, et merci de m'avoir écoutée. J'avais besoin de savoir que je ne suis pas seule et que d'autres personnes ont vécu des expériences semblables. C'est précieux pour moi.

Peu après, elle prend congé. Toujours sur le pas de la porte de ma chambre de motel, je me demande si, un jour, elle dira la vérité à son mari.

J'ai revu Rayen plusieurs fois depuis notre entretien. Elle me salue toujours avec un sourire. Elle n'a jamais dit la vérité à son mari et a précisé qu'ils ne parlaient jamais de cette soirée. Savoir que d'autres personnes ont rencontré les hommes bleus l'a aidée dans ses cauchemars. Jusqu'à présent, elle ne les a pas revus.

## 14. L'histoire de Sylvia : un homme des étoiles m'a sauvée

*Sylvia sort d'une réunion d'alcooliques anonymes au Centre communautaire tribal. Lorsqu'elle me voit, elle s'approche en me disant qu'elle me reconnaît grâce à la couverture de mon livre,* Rencontres avec le peuple des étoiles. *Elle me confie l'avoir lu et relu au moins une dizaine de fois et tient à ce que je sache qu'elle croit à ces récits parce qu'elle a elle-même été marquée par un événement hors du commun. Quand je lui demande si elle veut me raconter son histoire, elle hoche la tête et me demande de l'appeler quand j'aurais le temps d'organiser l'entretien. Nous nous rencontrons le lendemain soir dans un fast-food en dehors de la réserve.*

Sylvia, étudiante de 20 ans, en première année dans une université tribale, porte le nom de son arrière-grand-mère, Sylvia Red Feather [Plume Rouge]. Sobre depuis vingt-deux mois au moment de notre rencontre, elle admet avoir été autrefois toxicomane et alcoolique. Nous nous asseyons à une table au fond du restaurant. Petite jeune femme au regard franc, elle parle ouvertement et sans hésitation.

– J'ai fait diablement honte à ma famille, commence-t-elle en s'arrêtant momentanément pour attaquer le sandwich sur son plateau. C'est toujours la même histoire. Rien à faire dans la réserve. J'étais adolescente et je m'ennuyais. Je détestais l'école et je choisissais les mauvaises fréquentations. Chaque fois que je me défonçais, je savais que c'était insensé et je me détestais, mais je n'arrivais pas à arrêter la drogue et l'alcool. Je suis allée en cure de désintoxication deux fois, mais rien n'a fonctionné. La drogue a fini par me mener à la prostitution. J'aurais fait n'importe quoi pour avoir ma dose. Sans l'homme des étoiles, je serais probablement morte aujourd'hui. Elle fait une pause, prend une autre bouchée et quelques frites. Maintenant, j'essaie de me racheter auprès de toutes les personnes à qui j'ai fait du tort, mais c'est difficile de faire face à ma famille. Je les ai profondément blessés et je ne sais pas s'ils se remettront un jour complètement de mon comportement.

– Vous avez dit que, sans l'homme des étoiles, vous seriez proba-blement morte. Pouvez-vous m'en parler ?

Elle acquiesce et sirote un peu de son soda.

– C'est arrivé il y a presque deux ans. Je passais une journée hor-rible. J'étais allée en ville à la recherche de quelques clients. J'avais absolument besoin d'argent. La came, ce n'est pas bon marché et j'avais besoin d'une dose. J'avais gagné environ 200 $ et j'allais retourner à la réserve pour me défoncer, quand un autre client m'arrête et m'offre 50 $. Pas du genre à refuser de l'argent, je monte dans sa voiture et il roule vers la campagne. Je connais la région. J'y étais déjà allée en camping avec ma famille. C'était près d'un grand parc public. Avant que je me rende compte de quoi que ce soit, il m'attaque et me frappe jusqu'à ce que je perde connaissance. Plus tard, je découvre qu'il m'a violée et volé mon argent, en me laissant pour morte.

– Vous l'avez signalé ?

– Ça ne se fait pas, ici. Les flics blancs m'auraient accusée et jetée en prison. Quand j'ai repris conscience, je me suis mise à marcher sur le bord de la route. C'est là que j'ai rencontré l'homme des étoiles.

– Vous avez vu un engin spatial ?

– Non. Il était simplement debout au milieu de la route. Il y avait un étrange éclat bleu autour de lui, comme une lueur. Je n'ai jamais vraiment su si c'était le reflet de la Lune ou un éclat naturel.

– Pouvez-vous expliquer ce que vous entendez par éclat ?

– C'est très difficile à expliquer. C'était plus comme un néon qu'une lueur. C'est pour ça que je pense que c'était peut-être un reflet, mais je n'en suis toujours pas certaine. Il ne faut pas oublier qu'à ce moment-là, j'avais été battue pratiquement à mort.

– Qu'est-ce que l'homme des étoiles a fait ?

– Il m'a dit de ne pas avoir peur, qu'il était là pour m'aider, mais qu'en contrepartie, je devais changer de vie.

– Comment vous a-t-il aidée ?

– Je me souviens d'un ruisseau qui courait le long de la route. Il m'y a conduite et a lavé le sang sur mon visage et mes mains. Il y avait de la chaleur dans son toucher malgré la froideur de l'eau de montagne. Je sais que mon visage était meurtri et battu, et je n'y voyais presque plus d'un œil. Il a passé sa main sur mon visage et, honnêtement, je jure que l'enflure et la douleur ont disparu. Pendant qu'il travaillait sur mon visage, ses mains brillaient d'un orange vif. J'avais trop mal pour résister et je l'ai laissé faire. Puis il m'a demandé de m'allonger dans l'herbe près du ruisseau. J'ai obéi.

– Comment communiquiez-vous avec lui ?

– Je pense que nous savions ce que l'un et l'autre pensait sans parler.

– Qu'a-t-il fait une fois que vous vous étiez allongée ?

– Il a continué à déplacer ses mains au-dessus de mon corps, et lorsqu'il arrivait à un endroit où j'avais très mal, il s'arrêtait un instant et la douleur disparaissait. Elle avale une autre bouchée de son sandwich et regarde deux hommes bien habillés s'arrêter à une table à environ trois mètres de nous. Elle prend une autre gorgée de son soda, se lève pour aller chercher du ketchup et revient à la table. Je ne connais pas ces hommes, mais je pense que nous devrions être discrètes, dit-elle. Je me retourne sur ma chaise et les regarde. À part les lunettes noires et les chemises blanches et cravates, ils auraient pu passer pour n'importe quel touriste de la région. Je les ai déjà vus, murmure-t-elle. Vous pensez qu'ils me suivent ?

– Je ne sais vraiment pas, dis-je, mais ils ressemblent à des missionnaires mormons ou à des témoins de Jéhovah. Je les vois partout dans les réserves, toujours à essayer de convertir les Autochtones.

– Je sais que vous pensez probablement que je suis folle, mais j'ai vu ces deux hommes quatre fois au cours des deux derniers jours : hier après-midi quand je suis sortie de classe, ils étaient assis sur le mur de brique près de l'entrée du campus ; hier soir, quand j'ai quitté la réunion des alcooliques anonymes, ils étaient sur le parking ; ce matin, je les ai vu marcher dans le quartier où j'habite et, maintenant, ils sont là. Je ne pense pas que ce soit le hasard.

Pour tenter de la distraire, je continue à lui poser des questions :

– Vous me disiez que l'homme des étoiles vous guérissait avec ses mains. Vous pouvez m'en dire plus ?

– Une fois qu'il trouvait un endroit douloureux, il survolait la zone blessée avec ses mains. Une lueur chaude et orange émanait de ses mains. La douleur disparaissait rapidement. Le lendemain, je me suis rendue à l'IHS.[6] Le médecin m'a dit qu'apparemment, j'avais de cassés quatre côtes, un os dans la jambe droite et un os pelvien. Il avait du mal à croire que j'avais été blessée moins de douze heures auparavant. Il a conclu que j'étais pratiquement guérie.

– Donc, l'homme des étoiles vous a sauvé la vie ?

– Oui. Il m'a sauvé la vie.

– Pouvez-vous décrire l'appareil qu'il utilisait ?

– Il n'utilisait pas d'appareil. Juste ses mains.

– Après vous avoir guérie, qu'a-t-il fait ?

– Il m'a dit avoir trouvé des substances étranges dans mon sang et qu'elles allaient me tuer, alors il les a enlevées.

– Cela signifie qu'une fois qu'il vous a guérie, vous n'étiez plus accro à la drogue ni à l'alcool ?

– C'est exactement ça. C'était comme si je n'avais jamais consommé de drogue. Je me sentais forte et sans aucune envie de trouver un dealer. Le lendemain, je suis allée m'inscrire à l'université tribale. J'ai l'intention d'étudier les soins infirmiers, mais je vais passer mes deux premières années à l'université tribale pour pouvoir aider ma mère à faire certaines choses avant de quitter la réserve.

– Une fois guérie, pouvez-vous me dire ce qui s'est passé ?

– Il m'a dit qu'il vérifierait ma santé de temps en temps. Il m'a emmenée au milieu de la route et j'ai vu une boule bleue s'élever vers le ciel. J'ai regardé autour de moi et j'étais à la limite de la réserve. Je suis rentrée à pied. Quand je suis apparue dans l'embrasure de la porte, ma mère m'a regardée et ne m'a presque pas reconnue. Je ne lui ai jamais expliqué comment je suis devenue sobre. Je vais aux réunions d'alcooliques anonymes parce qu'elle me l'impose, mais je n'en ai pas besoin du tout. Je ne me droguerai plus jamais.

---

6. Indian Health Service : service de santé pour les Autochtones.

*Je vois Sylvia lors de mes visites à la réserve. Chaque fois que je viens, nous dînons au même fast-food et nous rions des deux étrangers qui la « suivaient ». Il s'avère qu'ils étaient en visite chez les mormons pour leur mission. J'en avais vu d'autres comme eux avec leur chemise et leur cravate dans la réserve, essayant de convertir les Autochtones à leur foi.*

*Sylvia a une bonne moyenne à l'université tribale et a hâte de fréquenter l'université d'État l'automne prochain. Nos dîners vont me manquer. Elle n'est pas la première personne que j'ai rencontrée à avoir été sauvée par les hommes bleus, mais elle est certainement la première à me parler d'être guérie d'une dépendance à la drogue. Il y a peut-être de l'espoir pour le monde, après tout.*

## 15. L'histoire de Betty : les hommes scintillants m'ont décoincée

*Betty travaillait pour le service postal des États-Unis dans la réserve. Au bout d'un an d'ancienneté, elle fut chargée de veiller à ce que les routes de livraison rurales soient couvertes. Elle se déplaçait souvent sur les routes de la réserve pour livrer le courrier lorsqu'un livreur était malade. Selon un de ses amis, elle aurait vu un certain nombre d'ovnis lors de ses déplacements. Je suis allée au bureau de poste à sa rencontre, espérant qu'elle me ferait part de ses diverses observations.*

Quand j'arrive au bureau de poste, Betty, seule employée derrière le comptoir, est en train de s'occuper du dernier client, répond au téléphone et cherche un colis perdu. Ayant entendu qu'elle avait vu des ovnis sur les routes de la réserve, je lui demande si elle accepterait de me faire part de son expérience lorsqu'elle tourne son attention vers moi. La petite femme aux cheveux bouclés noirs, et à l'énergie d'une dizaine de femmes, écrit son adresse sur un bout de papier, le glisse sur le comptoir, puis ajoute :

– Demain, c'est samedi. Je prépare des pancakes pour mes enfants. Passez à la maison, nous prendrons un café et nous parlerons.

Le lendemain matin, répondant à son invitation, je m'assieds à table avec ses trois enfants alors qu'elle se tient devant les fourneaux à préparer des pancakes. Vêtue d'un jean et d'un sweat-shirt avec la mascotte du lycée local sur le devant, elle les cuit à la vitesse d'un ouvrier sur une chaîne d'assemblage. Les enfants, aussi énergiques que leur mère, me posent des questions sur l'université. L'aîné, Benjamin, voudrait être vétérinaire ; Mary Sue, la cadette, a déjà décidé, à l'âge de 9 ans, qu'elle serait professeure ; le plus jeune, Tate, désire être pompier. Comme je suis engagée dans une conversation animée avec les enfants, Betty s'affaire dans la cuisine avec l'efficacité d'une femme habituée aux multitâches. Juste au moment où les enfants terminent leur petit-déjeuner, la mère de Betty entre dans la cuisine, me serre la main et me souhaite la bienvenue. Quand elle s'assied, sa fille lui sert des pancakes et du café. Une fois la vaisselle du petit-déjeuner dans l'évier, la mère indique qu'elle nettoiera, et Betty et moi allons dans le salon avec notre café.

– Tout le monde sait que je vois des ovnis tout le temps, dit-elle.

– Y a-t-il un endroit particulier où ils apparaissent plus souvent ?

– C'est connu ici : au-dessus de la réserve. Vous pourriez poser la question à n'importe qui, neuf personnes sur dix vous diraient qu'il y a des choses inexplicables dans le ciel.

– J'ai entendu dire que vous en aviez observés à plusieurs reprises.

– Je n'arriverais même plus à les compter. Cependant, un événement en particulier a changé ma vie.

Elle s'arrête et regarde par la fenêtre ses enfants qui jouent joyeusement dans la neige dans la cour.

– Pourriez-vous m'en parler ? Elle hésite. Vous savez que j'écris des livres sur les rencontres hors du commun. Je promets que je n'utiliserai jamais votre nom et que je masquerai votre adresse.

Elle me regarde, hoche la tête et pousse un long soupir :

– Il y avait du blizzard ce jour-là. Le transporteur a appelé pour dire qu'il ne pouvait pas sortir sa voiture de chez lui en raison de la neige. Il neigeait vraiment beaucoup. C'était une longue route que je redoutais. Je me souviens que j'avais du mal à garder le pare-brise dégagé lorsque la neige tombait en flocons énormes, la visibilité était très limitée. J'ai même glissé à deux reprises hors de la route, et j'ai dû me déblayer à la pelle.

– Vous étiez coincée quand vous avez vu l'ovni ?

Elle acquiesce.

– J'étais sur le chemin du retour. Il était environ 19 h, il y avait très peu de lumière, sauf un ranch éclairé ici et là. Je suis arrivée sur un virage en épingle à cheveux à Wild Horse Butte, c'est là que j'ai eu le choc de ma vie : il y avait un spectacle de lumière dans le ciel. C'était beau. Je voyais cinq belles sphères bleues. J'ai arrêté mon véhicule au milieu de la route et je suis restée là, à regarder. Soudain, les sphères se sont réunies en une seule et ont disparu. Je pensais que ce spectacle de lumière était terminé. J'ai repris la route vers la maison.

– Y a-t-il eu des interférences avec votre voiture ou votre radio à ce moment-là ?

– Pas que je me souvienne. J'avais laissé le moteur tourner et j'écoutais un CD du vieux groupe de rock autochtone, XIT, que mes enfants m'avaient offert.

– S'est-il passé autre chose ?

– Je n'avais pas fait 500 m en voiture quand, d'un coup, une énorme boule de lumière est apparue devant moi et s'est arrêtée sur la route. Je ne pouvais aller nulle part. Impossible de la contourner. Il y avait des monticules de neige de plus d'un mètre de haut de chaque côté de la route, produits par les chasse-neige. Je ne pouvais pas les traverser. J'ai passé la marche arrière et appuyé sur l'accélérateur. D'un coup, ma voiture a dérapé, et j'en ai perdu le contrôle. Quand je me suis arrêtée, elle était embourbée. Je savais que si personne ne passait par là, je serais coincée jusqu'au lendemain. J'ai pensé à mes enfants. Ils attendaient leur maman à la maison, et j'étais bloquée dans la neige à 80 km de chez moi.

– Et votre téléphone portable ?

– Les mobiles sont inutiles dans les zones rurales de la réserve. En ce qui concerne la technologie, les réserves vivent à l'âge de pierre, même si c'est l'ère spatiale.

– La sphère bleue était toujours sur la route à ce moment-là ?

– Non seulement elle était là, mais la lumière bleue s'était estompée et je distinguais une grande machine ronde sur la route. J'ai réalisé que c'était un ovni. Les lumières bleues se trouvaient sous la machine. Elle couvrait toute la route. Elle mesurait environ 10 m de haut et s'étendait sur les deux voies de la route.

– Comment saviez-vous que c'était un engin spatial ?

– Ça ne pouvait pas être autre chose. Ce n'était pas un avion ni un hélicoptère. C'était un énorme vaisseau circulaire. Je savais que c'était un ovni, mais ce n'est pas tout : alors que j'étais là, à essayer de décider de la prochaine étape, j'ai aperçu cinq silhouettes bleues scintillantes. Elles sont apparues sous forme humaine, mais la lumière brillait tellement fort qu'elle déformait tous leurs traits.

– Comment avez-vous réagi ?

– J'ai eu très peur. J'ai tendu la main dans ma boîte à gants et j'ai sorti mon calibre 22.

– Une arme à feu ?

– Oui. J'avais un petit calibre 22. Je l'avais toujours avec moi. Mon intention n'était pas de tuer, même si techniquement, j'aurais pu tuer quelqu'un avec. C'est juste que ça me rassurait de l'avoir.

– Vous aviez l'intention de tirer sur les entités qui s'approchaient de vous ?

– Non, à moins qu'elles aient prévu de me faire du mal. Je ne tirerais pas pour tuer, j'aurais visé leurs jambes. Je suis douée au tir.

– Pouvez-vous décrire les hommes bleus scintillants?

– Je cherche mes mots. Malgré la lumière bleue scintillante, je pouvais distinguer une forme humaine. Ils doivent être remplis d'électricité. Ils avaient l'air humains et marchaient vers moi. J'ai vu des bras, des jambes et une tête, mais pas de traits. La luminosité était trop forte.

– Pouvez-vous décrire autre chose à leur sujet ?

– Tout ce que je peux ajouter, c'est qu'ils ressemblaient à des humains, je veux dire, ils avaient des silhouettes humaines.

– Quelle était leur taille ?

– Vraiment très grands. Environ 2,50 m, peut-être un peu moins. Je ne pourrais pas vraiment l'affirmer.

– Comment étaient-ils habillés ?

– Ils ne l'étaient pas. Ils n'étaient faits que de lumière bleue scintillante.

– Avez-vous tiré avec votre arme ?

– Non. Elle reste assise en silence pendant un moment, puis elle se lève pour aller dans la cuisine et revient avec la cafetière. Elle remplit nos tasses. Je ne sais comment l'expliquer, poursuit-elle. C'était tellement étrange et incroyable.

– Dites-moi simplement ce qui s'est passé.

– À l'approche des entités, j'ai engagé mon arme. Je ne sais pas ce qui m'a pris. Dans ma tête, j'ai entendu des voix qui disaient : *N'ayez pas peur. Nous allons vous aider.* J'ai regardé autour de moi pour voir qui parlait, mais il n'y avait personne et les entités continuaient d'avancer vers moi.

– Que s'est-il passé lorsqu'ils ont atteint la voiture ?

– Ils ne l'ont jamais vraiment atteinte. À environ 1,50 m de distance, ils ont pointé uniquement leur bras droit vers la voiture. L'arrière s'est soulevé d'un coup. Puis elle a vacillé et a tremblé, et j'étais dans les airs. Ils l'ont soulevée à environ 2 m et l'ont stabilisée. Pendant un moment, elle a été suspendue, et puis, soudainement, de plus en plus haut. J'étais terrifiée. Je ne savais pas ce qui allait m'arriver, mais j'entendais ces voix qui disaient : *N'ayez pas peur.* Betty se lève et regarde par la fenêtre ses enfants qui construisent un fort de neige dans la cour. Mes enfants représentent toute ma vie, poursuit-elle. C'est tout ce à quoi je pensais. Puis, sans m'en rendre compte, je me suis retrouvée au-dessus de l'engin spatial et, doucement, ils ont reposé ma voiture sur la route. Je ne pouvais pas y croire. J'ai été décoincée de la neige par les hommes scintillants. J'ai regardé derrière moi pour voir les cinq étrangers, mais je n'ai vu personne. J'ai rapidement démarré et je me suis dirigée vers la maison, probablement plus vite que je n'aurais dû. Rien ne m'aurait arrêtée, mais je savais qu'ils étaient derrière moi.

– Comment le saviez-vous ?

– Des lumières bleues se reflétaient dans les rétroviseurs.

– Ils vous ont suivie jusque chez vous ?

– Ils m'ont suivie jusqu'à ce que les lumières de la ville apparaissent, puis ils ont disparu. Quand les lumières derrière moi ont disparu, je me suis détendue. J'avais mal au dos et aux bras. En arrivant dans l'allée chez moi, je suis restée assise dans la voiture et j'ai pleuré. Ma mère a fini par ouvrir la porte et m'a appelée.

– Vous lui avez dit ce qui s'était passé ?

– Je ne l'ai jamais dit à personne avant aujourd'hui.

– J'ai entendu dire que vous quittez votre emploi au bureau de poste. C'est à cause de cette rencontre ?

– Oui, j'ai donné mon préavis. Je retourne à l'école pour mettre à jour mes compétences en enseignement. Betty s'arrête et prend une gorgée de café. Je suis encore assez jeune pour faire carrière dans l'enseignement. J'ai enseigné à l'école un an avant d'arriver au bureau de poste. J'ai décidé de m'y remettre.

– L'expérience a été traumatisante au point de vous amener à apporter ces changements dans votre vie ?

– Oui et non. J'en ai marre d'être responsable des routes de campagnes. Je n'y vois pas d'évolution. Après quinze ans, j'ai envie de changement, mais le facteur principal est peut-être cette expérience.

Soudain, la porte s'ouvre et les trois enfants entrent avec fracas dans le salon. Alors qu'ils lui parlent tous en même temps de leur fort de neige, je la regarde écouter chaque enfant et lui répondre. Il est évident qu'elle leur est dévouée. Lorsqu'ils quittent la pièce, elle se tourne vers moi et reprend :

– Savoir qu'il y a de la vie ailleurs que sur Terre m'a fortement impressionnée. Je l'ai toujours su, mais la rencontrer, c'est autre chose. Cela m'inquiète pour l'avenir de mes enfants.

– Pouvez-vous expliquer pourquoi cela vous inquiète ?

– Je sais que ceux que j'ai rencontrés étaient compatissants. Ils m'ont suivie, peut-être pour s'assurer que je rentrais chez moi saine et sauve. Mais, au fond de moi, je m'inquiète. Que me serait-il arrivé s'ils avaient décidé de m'enlever ? Et s'ils avaient été malintentionnés ? Qu'arriverait-il à mes enfants ? Elle fait une pause et me regarde dans l'attente d'une réponse.

– J'ai entendu beaucoup d'histoires sur les rencontres hors du commun et le peuple des étoiles, dis-je. Et malgré leur caractère unique ou révoltant, je suis convaincue que, quel que soit ce qui nous attend à l'avenir, je serai parée pour agir.

Elle sourit.

– Vous savez, c'est un bon point, dit-elle.

*Je vois Betty régulièrement. Elle a démissionné du bureau de poste, a terminé les cours pour renouveler son certificat d'enseignement et enseigne en deuxième année à l'école primaire locale. Ses enfants vont bien et sont toujours heureux de me voir. Lorsque je reste le week-end, je les rejoins pour un petit-déjeuner de pancakes. Betty n'a jamais revu les hommes des étoiles, mais elle admet aussi qu'elle ne conduit plus sur les routes de campagne après la tombée de la nuit.*

## 16. L'histoire de Kenneth : les hommes des étoiles m'ont appris à utiliser mes pouvoirs

*Kenneth avait 19 ans la première fois qu'il reçut la visite du peuple des étoiles. Au moment de notre entretien, il en avait 68 et les visites n'avaient pas cessé. Propriétaire d'un magasin de proximité et d'une station-service sur la réserve, leader dans la communauté religieuse traditionnelle, Kenneth parlait souvent de l'importance de se souvenir des traditions, de raconter les légendes et de pratiquer la religion. Il organisait des cérémonies à l'intérieur et à l'extérieur de la réserve. Je le rencontrai lors d'un pow-wow[7] à Bozeman, dans le Montana. Il avait longuement voyagé pour mener une cérémonie avec une hutte de sudation. J'avais été invitée à y participer. Pendant la cérémonie, des petites boules de lumière entrèrent dans la hutte. Kenneth nous dit de ne pas avoir peur : le peuple des étoiles nous rendait visite. Plus tard, je lui posai des questions sur le peuple des étoiles. Il m'invita à venir le voir dans la réserve, où nous pourrions parler.*

En retournant à la réserve, je m'arrête à une boulangerie pour acheter un assortiment de cupcakes aux fruits. J'ai programmé mon voyage pour être sur place le samedi soir et j'ai rendez-vous avec Kenneth le dimanche. Quand j'arrive chez lui, il m'attend à la porte. Il m'accueille dans sa maison et ouvre immédiatement son cadeau. Un sourire éclaire son visage lorsqu'il voit la boîte de gâteaux.

– Apparemment, nous aimons les mêmes choses, dit-il tandis qu'il m'offre un gâteau aux fruits et en choisit un pour lui. Quelqu'un vous a dit que j'adore ces gâteaux... Je viens de faire du café, alors profitons-en.

Je regarde cet homme, qui a vécu presque soixante-dix ans, s'approcher de la gazinière et prendre la cafetière. Ses longs cheveux noirs tombent sur ses épaules, ses yeux marron perçants et son sourire éclatant éclairent un visage presque sans rides. Des bretelles rouges tiennent son pantalon beige sans ceinture. Une chemise de flanelle rouge et noire à carreaux, trop grande pour sa petite carrure, est

---

7. NdÉ : Célébration traditionnelle autochtone avec des danses et des chants.

impeccablement rentrée dans son pantalon. Il verse deux tasses de café, m'offre une serviette en papier et retire méticuleusement l'emballage du cupcake.

– Vous êtes la première personne à me poser des questions sur le peuple des étoiles, commence-t-il, après avoir pris une bouchée du gâteau aux fruits. Lorsque je pratique une cérémonie, le peuple des étoiles est toujours avec moi. Ils viennent souvent à la hutte de sudation et participent.

– Pouvez-vous m'expliquer comment ?

– Ils entrent dans la hutte et touchent les participants. Dans certains cas, ils aident à la guérison. Ils sont toujours avec moi.

– Quand j'étais dans votre hutte de sudation, j'ai vu les petites boules de lumière. C'était le peuple des étoiles ?

– Oui. Ils se présentent sous de nombreuses formes, mais les étincelles et les boules de lumière sont courantes. Ils peuvent aussi prendre une forme humaine, mais ils apparaissent surtout sous forme de lumière dans les huttes.

– Parlez-moi de la première fois que vous les avez vus.

– J'étais à l'armée. C'était à l'époque où le service militaire était en place et, après avoir obtenu mon baccalauréat, j'ai rejoint les marines. J'étais fier de servir mon pays. C'était en 1965, j'avais 19 ans. Nous avions été envoyés au Vietnam pour sécuriser les bases aériennes américaines, mais nous nous sommes retrouvés dans des opérations de combat plutôt que défensives. Après ça, la guerre s'est intensifiée et vous connaissez la suite.

– Vous avez dit que votre première rencontre a eu lieu pendant que vous étiez à l'armée. Elle s'est produite au Vietnam ?

– J'étais artilleur à bord d'un hélicoptère. Nous allions dans le delta pour chercher d'autres marines. Mon travail, entre autres, consistait à protéger mes camarades montant à bord de l'hélicoptère. Un jour, il y eut plusieurs blessés. Ceux qui ne l'étaient pas avaient du mal à les amener jusqu'à l'hélicoptère. Je suis sorti pour les aider, lorsque notre appareil a été la cible de tirs violents. Le pilote n'a pas eu d'autre choix que de partir. J'ai essayé de déplacer les blessés vers un endroit plus sûr avec l'aide de deux autres marines.

Kenneth marque une pause, se dirige jusqu'au comptoir et prend un deuxième cupcake. Il remplit nos tasses de café. De nouveau assis, il continue :

– La suite est hallucinante, mais je jure que c'est vrai. D'un coup, c'est comme si nous étions dans une bulle. J'entendais encore les coups de feu, mais comme s'ils étaient loin. Nous nous sommes retrouvés baignés d'une lumière vive et nous montions dans les airs. Je n'avais aucune idée de ce qui se passait. Il n'y avait pas d'hélicoptère, mais nous étions quand même transportés. Puis, nous nous sommes trouvés de nouveau au sol, et l'hélicoptère approchait. Il n'y avait plus de coups de feu. Nous avons chargé les blessés et sommes allés en lieu sûr. C'était comme si la guerre s'était arrêtée pendant un instant.

– Vous avez dit qu'il y en avait deux autres à n'être pas blessés. Se sont-ils souvenus de quoi que ce soit ?

– De rien. Ils ne se sont pas du tout rendu compte de l'événement.

– Maintenant que vous y repensez, que s'est-il passé, d'après vous ?

– Je ne sais pas. Après mon retour aux États-Unis, j'ai laissé l'événement derrière moi. Je me suis marié à une jeune femme merveilleuse, qui a été bien plus patiente avec moi qu'elle aurait dû l'être. J'avais toujours des flash-back à ce moment-là. Je ne passais jamais une nuit sans me réveiller. Finalement, nous avons tous les deux convenu que ce mariage ne fonctionnait pas et elle est partie. J'ai déménagé ici et construit cette cabane. Je m'y sens chez moi.

– Quand avez-vous réalisé qu'il s'agissait d'une intervention du peuple des étoiles ?

– Après le départ de ma femme, je suis passé par une longue phase d'introspection. Un soir, j'ai allumé un feu dans le puits de feu dans la cour, comme pratiquement tous les soirs, et j'ai vu mon premier ovni. Je regardais, captivé, le vaisseau descendre lentement et atterrir dans le champ côté sud. Deux silhouettes se sont approchées de moi. Ils m'ont dit de ne pas avoir peur. J'ai essayé de me lever, mais j'étais trop faible pour bouger. Ils ont ajouté que nous nous étions déjà rencontrés, puis ont révélé qu'ils m'avaient sauvé au Vietnam.

– Lorsque vous étiez au sol avec les blessés ?

– Oui. Ils m'ont dit m'avoir sauvé dans un but précis.

– Un but ?

– Que j'étais destiné à être guérisseur. Ils allaient m'aider. Je devais oublier la guerre et faire quelque chose de positif de ma vie. Puis ils sont partis.

– Vous pouvez les décrire ?

– Je ne les ai pas vus en pleine lumière la première fois qu'ils sont venus, mais la fois suivante, ils m'ont emmené à bord de leur vaisseau, et c'est là que je les ai vus.

– À quoi ressemblaient-ils ?

– Ils étaient grands, plus de 2 m. Ils étaient très musclés. Ils scintillaient. Leur peau était bleu clair.

– Bleu clair ?

– La lumière scintillante autour d'eux était bleue, mais leur peau semblait plus claire. Ce sont des âmes pacifiques qui voyagent dans le monde et guérissent la douleur. Ils m'ont appris à canaliser leur énergie et à utiliser ma propre énergie pour guérir. Nous avons tous cette capacité, mais nous n'utilisons pas nos facultés. Les hommes des étoiles m'ont appris à les utiliser et à me connecter aux leurs. Ils ont changé ma vie. Je ne suis plus l'homme qui est revenu du Vietnam. Je ne suis plus le garçon qui a rejoint les marines. Je suis guérisseur.

– Les hommes bleus vous rendent souvent visite ?

– Ils sont toujours avec moi. Si je suis dans la hutte de sudation, si je suis appelé à prier pour quelqu'un, si je suis seul dans ma cabane, leur présence est toujours avec moi. Ils ont guéri mon stress post-traumatique. Je ne suis plus l'homme qui est revenu du Vietnam. Ils ont toute ma reconnaissance.

– Vous apparaissent-ils sous différentes formes ?

– Ils peuvent apparaître sous forme solide, mais ce sont surtout des boules d'énergie. Vous les avez vus dans la hutte de sudation de Bozeman. Ils sont faits d'énergie, donc ils préfèrent cette forme.

*J'ai revu Kenneth plusieurs fois depuis notre entretien et je lui apporte une boîte de cupcakes aux fruits à chaque fois. La plupart du temps, j'entends parler d'un miracle qu'il a accompli. Même si je n'ai jamais vu le soldat qui souffrait de stress post-traumatique, j'ai vu l'homme doux et bienveillant qu'il est aujourd'hui et je n'ai aucun doute sur le fait que les hommes bleus soient les instigateurs de sa transformation.*

# Deuxième partie

# LES REPTILIENS ET INSECTOÏDES

# 1. Les reptiliens et les insectoïdes : introduction

Au cours des dernières années, de nombreux témoins ayant vu des ovnis ont décrit les reptiliens. Les récits parlent d'êtres entre 1,80 m et plus de 2,50 m, avec de longs torses, ou bien de créatures semblables à des lézards avec une queue. Certains observateurs témoignent qu'ils ont trois doigts avec un pouce, d'autres disent qu'ils ont des mains semblables à des serres avec quatre à six doigts. Certains affirment qu'ils sont recouverts d'écailles brun foncé ou vertes, d'autres signalent une peau plus lisse avec un éclat variant du vert foncé au brun selon le mouvement. Quelques témoins relatent qu'ils ont de longues langues fourchues et crachent du venin.

Un des premiers récits d'enlèvement extraterrestre nous vient de l'officier de police Herbert Schirmer, qui affirma avoir été emmené à bord d'un ovni par des êtres humanoïdes avec des traits reptiliens.

David Icke, un théoricien du complot, affirme que les reptiliens ont pris forme humaine et contrôlent la Terre en infiltrant les gouvernements, les banques, les entreprises et même les familles royales. Stewart Swerdlow décrit les activités d'une race reptilienne appelée *les Draco*, originaire de la constellation du dragon. Zecharia Sitchin, archéologue, auteur et linguiste, affirme qu'une ancienne race d'extraterrestres, les Anunnaki, a génétiquement modifié les humains originels. Il soutenait en outre que ces êtres étaient reptiliens, quasi-reptiliens ou amphibies.

John Carpenter, un chercheur en enlèvement extraterrestre, décrit les reptiliens comme ayant des têtes de serpent. Leurs yeux ont un iris doré ou violet avec une fente verticale et leurs mains sont palmées. Il affirme que c'est une race très intelligente, avec des capacités télépathiques développées, qu'ils utilisent pour contrôler mentalement les humains. Il maintient que c'est l'une des espèces les plus redoutées dans l'Univers. Thomas Castello, ancien technicien de sécurité à la base de Dulce, affirme qu'elle était une base secrète au Nouveau-Mexique exploitée par des humains ainsi que des extraterrestres reptiliens et leur classe ouvrière, les Gris. Selon Castello, des expériences génétiques y furent menées sur des hommes, des femmes et des enfants kidnappés.

Plusieurs cultures anciennes ont décrit des êtres reptiliens. Une légende de l'Athabasca racontait l'histoire d'une tribu d'hommes cannibales semblables à des lézards, avec une queue, qui s'en prenaient aux villageois locaux. Certaines légendes identifiaient les reptiliens comme des créatures semblables à des pierres. Le plus souvent, ils étaient hostiles aux humains. Les Hopis décrivirent une race de reptiliens appelés les *Sheti*, ou les *frères-serpents*, qui vivaient sous terre. Les Mayas parlaient d'une race reptilienne, souvent appelée les *hommes-iguanes*, qui descendait du ciel. Selon la légende cherokee, le grand guerrier Aganunitsi tua Uktena, un monstre serpent-lézard, et ramena la septième écaille brillante de sa poitrine, qui ressemble à un grand cristal transparent avec une tâche rouge sang et possède des pouvoirs mystérieux. En Colombie, Bachue (la femme primordiale) se transforma en grand serpent et fut appelée le *serpent céleste*.

Les créatures reptiliennes ne sont pas les seules formes de vie décrites par les personnes enlevées. Certaines ont rencontré des êtres insectoïdes. Ce terme désigne toute créature ou objet qui partage un corps ou des traits similaires aux insectes communs. De nombreuses personnes enlevées ont vu des êtres ressemblant à des mantes, des fourmis ou des insectes, travailler aux côtés d'autres types d'extraterrestres. Certains sont considérés comme gentils et humbles, d'autres sont décrits comme agressifs.

Les descriptions de ces entités incluent souvent des caractéristiques telles que de longs visages étroits avec des yeux inclinés, et de grands torses avec des bras minces généralement très marqués au niveau de l'articulation du coude. Les pattes sont également pliées en un angle presque droit au milieu de l'articulation, créant une position accroupie.

Les insectes jouent une grande variété de rôles différents dans les légendes des tribus autochtones. Ils y apparaissent souvent pour symboliser la douceur et l'humilité, deux traits positifs appréciés par la plupart des cultures autochtones. L'une des légendes les plus intrigantes concerne les Hopis et les hommes fourmis, qui furent cruciaux pour la survie des Hopis dans le « Premier Monde » et le « Second Monde ». Pendant la destruction de ces mondes, les membres vertueux de la tribu Hopi furent guidés par le dieu du ciel, Sotuknang, qui les emmena auprès des hommes fourmis, *Anu Sinom*. Les fourmis escortèrent les Hopis dans des grottes souterraines où ils trouvèrent de quoi s'abriter et se nourrir. Le peuple fourmi, dépeint comme généreux et travailleur, donnait de la nourriture aux Hopis quand les vivres venaient à manquer, et leur enseigna les mérites du stockage des aliments. Selon une légende, les fourmis ont la taille si fine aujourd'hui parce qu'elles se privaient autrefois de provisions afin de nourrir les Hopis.

Dans cette section, vous découvrirez des récits de rencontres avec des reptiliens et des insectoïdes. Bien que certaines expériences aient été positives, elles sont plus susceptibles d'être négatives.

## 2. L'histoire de Clinton : un Autochtone de l'ère spatiale et des lézards des étoiles

*J'ai rencontré Clinton par l'intermédiaire de son cousin, qui travaillait dans les services de police du BIA (Bureau of Indians Affairs). Clinton avait été formé pour être policier, mais, après sa formation, il décida de créer son entreprise de sécurité sur la réserve. Il employait plusieurs jeunes gens, placés à différents endroits de la zone. Bien que son entreprise comptait des clients du milieu des affaires, la plupart des demandes venaient de particuliers voulant que leur maison soit surveillée lorsqu'ils étaient en voyage d'affaires ou en vacances. Selon son cousin, Clinton parla d'une rencontre avec trois extraterrestres monstrueux lors d'une de ses patrouilles quotidiennes. Il accepta de me rencontrer pour un déjeuner tardif au café de la réserve, afin de me parler de sa rencontre.*

Lorsque j'entre dans le café, je le reconnais immédiatement. Il est assis à une table du fond et regarde le menu. De ma position, je peux voir que c'est un homme grand, car ses jambes sont étendues dans l'allée. Ses cheveux noirs sont courts comme ceux d'un militaire. Le contour de ses muscles sous son t-shirt noir moulant indique qu'il est en bonne forme. Quand je m'approche, il se lève et sourit timidement lorsque je me présente. Il attend que je sois assise avant de se rasseoir. La serveuse apparaît et nous prévient que la cuisine va fermer dans quelques minutes, donc que nous devons commander tout de suite. Nous nous exécutons et elle s'éloigne après nous avoir apporté de l'eau.

– Je ne sais pas ce que mon cousin vous a dit, commence Clinton à voix basse.

– Pas grand-chose, seulement que vous avez fait une rencontre terrifiante. Il a pensé que le fait de m'en parler pourrait vous aider à clarifier les choses.

Il hoche la tête et regarde la serveuse placer deux thés glacés sur la table.

– Je ne lui fais pas confiance, chuchote Clinton. Elle écoute toujours mes conversations. Elle sera partie dans quelques minutes et nous pourrons parler plus librement. J'acquiesce.

Lorsque la serveuse revient avec notre déjeuner, Clinton mesure le « taco indien » puis le coupe avec son couteau et sa fourchette, avant de reprendre :

– Je ne sais pas par où commencer.

– Commencez par le début, dis-je en l'encourageant.

Il prend une bouchée de son taco, une gorgée de thé glacé, et débute son histoire :

– En janvier, par une soirée très froide, j'ai reçu un appel de Joe, un de mes gars qui travaille du côté est de la réserve. Il a dit être malade et incapable de patrouiller sur plusieurs maisons inoccupées.

Clinton range ses jambes sous la table pour laisser passer la serveuse qui s'approche. Elle apporte un pichet de thé glacé et nous dit qu'elle a fini son service et donc souhaite encaisser notre addition. Il sort son portefeuille, lui tend un billet de vingt dollars et lui dit de garder la monnaie.

– Je n'avais personne pour remplacer Joe, poursuit-il, alors j'ai décidé, malgré la distance de 80 km, de m'en occuper moi-même et de mettre un de mes gars à ma place en ville. C'était une longue route. Le chauffage de mon véhicule était au maximum, mais les cristaux de glace continuaient à se former sur le pare-brise. J'avais une bouteille de liquide antigel derrière mon siège, et je m'arrêtais périodiquement pour en verser sur le pare-brise. Je me souviens que les températures étaient nettement négatives et, après avoir parcouru 30 km, je regrettais de ne pas être resté en ville.

– Combien de temps vous a-t-il fallu pour arriver à destination ?

– Presque deux heures. Le plus gros problème était de ne pas avoir de chauffage, et la neige sur les routes s'était transformée en glace. Quand je suis arrivé à l'entrée de la première maison de ma tournée, mon véhicule s'est soudainement arrêté. L'allée mesurait environ 400 m de long. J'ai donc vérifié ma lampe de poche et commencé à avancer vers la maison.

– Qu'est-il arrivé à votre véhicule ?

– Je ne sais pas. Il s'est arrêté. Les lumières se sont éteintes, la radio s'est coupée et le moteur aussi.

– Mais votre lampe de poche fonctionnait ?

– Oui, mais je n'en avais pas besoin. C'était une nuit de pleine lune, et une fois que mes yeux s'étaient acclimatés à la nuit sans les phares, j'y voyais très bien. La maison et la grange se trouvaient au sommet d'une petite colline et, en montant l'allée, j'ai remarqué une lumière vers l'arrière de la maison.

– Pouvez-vous la décrire ?

– C'était une lumière puissante. Je pensais que c'était un cambrioleur avec une lampe torche. Ensuite, j'ai vu une autre lumière, puis une autre. Il y en avait trois. Heureusement, j'avais mon revolver. Je l'ai sorti de son étui et j'ai décidé de me faufiler de l'autre côté de la maison pour surprendre les intrus.

– Portez-vous toujours une arme à feu ?

– Habituellement, oui. J'ai un permis de transport légal de la tribu, ce qui me permet de me défendre, même si je ne l'ai jamais utilisée. Ce soir-là, c'était différent.

– Vous avez trouvé les cambrioleurs ?

– Quand je suis arrivé près de la maison, je me suis glissé sur le côté, en espérant les surprendre. D'un coup, ils ont dirigé leurs lampes vers moi et m'ont aveuglé. Je savais qu'ils avançaient vers moi parce que les lumières approchaient dans ma direction. J'ai levé mon arme et leur ai ordonné de s'arrêter. C'est là que j'ai senti une main sur mon cou.

Il s'arrête et finit son verre de thé glacé.

– C'était l'un des cambrioleurs ?

– Ce n'était pas un cambrioleur. Regardez-moi. Je suis grand. Je mesure 1,95 m et pèse 120 kilos. Je fais de l'exercice et soulève 150 kg en développé couché. Mais ce qui me tenait par le cou me soulevait du sol comme si j'étais un jouet. Je ne pouvais pas voir qui ou ce que c'était, et plus je luttais, plus mon agresseur me serrait le cou. J'ai finalement abandonné et, une fois que j'ai cédé, j'ai vu les visages des autres. Ils n'étaient pas humains. Je ne sais pas ce qu'ils étaient, mais ils n'étaient pas humains.

– Que s'est-il passé lorsque vous les avez vus ?

– Ils communiquaient entre eux. Enfin, je crois. Ils émettaient des grognements et des soufflements, presque comme des sifflements. Puis, soudain, l'agresseur derrière moi m'a jeté sur son épaule et s'est dirigé vers l'obscurité. Là, j'ai vu le sol scintillant de lumière. Je ne pouvais pas dire d'où cette lumière venait, mais ça m'a surpris. Puis j'ai pris conscience que ce monstre montait sur une sorte de rampe. Il m'a porté à l'intérieur d'une structure et m'a enfermé dans une pièce. J'étais seul dans un endroit peu éclairé, pas plus grand qu'une salle de bains. J'ai cherché une sortie, mais les murs étaient comme une éponge, poreux et humides, sans aucune trace de porte. Il n'y avait pas d'issue. Je n'avais plus mon arme. Je ne savais pas ce qui lui était arrivé. Je n'avais rien pour me défendre.

– Vous souvenez-vous d'autre chose au sujet de la pièce ?

– Juste une faible lumière. J'ai passé les mains le long des murs. Ils étaient chauds et sentaient l'eau croupie. Quand je frappais les murs, ça laissait des traces, mais elles disparaissaient rapidement.

– Combien de temps êtes-vous resté dans cette pièce ?

– Je n'en ai aucune idée. Peut-être une demi-heure. Je sais qu'il n'a pas fallu longtemps avant que j'aie la sensation que nous étions en vol. Il n'y avait pas de fenêtre et je ne pouvais pas confirmer mes soupçons, mais l'un d'eux est entré quelques minutes plus tard et m'a emmené dans une autre pièce. Il y avait un écran d'observation dans un coin, et j'ai regardé la Terre disparaître. C'est là que j'ai réalisé que j'étais dans une situation beaucoup plus délicate que je n'aurais pu l'imaginer.

– Pouvez-vous décrire les créatures qui vous ont enlevé ?

– Ils étaient énormes, avec des écailles, un visage plat, une grande bouche large. Ils ressemblaient à des lézards. Ils mesuraient environ 2,50 m de haut. Je me sentais comme un nain à côté d'eux. Ils ne portaient pas de vêtements, bien qu'ils aient une sorte de ceinture autour de la taille. Ils avaient des lampes de poche et des espèces d'armes attachées à leurs bras. Et leurs bras étaient énormes. Deux fois la taille de ma jambe, avec une force incroyable. Leurs yeux était la partie la plus effrayante de toutes. D'énormes yeux ovales s'allongeant partiellement sur les côtés de la tête. Leurs pupilles étaient jaunes et de forme ovale.

– Y avait-il d'autres créatures dans la pièce à ce moment-là ?

– Non. Ils m'ont déposé dans cette pièce, là où il y avait l'écran d'observation et, encore une fois, je n'ai pas réussi à en sortir. À vrai dire, je pensais que je ne reverrai jamais la Terre.

– Que s'est-il passé ensuite ?

– Je ne sais pas. D'un coup, j'étais allongé devant la maison de mon client. Mon pantalon et ma chemise avaient disparu. La température était négative et j'étais sans vêtements, sauf mes sous-vêtements. J'étais gelé. J'ai couru jusqu'à mon véhicule. J'avais laissé les clés à l'intérieur. Ça m'a sauvé la vie. J'ai réussi à faire demi-tour et à revenir en ville.

– Comment avez-vous fait sans chauffage dans la voiture ?

– J'avais un vieux manteau de chasse dans mon véhicule. Je l'ai mis, mais, chose très étrange, quand j'ai démarré le moteur, le chauffage s'est mis à fonctionner normalement. Peu après, j'étais réchauffé. Quand je suis arrivé en ville, je suis allé à l'IHS [Service de santé autochtone]. J'ai eu de la chance qu'il n'y ait personne d'autre dans la salle d'attente. Le médecin de garde m'a examiné et m'a posé des questions sur les marques de griffes sur ma nuque.

– Que lui avez-vous dit ?

– Que j'étais tombé dans des ronces en chassant. Il m'a regardé bizarrement, a mis de l'antiseptique dessus, a fait quelques points de suture et m'a libéré. Il m'a aussi donné un pantalon médical.

– Il vous a posé des questions sur vos vêtements ?

– Je lui ai dit les avoir perdus au poker.

Clinton sourit et me regarde.

– Vous pensez vraiment qu'il vous a cru ?

Il hausse les épaules.

– Ils voient beaucoup de personnages étranges la nuit aux urgences. S'il ne me croyait pas, il n'en a rien dit.

– Aviez-vous d'autres blessures ?

– Des bleus, mais aucune blessure importante autre qu'à la nuque. Quand je suis rentré chez moi, je me suis affalé sur mon lit. J'ai fait toutes sortes de cauchemars au sujet de ces créatures.

– Pouvez-vous décrire vos rêves ?

– Je ne me rappelle pas de grand-chose. Je me réveillais chaque fois que le rêve devenait trop insupportable. Tout ce que je sais, c'est qu'ils m'ont fait des choses. Des choses auxquelles je ne veux surtout pas penser. Et pourquoi ? Pourquoi m'ont-ils fait ça, à moi, ou à n'importe quel autre humain ? Ça ne nous viendrait pas à l'idée de penser que des lézards pourraient avoir ce genre d'idées ou voleraient dans un vaisseau spatial. Mais ceux-là le font sans problème. Cela fait réfléchir. Quelles autres créatures sont là, sur cette planète ? Pour eux, nous sommes des bébés en matière de voyage spatial. Et que faisaient-ils dans un vieux ranch sur une réserve autochtone ? Cela n'a aucun sens. Rien n'est logique dans tout ça. Au catéchisme, les professeurs nous ont appris que Dieu a fait l'homme à son image. Clinton s'arrête et me regarde comme s'il attendait une réponse. Je veux dire, nous sommes à l'ère spatiale, ce qui signifie que nous avons évolué, non ?

– Dieu a peut-être aussi créé d'autres êtres intelligents, mais pas à son image.

Il hoche la tête.

– C'est probablement cela. Dieu les a faits aussi.

– Aviez-vous d'autres marques ?

– Je n'en ai pas vu d'autres. Mon cou, c'est une autre histoire. Il me fait mal tous les jours. Je ne peux plus travailler comme avant et je ne fais presque plus de sport. Que voulaient-ils de moi, d'après vous ?

– Tout ce que je peux vous dire, c'est que vous n'êtes pas la première personne à me parler de rencontres avec des êtres semblables à des lézards. Et comme dans votre cas, la plupart d'entre eux sont très agressifs. Permettez-moi de vous demander si vous êtes retourné sur le site où cela s'est produit ?

– Dès le lendemain. J'ai mesuré les empreintes de pas autour de la maison : 60 cm de long et 15 cm de large. J'en ai trouvé une qui ressemblait plus à une empreinte de griffe, mais il y avait du soleil et la neige fondait un peu. J'ai trouvé l'endroit où le vaisseau spatial avait atterri. Toute la neige avait disparu. Il y avait une forme allongée avec un demi-cercle à l'avant. Je l'ai mesuré. Ça faisait environ 2,50 m d'un bout à l'autre. J'ai supposé que c'était la longueur du vaisseau.

– Avez-vous pris des photos ?

– Je n'ai pas pensé à prendre un appareil photo, et j'ai un vieux téléphone à clapet. Impossible de photographier avec. Je n'aime pas les smartphones, je ne tiens pas à être surveillé tout le temps. J'aime les choses simples.

– Et votre arme ?

– Je l'ai trouvée, ainsi que ma lampe torche, contre la maison, probablement là où je les avais laissé tomber. Bizarrement, l'arme était inutilisable. C'était comme si quelque chose de très chaud avait fait fondre le mécanisme de tir. Je l'ai apportée chez un armurier, et il a constaté qu'elle était irréparable. Il a déclaré n'avoir jamais rien vu de tel et m'a offert 75 $ sur l'achat d'une nouvelle d'arme si je lui donnais celle-ci. J'ai accepté le marché, mais, quelques heures plus tard, j'ai pensé qu'un jour, ce serait peut-être important, alors je suis retourné voir l'armurier, mais il a refusé de me la rendre.

– Autre chose ?

– Pas que je me souvienne. Ça m'a fait réfléchir à ma profession. Après cet événement, j'ai décidé de retourner à l'université pour devenir enseignant. Je ne veux pas que la même chose arrive à mes gars [ses employés] sous ma responsabilité, et je ne veux certainement pas revivre ça. La tribu envisage d'acheter mon entreprise. Ce serait bien pour moi. Je pourrais aller à l'école sans emprunter d'argent.

– Une autre information ?

– Oui, quand je sors le soir, je ne m'approche pas des endroits isolés. Je ne quitte jamais la maison sans arme et, généralement, je suis avec un ami. Je pense qu'on est en sécurité quand on est plusieurs. Clinton rit et se met sur le côté, étire ses jambes dans l'allée, puis me regarde de façon pensive. Mon cou me pose beaucoup de problèmes. Ça me fait vraiment très mal, tous les jours. Le soir, je suis sur des coussins chauffants. Les chiropraticiens et les médecins n'ont pas pu me soulager. Je suppose que c'est le souvenir de ma rencontre.

– Vous avez des cicatrices ?

Il se tourne dos à moi, baisse le col de sa chemise. Je vois les grandes cicatrices blanches dans sa nuque. Cela me rappelle une victime de l'attaque d'un ours que j'ai rencontrée une fois dans le nord du Montana. Même s'il voulait oublier cette nuit-là, ses cicatrices et sa douleur sont un rappel constant.

*J'ai vu Clinton à quelques reprises depuis qu'il m'a raconté son histoire. Il est maintenant en première année à l'université d'État. Il étudie pour devenir professeur de mathématiques. Il n'a pas fait d'autres rencontres hors du commun, mais le souvenir est toujours présent dans son esprit. Il a toujours des problèmes avec son cou et il doit limiter le temps passé devant l'ordinateur, même si de nombreux cours ont lieu en ligne. Il ne fait aucun doute que sa rencontre avec les lézards des étoiles a changé la direction de sa vie et de sa santé. Pour Clinton, cette rencontre hors du commun ne lui a rien apporté de positif.*

# 3. L'histoire de Julian : les doryphores et une adolescente prostituée

*Julian, un ancien détective du Bureau of Indians Affairs (BIA), était souvent affecté temporairement dans diverses réserves de l'Ouest. Après avoir quitté le service, il retourna chez lui, dans sa réserve. Il me raconta que son poste de détective l'avait amené dans de nombreuses régions éloignées. Au fil des ans, il avait vu de nombreux ovnis, mais ce n'était rien comparé à la nuit où il rencontra une entité sur une route déserte en Arizona.*

En 2013, je reçois un courriel de Julian me demandant un entretien. Il m'explique avoir lu mon livre, *Rencontres avec le peuple des étoiles*, et qu'il l'a inspiré à raconter son histoire. Nous nous donnons rendez-vous dans une petite ville près de la frontière entre le Montana et le Dakota du Sud. Nous prévoyons de nous retrouver dans le restaurant d'un motel. Lorsque j'arrive, il n'y a personne. Comme il neige de plus en plus, je conclus qu'il a probablement été retardé. Je demande alors le dernier bulletin météo à l'employé du motel. Des avertissements de tempête ont été émis dans la majeure partie du Montana et du Dakota du Sud. J'avais prévu de me rendre à Billings ce soir-là, mais je décide de réserver une chambre au motel et d'attendre la fin de la tempête.

Trois heures plus tard, l'employé de l'accueil appelle ma chambre et me dit que Julian m'attend dans le hall.

Je descends et le vois immédiatement : assis devant la cheminée, il regarde le bulletin météo local à la télévision. Il se lève tandis que je m'approche et me tend la main.

– Il semble que notre timing n'aurait pas pu être pire. Je suis désolé que vous ayez fait tout ce chemin pour vous retrouver coincée par le blizzard, dit-il.

– Pas de souci. C'est l'hiver et tout le monde sait que la météo peut radicalement changer en l'espace d'une heure. C'est ainsi sur cette partie du globe.

– Je sais, mais quand même, cela me contrarie que vous soyez obligée de passer la nuit ici.

– Je n'avais pas l'intention de repartir chez moi en voiture, de toute façon. J'allais passer la nuit à Billings et rentrer demain. J'ai changé mon programme et décidé de rester ici. Ce n'est pas un problème.

Je le vois se détendre légèrement et prendre une grande inspiration.

– Je pense que je ferais mieux de réserver une chambre aussi avant que le motel ne soit plein. Je pense que personne ne voyagera ce soir. Accepteriez-vous de vous joindre à moi pour dîner ?

Nous convenons de nous retrouver à 18 h dans la salle à manger du motel.

Quand nous entrons dans le restaurant, celui-ci est vide. Nous demandons une table isolée et l'hôtesse nous conduit à une petite table à côté de la fenêtre, à l'arrière de la salle. En regardant le menu, je remarque que Julian, qui porte un costume et une cravate, donne une impression très professionnelle, malgré son apparence de jeune garçon. Il porte une alliance à la main gauche et un bracelet de turquoise autour du poignet droit. Il a 38 ans, mais je lui en donnerais facilement dix de moins.

– Vous avez écrit dans vos courriels que vous êtes souvent affecté temporairement sur différentes réserves.

– C'est typique du BIA. Ils sont à court de personnel et, à partir du moment où vous êtes leur employé, ils peuvent vous envoyer n'importe où. C'est une des raisons pour lesquelles je suis parti, j'étais toujours loin de chez moi.

– Dans quelle région du pays avez-vous vu le plus d'ovnis ?

– C'est difficile à dire. À peu près chaque fois que je me trouvais dans une section isolée de la réserve, et par *isolée*, je veux dire située loin d'une ville. Le nombre d'observations était constant, mais plus une réserve était isolée, plus l'activité ovni était importante. La taille de la réserve était un autre facteur. Les plus grandes réserves semblaient avoir davantage de zones éloignées où les ovnis pouvaient atterrir et mener leurs activités.

– Quel genre d'activités ?

– Malgré ce que tout le monde pense, les ovnis atterrissent bel et bien, pour effectuer l'entretien de leur vaisseau, vérifier s'il est endommagé et prendre de l'eau. Leurs scientifiques s'arrêtent pour prélever des échantillons de sol, des plantes, des graines et parfois des animaux. D'autres s'arrêtent pour prendre des êtres humains. La plupart de ces humains sont ramenés sur Terre, certains disparaissent à jamais.

– Vous parlez avec la sagesse de quelqu'un qui sait que ces événements sont vrais. Vous en avez été témoin ?

– Oui.

Il s'arrête lorsque le serveur revient, qui remplit nos verres d'eau et sert une tasse de café frais à Julian. Je regarde cet homme assis en face de moi : il est éloquent, méthodique et confiant.

– Combien d'ovnis avez-vous vus en pays autochtone ?

– Des dizaines et des dizaines. Ils se présentent sous toutes les formes. Certains sont des boules de lumière. J'ai découvert que les plus petites sont en fait des vaisseaux d'exploration qui examinent les environs à la recherche d'habitants, de zones privées et d'isolement. Ils retournent vers un vaisseau plus grand lorsqu'ils ont terminé leur mission.

– Ces vaisseaux sont pilotés par des entités ?

– Certains par une seule. D'autres sont télécommandés, je pense, et servent simplement à l'exploration. Tout dépend des espèces. Les hommes reptiles n'utilisent pas de vaisseaux d'exploration. Ils ont pour seul objectif de kidnapper des gens et de faire leurs expériences horribles. Ils sont plus malveillants que les gris, mais puisque leurs visites peuvent entraîner la mort de ceux qu'ils enlèvent, personne ne sait vraiment à quelle fréquence ils visitent la Terre. Juste une fugueuse ou un malheureux qui a probablement été victime d'homicide, alors que la vérité est qu'ils étaient victimes, c'est certain, mais de créatures d'un autre monde. Les gris s'intéressent à la reproduction.

– Vous pensez que l'ère technologique a changé leurs méthodes de collecte de données ?

– C'est drôle que vous posiez cette question. Internet a changé beaucoup de choses. Les gens peuvent maintenant photographier les vaisseaux et mettre les photos en ligne. Bien sûr, le gouvernement continue de nier leur existence, il les qualifie d'*anomalies*.

– Avez-vous rencontré différentes espèces ?

– Oui, dit-il en reculant sa chaise tandis que le serveur nous apporte nos assiettes. Après lui avoir demandé de la sauce pour son steak, il me regarde sérieusement et poursuit : personne ne connaît la portée et la fréquence de ces visites. Je ne pense même pas que le gouvernement le sache, et les rapports sur de tels événements sont simplement stockés sur un gros ordinateur quelque part, sans qu'il y ait d'enquête, ou très peu.

– Vous pensez que le gouvernement est complice de groupes extra-terrestres ?

– C'est fort possible, même si les êtres eux-mêmes m'ont dit qu'ils avaient perfectionné leur technologie de manière à aller et venir à leur guise, sans être remarqués par nos radars.

– Avez-vous déjà vu des humains travailler avec des extraterrestres ?

– Une seule fois, et je ne savais pas s'il s'agissait de clones ou d'humains.

– Pensez-vous qu'ils préfèrent les réserves, ou simplement les régions rurales ?

– Je ne sais pas s'ils choisissent les réserves autochtones spécifiquement. Je crois qu'ils atterrissent probablement dans des régions éloignées partout dans le pays. C'est simplement qu'on les voit plus souvent dans les réserves parce que les Autochtones sont plus attentifs à leur environnement.

– Vous pouvez m'en dire plus ?

– Les Autochtones ont une longue histoire d'interactions avec le peuple des étoiles. Nos légendes racontent notre histoire. Et dans presque toutes les réserves que j'ai visitées, lorsque j'ai parlé avec des aînés, ils parlent d'interaction avec le peuple des étoiles. Donc, quand quelqu'un voit un ovni ou rencontre un voyageur des étoiles, ils sont plus susceptibles de l'accepter et de garder le silence sur l'événement. Deuxièmement, les Autochtones sont attachés à leur vie privée. Ainsi, ils se disperseront sur des sections isolées de la réserve, donc voir un ovni ou rencontrer un homme des étoiles est plus susceptible de se produire. En revanche, je ne pense pas que cela arrive seulement dans les réserves.

– Comment ça ?

– Je pense que c'est pareil en Amérique blanche, pour ceux qui vivent dans des régions isolées. C'est juste qu'en Amérique rurale, personne ne s'intéresse aux histoires de ces individus comme vous le faites avec les Autochtones. Il y a peut-être une différence, ceci dit. Je pense que certaines tribus, et peut-être toutes celles qui ont un sang plus « pur », ont un ADN qui pourrait être plus compatible avec le sang extraterrestre.

– Quand vous parlez de « sang pur », vous voulez dire par rapport à ceux qui sont en partie autochtones, selon le degré de sang ?[8] Il acquiesce. D'après ce que je comprends, vous avez fait de multiples rencontres hors du commun, c'est bien ça ? Il acquiesce de nouveau. Si vous pouviez en choisir une, la plus importante, laquelle serait-ce ?

Il prend la dernière bouchée de son steak et boit une gorgée de café.

– Je pense que ce serait les reptiliens. Il y a trois espèces : les reptiliens, les doryphores et les sauterelles ou les mantes. Ce sont eux qui constituent la plus grande menace pour l'humanité.

– Qu'appelez-vous les doryphores?

– Les êtres insectes.

– Avez-vous lu les livres du *Cycle d'Ender* d'Orson Scott Card ?[9]

– Non. Pourquoi ?

– Card a appelé ses extraterrestres fictifs les *doryphores*.

– Eh bien, peut-être qu'Orson Scott Card les a rencontrés aussi. Je les appelle les *doryphores* parce qu'ils ressemblent à des insectes monstrueux avec des corps arrondis et des pattes de sauterelles. Ils

---

8. NdÉ : Les lois des degrés de sang (*Blood quantum laws*) aux États-Unis servent à déterminer l'identité autochtone d'une personne en fonction du nombre et de la proximité d'ancêtres autochtones. Ainsi, quelqu'un qualifié de « sang pur » est un Autochtone dont, au moins, les parents, grands-parents et arrière-grands-parents sont autochtones.
9. NdÉ : Le *Cycle d'Ender* est un cycle de science-fiction publié à partir de 1977 par Orson Scott Card. Il se déroule dans un futur non daté, où l'humanité doit faire face à une espèce extraterrestre agressive, semblable à des insectes géants, et appelée « Doryphores ». Source : Wikipédia

mesurent environ 2 m de haut et parfois tombent au sol et s'assoient sur leurs cuisses comme des sauterelles. Je les ai vus avec les gris, mais les gris leur obéissent. Ce sont eux qui contrôlent, et ils sont vraiment effrayants. Il s'arrête, vide sa tasse de café et signale au serveur qu'il en veut davantage. Je devrais peut-être les appeler *les cafards*. Nous rions tous les deux. Ils sont tout aussi répugnants !

– Pouvez-vous m'en parler davantage ?

– À part leur taille démesurée, ils ont des bras et des jambes avec plusieurs articulations. À chaque articulation, ils ont de longs poils de peut-être 10 cm de long. Ils ressemblent à des poils rebelles dans une barbe. C'est le seul endroit où j'ai vu des poils sur leur corps. Leurs articulations bizarres leur permettent de manipuler des choses, comme dans un numéro de jonglage au cirque. Ils ont un long torse, une taille arrondie et un long cou. Leur visage est très étrange : il a la forme d'un grand triangle aux bords arrondis, avec d'énormes yeux noirs inclinés. Leur menton est très pointu.

– Et leur peau ? Ont-ils des écailles comme un poisson ou un lézard ?

– Non, pas d'écailles. Ils ne ressemblent pas à des poissons ou des lézards. J'ai vu les hommes lézards. Ces créatures sont différentes. Leur peau est une combinaison de vert pâle et de brun clair. Ils semblent en fait avoir une carapace protectrice au milieu, semblable à celle d'un coléoptère.

– Vous pouvez me parler de votre première rencontre avec eux ?

– J'étais dans une réserve du sud-ouest et j'enquêtais sur un cartel de la drogue qui aurait empiété sur la réserve. Un informateur m'avait indiqué une maison où la drogue était traitée et distribuée. En chemin vers cette maison, j'ai vu une grande créature sur le bord de la route. À mesure que je me rapprochais, je ne pouvais pas en croire mes yeux. Elle ressemblait à une sauterelle géante. Je me suis déplacé vers le milieu de la route et j'ai ralenti pour mieux voir. J'avais un spot dans ma voiture, et je l'ai dirigé vers la créature, je l'ai vue s'accroupir, et quand elle s'est remise debout, c'était un humain.

– Vous êtes en train de me dire que c'était un métamorphe ?

– Oui. Je savais que j'étais en présence de quelque chose qui ne venait pas de ce monde. Je dois admettre que c'était troublant. J'ai posé le pied sur l'accélérateur : je voulais m'éloigner le plus vite possible, mais la voiture s'est immobilisée. J'ai tourné la clé dans le contact, mais elle ne répondait plus.

– Qu'avez-vous fait ?

– J'ai essayé d'attraper mon arme, mais je ne pouvais pas bouger. D'un coup, la créature à l'apparence humaine m'entraînait loin de la route. Je m'inquiétais du fait que ma voiture reste au milieu de la route. Il m'a dit de ne pas m'inquiéter, il s'en occuperait. Je ne me souviens de rien d'autre avant d'être à bord d'un vaisseau spatial.

– Que s'est-il passé dans le vaisseau ?

– Je ne sais pas combien de temps ils m'ont gardé là, ni combien de temps j'ai été inconscient. Ce que je sais est que j'ignore ce qui s'est passé pendant environ trois heures et demie. Lorsque mon ravisseur est entré dans la pièce où j'étais gardé, il était toujours sous forme humaine.

– J'ai exigé de savoir où j'étais et si, d'insecte, il s'était transformé en créature humaine. J'avais déjà eu affaire à des métamorphes et je connaissais leurs capacités.

– Comment a-t-il réagi ?

– Il n'a rien dit. À ce moment-là, deux petits êtres gris sont entrés dans la pièce, et il leur a grogné dessus.

– Grogné ?

– Je ne sais pas. C'était un cliquetis étrange ou un grognement. Quoi qu'il en soit, ils se sont placés à l'arrière de la pièce et sont restés là, comme des petits soldats.

– Pouvez-vous décrire les gris ?

– Ils étaient exactement comme d'autres les ont décrits. Environ 1,20 m avec une grosse tête et des yeux comme les doryphores, mais petits et maigres. Ils avaient l'air plus humains que les doryphores, mais ne l'étaient pas. Ils ont des jambes très fines et leurs bras sont plus longs que leurs jambes. Ils ont une peau couleur cendre.

– Le doryphore a-t-il communiqué avec vous ?

– Oui. Je lui ai demandé encore une fois pourquoi il avait pris une forme humaine, et il m'a répondu que c'était pour me mettre à l'aise.

Cette déclaration m'a troublé, car il ne semblait pas se soucier de mes sentiments lorsqu'il m'a kidnappé.

– A-t-il précisé pourquoi il voulait vous mettre à l'aise ?

– Je pense que c'est parce qu'il voulait me poser des questions, des plus étranges : il m'a interrogé sur mon travail. Incroyable, non ? Il voulait savoir pourquoi je capturais des gens pour les mettre dans des cages. Ça m'a complètement abasourdi.

– Comment savait-il ce que vous faisiez ?

– Je lui ai posé la question. Il a dit qu'ils visitaient fréquemment cette planète et cet endroit particulier de la réserve. Il a ajouté qu'ils avaient suivi mes activités et s'intéressaient à ce que je faisais avec les gens que je capturais.

– Vous lui avez parlé de votre profession ?

– J'ai essayé de l'expliquer. Il semblait très confus. Il m'a expliqué qu'il n'était pas nécessaire de mettre les gens dans des cages et qu'il y avait d'autres méthodes. Puis il a ordonné aux gris d'avancer et ils m'ont saisi par le bras. Nous sommes entrés dans un couloir, avant d'arriver dans une pièce sentant l'hôpital. Là, j'ai vu des humains, ou du moins, ils avaient l'air humains, mais étaient immobiles. Ils semblaient éveillés, mais dans un état de transe. Ils ne parlaient pas, ne clignaient pas des yeux et ne bougeaient pas du tout.

– Pourquoi pensez-vous qu'il vous a emmené dans cette pièce ?

– Je pense que c'était sa façon de me montrer qu'on pouvait contrôler des individus sans prison.

– Vous souvenez-vous d'autre chose au sujet de la pièce ?

– Une chose très importante s'est produite. Il m'a demandé comment je procédais pour identifier les personnes que je capturais. Je lui ai expliqué notre système d'empreintes digitales. J'ai pris mon tampon d'empreintes digitales dans ma poche intérieure, puis la main d'une des prisonnières hypnotisées, et j'ai enfoncé son pouce. J'ai soigneusement transféré l'empreinte sur un petit carnet dans ma poche intérieure. Je lui ai montré, en expliquant que je pouvais utiliser l'empreinte du pouce pour identifier la personne. Il semblait intéressé par le processus. Pendant qu'il regardait ailleurs, j'ai glissé le carnet dans ma poche et me suis mis à penser à Noël.

– À Noël ?

– Oui. Je prévoyais de rentrer chez moi deux jours plus tard pour passer Noël avec ma femme et mes enfants. J'ai visualisé l'arbre de Noël et l'ouverture des cadeaux.

– Pourquoi avez-vous fait ça ?

– Je savais qu'il pouvait lire dans mes pensées. Je ne voulais pas penser au carnet.

– Combien d'humains avez-vous vus ?

– Il y en avait six. Trois femmes et trois hommes. Ils semblaient avoir la vingtaine. Tous très beaux.

– Combien de temps êtes-vous resté dans la pièce avec les humains ?

– Pas longtemps. Par la suite, les deux gris m'ont ramené dans l'autre pièce. Je continuais à penser à notre sapin de Noël de l'an dernier. Je me suis concentré sur le fait de le voir dans mon esprit. Je ne me suis pas laissé distraire. Peut-être une heure plus tard, le doryphore est revenu. Il m'a escorté à travers les bois, jusqu'à ma voiture, et c'était terminé.

– Que pensez-vous qu'ils faisaient avec ces humains ?

– Je n'en ai aucune idée, mais j'imagine que ce n'était rien de positif.

– Êtes-vous sûr qu'il s'agissait d'humains ?

– Oui, c'étaient des humains.

– Comment en êtes-vous aussi sûr ?

– Le carnet. J'ai relevé une empreinte digitale parfaite. Je l'ai entrée dans l'IAFIS et j'ai pu identifier la personne.

– Qu'est-ce que l'IAFIS ?

– Un système automatisé d'identification grâce aux empreintes digitales tenu par le FBI [Integrated Automated Fingerprints Identification System]. Il contient également les antécédents criminels.

– Vous avez pu identifier la personne ?

– Oui. C'était une jeune fille de 17 ans, de Las Vegas. Elle avait été arrêtée quatre fois pour prostitution. Elle disparut il y a trois ans, c'est sa colocataire qui signala sa disparition. Elle déclara que la dernière fois qu'elle l'avait vue, elle montait dans une Cadillac avec un type

étrange. Elle n'avait aucun parent vivant connu. La police soupçon-
nait qu'elle avait quitté l'État ou avait été victime d'un acte criminel.

– Il y avait une photo ?

– Oui, et c'était la même fille.

– D'après vous, que faisaient-ils avec les humains ?

– Je n'en ai aucune idée, mais je ne m'attends pas à ce que leur
avenir soit prometteur. Ils sont probablement utilisés pour des
expériences, parce que la pièce dans laquelle j'étais avait plusieurs
machines étranges ressemblant à des appareils hospitaliers. Ils ont
apparemment trouvé une façon de les mettre dans un état de transe
afin de les garder en vie.

– Comment avez-vous vécu cette expérience, après coup ?

– Personnellement, cela fut dévastateur. Je n'arrive pas à oublier cette
jeune femme. Elle ne mérite pas ça. Je ne peux rien y faire. Je ne
pouvais pas la signaler. Et le pire, c'est que je ne pouvais pas avertir
les autres jeunes que je croisais. Surtout ceux qui n'ont personne se
souciant d'eux.

– C'est pour cela que vous avez quitté le BIA ?

– Je pensais à elle jour et nuit. J'ai quitté le BIA pour ne pas être
affecté dans des régions isolées du pays. Je suis resté près de chez
moi. Je voulais m'assurer que ma famille était en sécurité, mais, en
même temps, je savais que s'ils voulaient mes filles, ils pourraient les
prendre et je n'aurais aucun moyen de les arrêter.


*Je n'ai pas revu Julian depuis notre entretien pendant ce week-end
enneigé, lors duquel il me parla d'autres rencontres avec des êtres
des étoiles au Nouveau-Mexique, dans le Montana, l'Utah, le Dakota
du Sud, le Mississippi, l'Oklahoma et en Caroline du Nord. Il estimait
néanmoins que celle-ci était la plus importante. Il voulait la partager
comme un avertissement aux adolescents et aux jeunes adultes.
Comme promis, je l'ai publiée. J'espère, si vous la lisez, que vous
tiendrez compte de son avertissement et garderez vos enfants près
de vous.*

# 4. L'histoire d'Annie : le retour des voleurs d'ombre

*Annie était membre de l'équipe de sécurité intérieure (HST – Home-land Security Team) de la réserve. Au départ, elle avait reçu une formation de policière, mais lorsqu'elle eut l'occasion de se joindre à la HST, elle accepta immédiatement le poste. À 26 ans, diplômée d'université, elle espérait qu'il la mènerait à une évolution qu'elle jugeait peu probable dans la police. La HST répond à divers événements et situations d'urgence dans la réserve, comme le trafic de drogue, les étrangers en situation illégale et le renfort pour les services de police quand ils sont débordés. Un soir, elle reçut un appel d'une femme extrêmement agitée, déclarant que des étrangers étaient sur sa propriété. Annie et son partenaire Eric répondirent à l'appel et se trouvèrent face à une situation peu commune.*

Je rejoins Annie dans un bureau hors service de la défense civile sur la réserve. Il avait été mis en place dans les années 1950 et n'avait pas été utilisé depuis, semblait-il. Sur les encouragements du chef de la tribu, elle prit l'initiative de libérer l'espace pour installer le quartier général de la HST. Lorsque j'entre dans le bâtiment, je l'appelle et elle me répond depuis l'arrière. Je suis sa voix et la trouve en train de placer trois chaises autour d'une table.

– Je vous présente mon partenaire, Eric, dit-elle en entrant dans la pièce. Je l'ai invité à se joindre à nous, car il a été témoin de l'événement. Si j'oublie quoi que ce soit, il pourra compléter mon récit.

J'acquiesce et attrape le dictaphone dans mon sac. Eric prend des boissons au distributeur dans le couloir et les place sur la table. Ils sont tous les deux assis face à moi.

– Eric, as-tu fermé la porte à clé ?, demande Annie. Il se lève pour vérifier. Je ne veux pas que quelqu'un nous surprenne, explique-t-elle.

J'acquiesce de nouveau. Annie est d'une beauté saisissante : ses longs cheveux noirs, noués en chignon à l'arrière de la tête, révèlent sa peau impeccable et ses yeux noirs. Elle semble plutôt petite pour son poste, mais son partenaire paraît tout à fait capable de gérer pour deux. Il est aussi séduisant qu'elle. Diplômé d'une prestigieuse école d'ingénieurs, il se trouve dans une situation similaire : dans l'impossibilité de trouver un emploi dans son domaine, il est retourné à la maison pour vivre avec sa mère et a accepté le premier poste disponible. En conséquence, ces deux diplômés d'université se retrouvent à la HST.

– Annie, vous m'avez dit qu'Eric et vous avez vécu une expérience extraordinaire, une nuit où vous avez reçu un appel d'urgence. Pourriez-vous m'en parler ?

– La soirée avait été calme, commence-t-elle. J'étais à la maison dans mon lit quand, vers 3 h du matin, j'ai reçu l'appel d'une femme parce que des étrangers étaient sur sa propriété. Elle m'a dit avoir appelé la police, mais ils n'avaient aucun agent disponible pour venir sur les lieux. Elle avait peur et avait besoin d'aide. Ils lui ont alors recommandé de m'appeler. Après avoir reçu son appel à l'aide, j'ai prévenu Eric et, une demi-heure plus tard, nous étions sur le chemin de l'extrémité est de la réserve. Cette femme vivait à une trentaine de kilomètres à l'extérieur de la ville. Eric mit le gyrophare et nous nous sommes rapidement dirigés vers les lieux. Nous nous attendions à des immigrants illégaux du Mexique ou d'Amérique centrale. Leurs cartels opéraient à la fois à l'intérieur et à l'extérieur de la réserve, et les résidents en avaient très peur.

– Avez-vous remarqué quelque chose d'inhabituel à votre arrivée ?

– Plus nous approchions de son domicile, plus le ciel semblait étrange. Nous voyions des lumières clignotantes, des boules de lumière et, occasionnellement, des éclairs émis par un nuage. Il n'y avait pas de tempête en vue. C'était une atmosphère tellement étrange.

– Vous étiez à quelle distance de sa maison ?

– Je dirais peut-être à 3 km. Annie regarde Eric, qui confirme.

– Quand vous êtes entrés dans l'allée, qu'avez-vous vu ?

– Rien. La maison était sombre. Nous avons vérifié nos armes, saisi nos lampes torche et nous sommes dirigés vers la maison, en appelant la femme ayant téléphoné. Personne ne nous a répondu.

– Qu'avez-vous décidé de faire ?

– D'inspecter les lieux. Je suis allée à gauche, Eric à droite, et nous avons couvert le périmètre. À chaque pas, nous appelions l'occupante. Lorsque nous sommes arrivés à l'arrière de la maison, nous avons distingué deux silhouettes géantes se tenant à environ 5 m. Au-delà d'eux, se trouvait une zone éclairée. Alors que mes yeux s'ajustaient à l'étrange lumière, j'ai remarqué un véhicule circulaire perché sur la falaise, à une cinquantaine de mètres.

– Eric, quelle fut votre impression quant à ce que vous avez vu ?

– J'ai vu exactement ce qu'Annie décrit, dit-il. Je lui ai chuchoté de reculer, mais, avant que nous ayons pu bouger, les deux créatures se sont approchées et nous ont pris par le bras, puis nous ont fait marcher vers l'engin spatial.

– Donc, à ce moment-là, vous saviez qu'il s'agissait d'un vaisseau spatial ?

– Absolument. Cela ne faisait aucun doute, répond Eric. Je dois admettre que j'étais mort de peur, mais j'ai dit à Annie de rester calme et que nous nous en sortirions d'une façon ou d'une autre. Je ne savais tout simplement pas comment.

– Annie, à quoi pensiez-vous à ce moment-là ?

– J'étais au bord de l'évanouissement. L'impact de ce que j'étais en train de voir était trop lourd pour moi. Je n'avais jamais cru aux ovnis. Bien sûr, j'avais entendu les légendes du peuple des étoiles, mais, pour moi, ce n'était que des histoires. J'avais même regardé des films sur les extraterrestres, mais jamais dans mes rêves les plus fous je n'avais imaginé rencontrer des êtres d'un autre monde.

– Que vous est-il arrivé une fois à bord du vaisseau ?

– On nous a emmenés dans une pièce où il y avait une dizaine d'autres personnes, poursuit Eric. J'ai reconnu trois d'entre eux, des gars que j'avais connus en grandissant.

– Moi aussi, dit Annie. J'ai vu une fille du lycée et une autre qui venait régulièrement à la réserve rendre visite à des parents. Je ne connaissais pas les autres, mais c'est une grande réserve, donc ils étaient probablement originaires d'ici. J'ai avancé jusqu'à Cheyenne, la fille du lycée, et j'ai essayé de lui parler, mais c'est comme si elle ne me voyait pas. Je pense qu'elle était hypnotisée.

– Pareil pour moi. J'ai essayé de parler avec les gars que je connaissais, mais ils n'avaient pas conscience de ma présence.

– Tout le monde semblait hypnotisé, dit Annie, et je commençais à paniquer, quand Eric suggéra de faire semblant d'être hypnotisés aussi.

– Vous l'avez fait ?

– Oui, dit Annie. Je regardais ce qui se passait tout en essayant de contrôler mes émotions.

– Vous avez réussi à tromper vos ravisseurs ?

– Oui, dit Eric. S'il y a une chose pour laquelle les Autochtones sont doués, c'est bien la patience. J'ai simplement fait semblant d'attendre qu'un médecin me reçoive à la clinique. Vous savez qu'il faut des heures avant de voir quelqu'un. La patience est notre première leçon dans la vie. Eric rit. Un bon exemple de médecine sociale, ajoute-t-il.

– Avez-vous réussi à voir vos ravisseurs ?

– C'était quasiment impossible, dit Annie. Les pièces n'étaient pas bien éclairées. Il était difficile de distinguer leurs traits. Ils portaient d'étranges lunettes, qui semblaient avoir des ordinateurs intégrés au-dessus de leurs yeux. Parfois, je les entendais fonctionner.

– Comment ça ?

– Vous savez, comme si leurs lunettes traitaient des données. Elles émettaient une sorte de son.

– Pouvez-vous le décrire ?

– Non. Il faut l'entendre. Je l'avais déjà entendu à l'université dans la salle informatique réservée au traitement des données.

– Combien mesuraient les créatures qui vous ont capturés ?

– Il y avait ceux qui nous ont emmenés à bord, dit Eric. Ils étaient très grands, peut-être 2,50 m. Je les appelais « les soldats ». Il y en avait des petits avec des grands yeux, peut-être 1,20 m de haut. Ce sont eux qui nous examinaient. Et nous avons vu des grands qui étaient plus humains, mais ils n'ont pas interagi avec nous. Je pense que c'étaient les patrons. Je me demandais s'ils vivaient tous sur la même planète et, si oui, comment ils s'entendaient.

– Ils vous ont examinés ?

– Ils ont prélevé des échantillons de sang, de peau, d'ongles et de cheveux, dit Annie. Ils ont attaché une machine à notre cerveau.

– Comment ont-ils fait ?

– Je ne devrais peut-être pas dire *cerveau*, corrige Annie, car ils nous ont mis une espèce de casque, tel un casque de plongée sous-marine, qui était relié par des câbles. Quand ils l'ont allumé, j'ai cru qu'ils allaient me tuer. J'ai senti une sensation étrange secouer tout mon corps, comme si j'étais électrifiée. Je focalisais ma pensée sur Eric et le jour où nous nous sommes rencontrés au camp d'entraînement.

– Pourquoi avez-vous fait ça ?

– Avant qu'ils nous emmènent, Eric m'a dit de penser à lui si j'avais peur. J'ai donc pensé à lui. Au début, une seule des petites créatures aux grands yeux me regardait, et puis quatre autres sont venus et m'ont entourée. Je les ai entendus faire des sons entre eux. Ils n'arrêtaient pas de me regarder, comme s'ils ne comprenaient pas ce qui se passait. Je me concentrais sur Eric, simplement. Puis, l'un d'eux s'est tourné vers le soldat. Il m'a sortie de la machine. Un des petits êtres m'a regardée et j'ai compris que mon esprit ne valait rien pour eux.

– La même chose m'est arrivée, ajoute Eric, et ils m'ont libéré aussi. Je pense que notre concentration l'un sur l'autre ne leur a pas permis de rendre notre cerveau malléable pour que nous devenions dociles. Cela les a plutôt décontenancés, y compris leurs machines, et ils nous ont laissé partir. L'instant d'après, nous étions de retour à l'extérieur de la ferme. Nous avons vu le vaisseau monter dans les airs et disparaître. Puis une femme s'est avancée vers nous. C'est elle qui avait passé l'appel d'urgence. Elle s'est excusée d'avoir appelé. Elle a dit qu'elle avait eu peur quand elle a vu des silhouettes étranges, mais qu'elle croyait maintenant que c'était le fruit de son imagination.

– Vous pensez qu'ils ont manipulé son esprit ?

– Je pense que c'était évident, dit Annie. Elle faisait partie des personnes que j'ai vues dans la salle de détention du vaisseau.

– Vous lui avez révélé que vous aviez vu un ovni ?

Les deux secouent la tête.

– Sur le chemin du retour au quartier général, reprend Annie, nous avons décidé de ne pas déposer de rapport. Cette expérience n'appartenait qu'à nous. Mais ensuite, nous y avons réfléchi. Et si notre stratégie consistant à penser à quelque chose ou à quelqu'un d'autre interférait avec leurs machines pour les empêcher de nous voler nos esprits ?

– Vous pensez que c'est ce qu'ils faisaient ?

– Absolument. Ils nous volaient nos esprits, nos souvenirs et nos âmes. C'était la seule explication. Je pense que c'est pour cela qu'on voit tant de gens errer sur la planète sans conscience ni boussole morale : ils ont perdu leur âme.

– Quand j'étais enfant, poursuit Eric, mon grand-père avait l'habitude de me raconter les anciennes légendes sur les voleurs d'ombres. C'étaient des créatures qui vous manipulaient seulement pour prendre vos souvenirs et votre âme. On ne les a pas vus depuis longtemps. Ces voyageurs des étoiles sont peut-être les voleurs d'ombres, et ils sont de retour.

– Parlez-moi davantage des voleurs d'ombres.

– Ce sont des créatures qui aspiraient l'âme des gens, explique Eric. Elles étaient souvent associées à des cavernes. Des lumières mystérieuses annonçaient toujours leur arrivée. Quand les gens les voyaient, ils se cachaient. Si vous étiez pris, les voleurs d'ombres prenaient vos souvenirs et votre âme, et vous déambuliez sans aucune boussole morale. C'était un triste état, et les familles veillaient constamment sur ceux qui perdaient leur âme. Je pense que ces créatures avaient l'intention de voler notre âme.

– Maintenant que vous les avez rencontrés, quel impact cela a-t-il eu sur vous ?

– Pour moi, dit Annie, je suppose que je sais maintenant que la vie existe au-delà de la Terre et que c'est important. Je n'ai pas besoin qu'un gouvernement me dise le contraire. De plus, lorsque ces soldats géants m'ont attrapée par le cou, ils ont laissé des marques, j'ai encore des bleus. Elle se retourne et me montre quatre bleus violacés sous forme d'empreintes digitales, le pouce en moins.

– Les soldats n'avaient que quatre doigts aux mains ?

– Je ne sais pas, répond-elle. Dans la pièce, ils avaient les mains derrière le dos, comme s'ils se tenaient au garde-à-vous, tels des militaires.

– Qu'en est-il de vous, Eric ? Vous avez des bleus ?

– Non. Je pense qu'Annie a trop lutté, et ils lui ont serré le cou plus fort.

– Je crains que les bleus ne disparaissent jamais. Cela fait des mois et ils ne se sont toujours pas estompés !

– Vous avez été malade à la suite de ces marques ?

– Non. Je suis allée à l'hôpital, et l'infirmière m'a dit que cela ressemblait à des suçons. Je n'ai jamais pu voir de médecin.

– Ça vous fait mal ?

– Non, mais c'est moche et je ne peux pas relever mes cheveux sans porter un foulard. Les gens les verraient, et pour rien au monde je ne voudrais qu'ils pensent que ce sont des suçons. J'entends encore cette infirmière ricaner.

Eric la regarde, serre sa main et sourit.

– Eric, quelle a été l'incidence de cette rencontre sur votre vie ?

– Je n'accepterai plus jamais un appel à l'aide signalant des étrangers, à moins de demander d'abord si ce sont des étrangers illégaux de l'espèce humaine ou d'un autre monde, déclare Eric en souriant. Et je vais certainement avertir les aînés que les voleurs d'ombres sont de retour.

*Je vois Annie et Eric occasionnellement. Ils travaillent toujours pour la HST, même si Annie a été promue à la direction. Eric est toujours sur le terrain et sa partenaire lui manque. Dernièrement, j'ai entendu une rumeur de mariage imminent et j'attends l'invitation.*

## 5. L'histoire de Maone : notre espoir est dans les traditions

*Un de mes anciens élèves, entraîneur en chef de l'équipe de basketball d'un lycée d'une réserve, me demanda de rester un vendredi soir pour assister à un match. Je ne savais pas que la raison en était la « Soirée de reconnaissance ». Autrement dit, à la mi-temps, les élèves-athlètes et les entraîneurs expriment leur reconnaissance envers la personne la plus influente dans leur vie en dehors de leur famille. Lorsque l'entraîneur en chef annonça son choix, il appela mon nom. En écoutant son discours et la façon dont j'avais influencé sa vie, je fus surprise qu'il ajoute que j'étais connue comme Madame Ovnis, et que si quelqu'un avait une histoire à ce sujet, il fallait me contacter. Après cet honneur, je montai en haut des gradins, les bras chargés de cadeaux offerts par sa famille, des couvertures, des mocassins et des bijoux. Maone s'approcha de moi, se présenta et proposa de m'aider à les porter. Quand je m'assis, il les déposa sur le gradin devant moi, et me dit qu'il avait une histoire à raconter. Je lui rendis visite à son ranch familial le lendemain.*

Maone est issu d'une famille très traditionnelle, qui soutient la préservation de l'héritage, notamment en adhérant à la culture autochtone, en parlant la langue autochtone à la maison et en pratiquant la religion autochtone. Il appartient au clan des loups de sa tribu, d'où le nom *Maone*, qui signifie *Loup rouge*. Bien bâti au niveau du haut du corps, il porte une boucle de ceinture en or, indiquant qu'il est champion de rodéo. Bien qu'il ne mesure pas plus de 1,75 m, c'est un géant qui s'épanouit dans sa capacité à enseigner l'histoire ancestrale à la jeune génération.

– J'ai entendu parler de votre travail auprès des jeunes en difficulté, dis-je en marchant vers l'ombre d'un énorme saule dans le ranch de sa famille. C'est bien, ce que vous faites.

– Avant de commencer, je tiens à préciser une chose : il y a une différence entre le peuple des étoiles de l'époque de mon grand-père et les visiteurs des étoiles que j'ai rencontrés. Je vous demanderai de bien vouloir en tenir compte.

– Merci pour cette précision.

– Je crois que les jeunes doivent savoir d'où ils viennent. Sans ça, on ne sait pas où l'on va ni où l'on a été.

Je le regarde placer une couverture sur le sol et m'inviter à m'asseoir. C'est un homme doux qui parle doucement, hésitant souvent, comme s'il choisissait ses mots de façon réfléchie.

– Vous m'avez dit que vous aviez une histoire à raconter. Cela vous dérange si je l'enregistre ?

– Pas du tout. Tout le monde devrait connaître la vérité sur les visiteurs des étoiles.

– Quand avez-vous fait votre première rencontre hors du commun ?

– C'est arrivé au fil des ans, depuis mon adolescence. J'ai été exposé à beaucoup de choses, bien trop avancées pour un homme comme moi. Je suis un homme banal, mais les visiteurs des étoiles ont partagé beaucoup de choses. Je pense que c'est à cause de mon éducation traditionnelle. Je crois qu'ils aimeraient changer ma détermination, en d'autres termes me briser ou me soumettre.

– Pouvez-vous me préciser l'un des moyens employés ?

– J'ai été témoin de la technologie la plus avancée qu'il soit possible d'envisager. Je les ai vu l'utiliser pour interagir avec l'esprit et le corps ; et les résultats de leurs expérimentations vont bien au-delà de ce que les humains peuvent imaginer. Je les ai vu prendre un corps humain et le rendre à moitié machine et à moitié humain, puis le contrôler de manière à ce que la personne obéisse à n'importe quel ordre.

– Je ne comprends pas.

– Les visiteurs des étoiles utilisent le contrôle mental et l'extraction d'énergie pour contrôler les humains qu'ils capturent. De mon point de vue, cela présente des implications spirituelles extrêmes. Ce ne sont pas des êtres spirituels, et ils montrent leur pouvoir en détruisant la spiritualité. Que vous soyez spirituel ou non, vous devez croire en quelque chose. Je crois au Grand Mystère, à Dieu, au Grand Esprit. Je ne me laisserai pas intimider à abandonner ma religion ni à effacer ma croyance en une vie future. Je tiens fermement à mes croyances. Les visiteurs des étoiles n'ont aucune croyance, donc aucune conscience.

– Pourquoi dites-vous qu'ils n'ont aucune croyance ?

– Dans leur monde, ils ont effacé les émotions et l'individualité. Ils sont tous semblables et répondent comme une unité. Ils ne parlent plus oralement. Ils lisent leurs pensées mutuelles et n'ont aucun libre arbitre.

– Vous avez souligné qu'ils employaient des techniques de contrôle mental. Pourriez-vous m'en dire davantage ?

– Comme je l'ai dit, ils contrôlent leur population par le contrôle mental. Tout le monde pense la même chose.

– Qu'est-ce que *l'extraction d'énergie* ?

– Ils capturent des êtres pour voler leur énergie. Nous avons tous la capacité de pouvoir tout contrôler autour de nous, mais les humains n'utilisent plus cette énergie depuis des siècles et, quand ils le font, c'est souvent maladroit. Les visiteurs des étoiles ont des machines qui captent cette énergie et transforment les humains en personnes irréfléchies obéissant à n'importe quoi. Ils peuvent nous faire oublier tous les enseignements de nos parents et grands-parents, et suivre un leader avec une notion bizarre du bien et du mal. C'est la base du radicalisme, c'est-à-dire jeter l'ancien et instaurer une nouvelle façon de faire, même si cela ne correspond pas à ce que nous avons appris pendant notre enfance.

– Vous êtes en train de dire que grâce à l'extraction d'énergie, ils changent la nature des gens, leur personnalité ?

– Oui. Une fois qu'ils ont terminé l'extraction d'énergie, ces individus sont sujets à des manipulations qui les amènent à agir de manière choquante. Les émeutes, les tueries en série, la torture, le trafic d'êtres humains... Ces événements sont devenus monnaie courante dans le monde. Nous perdons notre humanité, et ce sont les extraterrestres qui nous l'ont imposé, avec l'aide d'individus assoiffés de pouvoir travaillant en association avec eux.

– Vous parlez des politiciens, des employés du gouvernement ?

– Certains sont des politiciens. Beaucoup sont les plus riches de la société. Ils ont donné leur âme en échange de leur richesse. Ils coopèrent avec l'ennemi.

– Et qu'en est-il de quelqu'un comme vous ?

– Ils ne m'ont pas touché. Je sais fermement qui je suis. Je sais d'où je viens et où est ma place. C'est pour cela que j'enseigne ces choses-là aux jeunes. C'est la seule façon de les protéger. Même s'ils vous capturent et essaient de faire leurs expériences impies, ils ne peuvent pas changer une personne qui connaît sa personnalité et son individualité.

– Pouvez-vous décrire les visiteurs des étoiles ?

– Ils ressemblent à des lézards. Leur faciès est long, avec un museau tel un lézard ou un serpent. Ils ont une longue langue qui peut sortir de la bouche comme un lézard. Je les ai vus éjecter une sorte de venin de leur museau pour paralyser et tuer un ennemi. Ce sont des créatures effrayantes. Ils terrorisent ceux qu'ils capturent. Je fais partie des chanceux. Ils ont trouvé que ma détermination était quelque chose qu'ils rencontraient rarement.

– Alors, d'après vous, que veulent-ils ?

– Je pense qu'ils comptent un jour contrôler la Terre. Ils le font déjà, progressivement. Nous ne sommes pas seuls dans l'Univers, et il y a des forces à l'œuvre que nous ne comprenons pas et nous en sommes très loin. Je crois que les gens du gouvernement sont au courant, mais ils mentent à la population depuis tellement longtemps qu'ils n'arrivent pas à trouver un moyen de dire la vérité.

– Pensez-vous que le gouvernement dira un jour la vérité ?

– Si elle est révélée, et quand elle le sera, cela changera la façon dont nous nous voyons, à la fois religieusement et psychiquement. Les humains subiront une telle transformation que nous ne serons plus humains, plus l'humain que vous et moi connaissons.

– Dans cette optique, que pensez-vous de cette ère technologique, de l'ère spatiale, pour ainsi dire ?

– Je pense que c'est bon et mauvais. J'utilise internet pour suivre les nouvelles des tribus autochtones dans toutes les Amériques. Ce qui se passe en Amérique du Sud ou au Canada nous touche tous, les Autochtones. Nous faisons tous face au même ennemi.

– Vous utilisez les courriels ou Twitter ?

– Pas de réseaux sociaux, mais un courriel occasionnel.

– Avez-vous déjà raconté vos histoires sur les ovnis à quelqu'un ?

– Non, seulement à vous. Je pense que la vérité sur ce qui se passe serait trop difficile à comprendre pour la plupart des gens. Je pense qu'ils me prendraient pour un fou, mais je ne le suis pas.

– Pourquoi moi ?

– En tant qu'Autochtones, nous devons conserver ce que nous sommes. Nous transmettons la Voie rouge[10] à nos enfants. C'est notre seul espoir. Vos livres touchent plus de gens que je ne peux espérer en toucher et peut-être que certains prendront mes mots à cœur.

*Je n'ai revu Maone qu'une seule fois depuis notre entretien. Le nombre d'étudiants qui apprennent les traditions a doublé au cours de cette période. Il croit fermement que la transmission de notre héritage permettra de garder notre peuple en vie pendant de nombreuses générations. Je pense qu'il a raison.*

---

10. NdÉ : Ensemble des croyances, traditions et valeurs transmises par les peuples autochtones.

## 6. L'histoire de Tennesy : les voleurs d'âmes

*Tennesy me contacta par courriel et demanda à me rencontrer si un jour je passais dans l'est. Je répondis à son invitation lors d'une réunion de famille. Nous convînmes de nous rencontrer sur une aire d'autoroute. Lorsque j'arrivai, il me reconnut grâce à ma photo et m'accueillit à une table à l'arrière d'un grand restaurant routier. Tennesy, qui signifie* Guerrier redoutable *dans la langue tsalagi (cherokee), porte bien son nom. Nous commandâmes notre déjeuner et il commença son histoire.*

– Les aliens que j'ai rencontrés ressemblaient plus à des reptiles qu'à des humains, même s'ils avaient certaines qualités humaines.

– Il serait peut-être préférable de me dire comment vous avez rencontré ces hommes reptiles.

– Bien sûr. Il s'arrête et prend une gorgée de son café. Je m'emballe et j'oublie que vous ne connaissez pas les circonstances de l'événement.

– Commencez par le début. Au fait, j'espère que cela ne vous dérange pas si j'enregistre votre histoire.

– Cela ne me dérange pas. Il me regarde placer le dictaphone au milieu de la table. J'habite dans les montagnes, pas très loin d'ici. J'adore les montagnes. Quand j'étais enfant, j'arpentais le moindre centimètre des collines derrière la maison avec mon père, qui était Cherokee. Il connaissait les montagnes comme sa poche. Il connaissait aussi les plantes médicinales, les plantes comestibles qui poussent au printemps et celles qui nourrissent et guérissent à l'automne. C'était mon professeur. Maintenant, je déambule seul dans ces montagnes et je ramasse ces plantes. Mon père est décédé l'an dernier, mais je sais qu'il se promène toujours avec moi.

– Je suis désolé pour votre père, mais il semble que vous ayez beaucoup de bons souvenirs de lui. Il hoche la tête. Est-ce dans les montagnes derrière votre maison que vous avez rencontré le peuple des étoiles ?

– Si ce sont les hommes reptiles que vous appelez *peuple des étoiles*, alors oui, mais je ne les considère pas comme le peuple des étoiles de nos aînés. C'est une race différente, pas humaine. Il s'arrête et regarde vers la chaîne de montagnes au loin. Il y a un canyon à l'arrière de notre maison. La gorge est très profonde et difficile à parcourir à pied. Je ne suis descendu au fond de la vallée qu'une seule fois par mes propres moyens.

– Vos propres moyens ?

– À pied. C'est difficile de revenir du canyon. Même si je suis en assez bonne forme, c'est vraiment dur.

Je regarde cet homme assis en face de moi : sa carrure musclée et ses mains rugueuses suggèrent un homme travaillant dur pour gagner sa vie. Ses cheveux noirs, avec une raie au milieu, tombent sur ses épaules et soulignent son visage fort, carré et bronzé. D'après nos courriels, je sais qu'il travaille dans la construction.

– Donc, si vous n'êtes allé dans le canyon qu'une seule fois par vos propres moyens, vous y êtes allé par d'autres moyens ?

– Plusieurs fois. La région est fortement boisée. La vallée est fermée au public, et des permis spéciaux sont requis pour y entrer en raison du danger. Pendant des années, mon peuple a entendu des sons inhabituels venant de dessous la terre. Il y a des légendes à ce sujet dans la région, mais il y a un endroit où des lumières brillantes ont été aperçues. La seule façon d'y accéder est à pied, mais peu s'y sont aventurés.

– Vous y êtes allé ?

Il sourit, finit sa tasse de café et fait signe à la serveuse d'en apporter davantage.

– Oui. C'est là que j'ai rencontré les hommes reptiles. J'avais décidé d'examiner les lumières que j'avais vues la veille. Je voulais savoir ce qui se passait. J'avais 13 ans à l'époque. Il fait une pause et mord dans son sandwich. Lorsque je suis arrivé au fond de la gorge, j'ai découvert un long vaisseau argenté en forme de crayon, près d'une chute d'eau. Derrière la chute d'eau, il y avait une grotte cachée. Une fois que j'ai repéré le vaisseau, je l'ai approché prudemment.

– Il y avait des signes de vie ?

– Pas au début. Une fois que j'ai été assez près du vaisseau pour le toucher, j'ai tendu la main et il a disparu sous mes yeux.

– Comment ça, *disparu* ?

– Disparu. Je l'ai touché, et il a instantanément disparu. C'est là que j'ai vu les grands reptiles. Je ne peux pas expliquer à quel point j'ai eu peur. Or, même à 13 ans, je n'étais pas du genre peureux. J'ai essayé de parler, mais rien ne sortait de ma bouche. J'ai essayé de reculer, mais mes jambes ne bougeaient pas et, d'un coup, je fus paralysé comme une statue de pierre. Je ne pouvais plus bouger et ils sont entrés dans ma tête.

– *Entrés dans votre tête* ?

– Je les entendais communiquer dans ma tête, mais je ne comprenais pas. Puis, l'un d'entre eux, je crois que c'était leur chef, m'a parlé en cherokee. Il m'a dit de ne pas avoir peur d'eux. Ils venaient d'un autre monde et s'étaient arrêtés pour se ravitailler et entretenir leur vaisseau. Il m'a dit que je ne me souviendrais pas les avoir vus, mais que si j'étais intéressé, ils me montreraient beaucoup de choses merveilleuses.

– Ils l'ont fait ?

– Sur une période de trois ans, ils m'ont montré beaucoup de choses.

– Avant de me les expliquer, pouvez-vous me décrire ces êtres ?

– Ils mesuraient environ 2,50 m. Leur visage était un croisement de serpent et de lézard. Ils avaient un museau en guise de nez. Ils portaient des gilets avec un insigne d'un serpent jaune. Aucun autre vêtement. Ils semblaient tous être du même sexe, même s'ils n'avaient pas d'organes sexuels visibles. Ils avaient d'énormes bras, très musclés, avec des mains à six doigts, ou plutôt des serres. Leurs jambes étaient également musclées. Ils avaient une drôle de façon d'avancer et de reculer, à l'aide d'un mouvement de poussée plutôt court et puissant qui semblait les propulser vers l'arrière et vers l'avant.

– Comment vous parlaient-ils ?

– Comme je l'ai dit, ils sont entrés dans ma tête. Ils m'ont emmené dans la grotte. C'était comme une grande coupole avec d'énormes stalagmites, et le vaisseau que j'avais touché à l'extérieur était là, à l'intérieur de cette immense coupole. Ils m'ont dit que la grotte était un tunnel vers l'Univers qui leur permettait de voyager dans de nombreux mondes.

– Ont-ils expliqué ce qu'ils entendaient par *voyager dans d'autres mondes* ?

– Ils n'avaient pas besoin de m'expliquer. Mon grand-père parlait d'un tunnel qui permettait aux anciens de voyager dans d'autres mondes et de contacter différentes races dans l'univers. Ces privilèges n'étaient accordés qu'aux devins ou aux anciens, mais ils établissaient régulièrement des contacts avant le début des temps.

– Vous ont-ils emmené dans le tunnel ?

– Oui. Plusieurs fois au cours des trois années suivantes.

– Pouvez-vous me parler de vos expériences ?

– Ils m'ont emmené dans d'autres mondes et m'ont montré des races et des cultures avancées. J'ai vu les hommes reptiles interagir avec des créatures humanoïdes et non humanoïdes. Partout où nous allions, il semblait que les hommes reptiles étaient les maîtres, et que les autres créatures leur étaient soumises. D'autres êtres semblaient effrayés et anxieux en leur présence, mais j'observais leurs interactions d'un point de vue humain et ce n'était peut-être pas du tout ce qui se passait. Pourtant, je les craignais. Je ne crois pas qu'ils soient sur Terre pour une mission humanitaire.

– Qu'est-ce qui vous fait dire ça ?

– Je les ai vu torturer des humains et des non-humains. Je les ai vu voler leur âme.

– Comment volent-ils les âmes ?

– Ils ont des machines qui prennent votre âme. Du moins, je pense que c'est ce qu'ils font. Une fois qu'une personne ou une créature est mise dans la machine, elle suit les ordres aveuglément. Elle n'a plus aucune volonté. C'est inquiétant.

– Avez-vous déjà été mis dans la machine ?

Il hoche la tête.

– Ça n'a pas marché sur moi.

– Vous savez pourquoi ?

Il secoue la tête.

– Tout ce que je sais, c'est qu'ils ont continué d'essayer, mais cela n'a fait qu'accroître ma détermination de ne pas leur permettre de prendre mon âme.

– Comment avez-vous fait ?

– Vous allez probablement trouver cela étrange. Quand ils me mettaient dans la machine, je récitais une ancienne prière que mon grand-père m'avait apprise pour surmonter la peur. Je la récitais, encore et encore. La machine ne fonctionnait pas. Je pense que les mots de mon grand-père étaient trop puissants pour eux. Je crois que c'est la clé. Ils n'ont aucune spiritualité, mais les humains, par nature, sont spirituels. Du moins, ceux d'entre nous qui connaissent les traditions.

– Pensez-vous que d'autres prières pourraient avoir le même effet ?

– Je ne sais pas. Je n'ai jamais essayé. Je m'en suis tenu à ce que je connaissais le mieux. La prière de mon grand-père est puissante. Elle vient des Anciens, d'avant le commencement des temps. Il l'a apprise de son grand-père, qui l'avait lui-même apprise de son grand-père. Elle a été transmise au fil des générations. Je vais m'en tenir à cette prière, c'est ce que je connais.

– Pouvez-vous me dire pourquoi vous m'avez contactée ?

– Je voulais que vous racontiez mon histoire car je crois que les hommes reptiles ont des intentions pour la Terre. Je pense qu'ils veulent asservir les humains. Si vous écrivez mon histoire, dites aux gens que, s'ils sont capturés, ils doivent réciter leur propre prière pour les empêcher de voler leur âme. Peut-être que si tout le monde le faisait, cela les découragerait. C'est pourquoi je vous raconte mon histoire. C'est peut-être la chose la plus importante que je ferai dans ma vie.

– Les hommes reptiles viennent-ils toujours vous voir ?

– Lorsque je suis entré dans l'armée pour essayer de m'éloigner d'eux, ils ont abandonné. Mais je sais qu'ils en capturent d'autres et qu'ils continuent leur projet de vol d'âme. Il faut les arrêter. Dites simplement à chaque individu de se rappeler de réciter sa prière la plus puissante s'il est capturé.

Je reste en contact avec Tennesy par courriel. Il travaille toujours dans la construction, bien qu'il ait une maîtrise de gestion. Quand il veut parler des « voleurs d'âmes », il m'appelle sur un téléphone à clapet, de peur que le gouvernement ne le localise. Il s'est récemment fiancé et prévoit de se marier au printemps prochain. J'ai promis d'assister à son mariage. À ce jour, les hommes reptiles ne sont pas revenus.

# 7. L'histoire de Rambo : une partie de pêche interrompue

*Rambo a planifié son week-end de pêche jusqu'au dernier détail. Il a préparé son sac et a prévu de partir le lendemain matin à l'aube, en moto. Vers 5 h du matin, il a vu une étoile se déplacer dans le ciel. Il l'a ignorée et a continué son voyage vers son coin de pêche préféré. Avec le recul, il a souvent pensé que s'il avait fait plus attention, il n'aurait pas été victime de créatures impies qui ont interrompu son week-end.*

Je rencontre Rambo chez sa mère. Lorsque j'arrive, il y a au moins une dizaine d'enfants jouant dans le jardin, à l'avant de la maison. Rambo apparait à la porte et crie aux enfants d'aller plus loin. Avant d'entrer dans la maison, je donne un sac de biscuits à la fille aînée.

– Ce sont les enfants de mes sœurs, explique Rambo. Elles sont allées faire des courses aujourd'hui et les ont déposés. Ils peuvent être parfois turbulents.

Je le suis dans la cuisine et je m'assieds à la table.

– Votre mère m'a invitée pour vous voir. Elle m'a dit que vous aviez fait une rencontre hors du commun il y a quelques mois, et je suis venue écouter votre histoire.

J'observe ce jeune de vingt et quelques années regarder dans le réfrigérateur. Avec ses longs cheveux jusqu'au milieu du dos, il aurait pu être au premier plan de l'affiche d'un groupe de *heavy metal* des années 80. Il s'arrête souvent et pousse ses cheveux derrière ses oreilles, révélant des boucles d'oreilles cloutées. Il porte un jean, des bottes de cow-boy et un t-shirt noir avec un crâne de buffle blanc. Des bracelets de cuir noir clouté ornent ses poignets, et un grand crucifix turquoise pend à une chaîne d'argent autour de son cou. Des tatouages de guerriers indiens célèbres couvrent chaque partie visible de son corps, sauf son visage.

– Que préférez-vous ? Nous avons des sodas et du café. Quand il revient à table avec deux tasses de café noir, il se détend et offre le sourire le plus engageant que j'aie vu depuis longtemps.

– Votre mère m'a dit que vous aviez fait une rencontre exceptionnelle lorsque vous êtes parti à la pêche. Seriez-vous prêt à m'en parler ?

– Que vous a-t-elle raconté exactement ?

– Seulement que vous avez rencontré des entités et que vous faites des cauchemars depuis.

– Ne parlez à personne des cauchemars, dit-il en riant. Cela pourrait ternir mon image machiste.

– Promis, je n'en parlerai pas, dis-je en plaçant le dictaphone sur la table. Vous pourriez peut-être commencer par me parler de vous.

– Je m'appelle John, mais tout le monde m'appelle Rambo.

Il s'arrête et contracte ses muscles. S'il a d'autres similitudes avec le Rambo des films, ce n'est pas encore évident.

– Pouvez-vous me dire ce qui s'est passé ce matin-là, lorsque vous êtes parti pour votre week-end de pêche ?

– J'ai démarré ma moto juste au moment où une lueur se profilait à l'horizon. Je voyageais vers l'est. Dans le ciel au loin, j'ai vu une étoile se déplacer. Je pensais que c'était un satellite. Puis je l'ai vu grossir en se dirigeant vers le sud. Je n'y ai plus pensé, parce que j'ai pris la direction du nord. Je m'en veux quand j'y repense. Si j'avais fait plus attention, j'aurais pu leur échapper ou, du moins, me cacher.

– Quelle distance avez-vous parcourue avant de revoir l'ovni ?

– Quand je l'ai revu, il ressemblait à la Lune. C'était une énorme boule de lumière. Alors que je la regardais avec incrédulité, j'ai observé quatre petites sphères en sortir, l'une d'elles se dirigeant droit sur moi. Réalisant ma situation, je suis sorti de la route avec ma moto et j'ai longé les quelques arbres qui bordaient le fleuve. Sous leur couvert, j'ai vu un objet planant au-dessus du fleuve d'environ 10 m de large.

– Que faisait le vaisseau ?

– Au début, j'ai pensé qu'il ne faisait qu'effleurer la rivière. Puis j'ai vu un tourbillon se créer sur mon coin de pêche, c'était comme une tornade aspirant l'eau de la rivière. J'ai regardé deux êtres, qui ressemblaient à de grands lézards, sauter dans l'eau une fois l'aspiration terminée. Ils se baignaient ou nageaient. Je ne suis pas sûr.

– Pouvez-vous les décrire ?

– Ils ressemblaient à de grands lézards, mais ils marchaient comme des hommes. Ils avaient des jambes et des bras énormes et un thorax gros comme un tonneau. Je me souviens avoir pensé que je ne voudrais pas me battre avec eux. Ils m'auraient assommé d'un seul revers de la main.

– Et leur visage ?

– Leur tête était arrondie dans le dos, me rappelant des images de grands singes que j'avais vues sur la chaîne *National Geographic*. Leur front était haut, mais le reste de leur visage était plat. Leur nez était plat aussi et leur bouche énorme. Ils ne semblaient pas avoir d'oreilles, mais je savais qu'ils pouvaient entendre : quand j'ai marché sur une brindille, ils se sont tous deux tournés dans ma direction. Au même moment, le vaisseau a commencé à se déplacer vers le haut, également vers où je me trouvais. J'ai essayé de démarrer ma moto, mais elle ne répondait plus. J'en suis descendu et j'ai commencé à courir. Lorsque le vaisseau est arrivé au-dessus de moi, j'ai senti sa puissance. Je ne pouvais plus bouger.

– Qu'ont fait les deux créatures extraterrestres ?

– Elles se sont approchées de moi, l'une à ma droite et l'autre à ma gauche, et nous avons commencé à monter vers le vaisseau.

– Comment vous sentiez-vous, à ce moment-là ?

– Pour une raison étrange, la peur que je ressentais avait disparu.

– Ont-ils tenté de communiquer avec vous ?

– Pas pendant que nous montions dans le vaisseau.

– Que s'est-il passé lorsque vous y êtes entré ?

– J'étais dans une grande salle avec un dôme. Je sentais mon corps à nouveau. Je pouvais marcher, mais les deux énormes créatures se tenaient à l'entrée. Je savais qu'ils n'allaient pas me laisser partir. Puis la porte s'est ouverte et une autre créature, identique aux deux premières, est entrée dans la pièce.

– Qu'a-t-elle fait ?

– Elle s'est approché de moi et m'a dit par la pensée que je n'avais rien à craindre. Elle m'a aussi fait savoir qu'il était inutile de résister.

Je me souviens ensuite d'avoir été placé à l'horizontale sur une table qui n'était pas là auparavant : en entrant dans la pièce, il n'y avait rien, mais, d'un coup, il y avait une table. J'ai regardé vers le haut, dans les yeux de cette créature, et j'ai senti une forte douleur dans le cou. J'ai eu le sentiment d'être transporté à un autre endroit du vaisseau. Je n'ai pas lutté, je n'avais pas le pouvoir de lutter, de toute façon.

Il s'arrête, finit sa tasse de café, puis s'avance jusqu'au comptoir et s'en verse une autre. Il regarde par la fenêtre et pointe sa mère du doigt. Je me lève et regarde à travers la vitre. Elle porte un panier rempli de tomates fraîches.

– Vous avez perdu connaissance ?

– Pendant un moment, oui. Je suis arrivé dans une pièce étrange, probablement un laboratoire. Je ne connaissais pas l'équipement, mais j'étais chez des extraterrestres. J'ai une connaissance limitée des laboratoires. Il y avait un laboratoire de chimie à l'université, mais j'ai abandonné le cours et j'avais peu d'expérience.

– Que faisaient-ils dans ce laboratoire ?

– J'ai senti une étrange brûlure dans le bras. Je l'ai regardée et j'ai réalisé qu'ils prenaient mon sang. J'ai essayé de me lever, mais je ne pouvais pas bouger. Je leur ai crié dessus, mais ils m'ont ignoré. J'ai abandonné et suis resté allongé en silence et, à un moment donné, je me suis évanoui de nouveau.

– Savez-vous combien de temps vous êtes resté dans le vaisseau ?

– Environ quatre heures.

– Comment en êtes-vous descendu ?

– Je ne sais pas. Tout ce dont je me souviens, c'est d'être assis sous un arbre près du fleuve. Je savais, par la position du Soleil, qu'il était environ midi. J'ai essayé de me tenir debout, mais j'étais trop faible. J'ai rampé jusqu'à ma moto, j'ai ouvert les sacoches et sorti une bouteille de Gatorade.[11] J'ai tout bu. J'ai vomi violemment. Après un certain temps, j'ai pris une autre bouteille et l'ai bue aussi. Celle-ci, je l'ai gardée. Après ça, je me suis endormi. Je me suis réveillé en fin d'après-midi et j'ai pu me tenir debout, même si j'étais chancelant. J'ai réussi à monter sur ma moto, elle a démarré du premier coup.

---

11. NdÉ : Une boisson énergétique.

– Bonjour, dit Molly en entrant dans la cuisine. Je vois que vous avez rencontré mon fils. Il est gentil. Il travaille et nous soutient. Il n'y a pas beaucoup de jeunes de 26 ans ici qui accepteraient ce poste.

Je regarde la réaction de Rambo : il semble embarrassé et fier en même temps.

– Quel genre de travail faites-vous ?

– Je suis technicien en informatique pour la tribu, dit-il.

– Il est trop modeste, dit Molly. Il dirige tout le système pour la tribu. Le système téléphonique, tous les systèmes internet du gouvernement tribal et des écoles. Sans lui, la tribu serait encore à l'âge de pierre.

Rambo sourit alors que sa mère va à l'évier pour laver les tomates et les poser sur du papier absorbant.

– Vous avez continué votre partie de pêche ?

– Non. Une fois que ma moto a démarré, je suis rentré à la maison. Elle était vide. J'avais des nausées et une douleur sévère dans l'estomac qui persistait. Ma mère n'était pas là. J'ai rampé dans mon lit et dormi pendant quatorze heures.

– Molly m'a dit que vous faites des cauchemars.

– Ils ont commencé peu après l'enlèvement. Je suis toujours à bord du vaisseau et ils expérimentent sur mon corps. Je les vois m'ouvrir le ventre, retirer mes entrailles, les examiner et les remettre. Ils semblent communiquer entre eux. Je me réveille couvert de sueur froide.

– D'après vous, pourquoi faites-vous de tels rêves ?

– La première fois, ça m'a fait peur, dit Molly. Je l'ai entendu crier. J'ai couru dans sa chambre, il était assis dans son lit, se tenant le ventre. Je l'ai secoué et il s'est finalement réveillé. J'ai eu peur et il a eu peur. Je suis allée dans la cuisine, j'ai fait du chocolat chaud et nous avons passé le reste de la nuit à parler de ses cauchemars et de son enlèvement. Elle s'approche de Rambo et lui tapote sur l'épaule.

– Mais ça s'est reproduit, dit Rambo. Le même rêve, à plusieurs reprises. Ça ne s'arrête jamais. Je ferme les yeux et les créatures sont là. Je n'arrive pas à les oublier.

– Eh bien, montre-lui, insiste Molly. Il se lève et s'avance vers moi.

Il soulève son t-shirt. Au milieu de son ventre, il y a une fine ligne blanche. Selon vous, c'est bien une cicatrice ?, demande-t-elle.

– Cela ne fait aucun doute. C'est une cicatrice.

– Je crois qu'ils m'ont opéré et m'ont enlevé les entrailles, dit Rambo, et, dans mes rêves, je le revis. Je veux juste que ça s'arrête.

– Vous faites des cauchemars toutes les nuits ?

Il hoche la tête.

– Je me demandais si vous pourriez passer la nuit ici, demande Molly d'une voix suppliante. Quand cela arrivera, vous pourrez peut-être parler avec Johnny ? Je sais qu'il peut surmonter cette épreuve. Je veux simplement que vous voyiez ce qui se passe et que vous essayiez de l'aider à comprendre. Ça lui gâche la vie.

Après le déjeuner, Rambo m'invite à rejoindre la famille pour une partie de softball. Même le plus jeune, qui a probablement 5 ans, participe. Ensuite, nous nous rafraîchissons et nous reposons à l'ombre d'un arbre, pendant que les enfants plongent à tour de rôle dans une piscine.

– Vous croyez que je peux m'en sortir ?, demande Rambo, tandis que nous regardons les enfants montrer leurs compétences en matière de natation.

– Je pense que l'esprit peut se guérir de manière spectaculaire. Cela prend parfois du temps, mais la première chose que vous devez faire est d'accepter ce qui vous est arrivé. C'est votre expérience. Vous devez accepter le fait que vous avez été enlevé par des êtres beaucoup plus intelligents que vous et moi, et qu'ils ont fait des expériences sur vous.

– Mais c'étaient des hommes lézards. Comment l'accepter ?

– C'est peut-être la première étape de la guérison. Nous sommes l'espèce dominante sur cette planète Terre, mais qui sait quelles espèces existent dans d'autres mondes ? Ils ont peut-être eu des millions d'années pour s'adapter et se développer. J'accepte le fait que les visiteurs, quelle que soit leur forme, soient plus intelligents que moi s'ils peuvent voyager dans l'espace et nous rendre visite.

– Cela ne vous dérange pas que ce soient des lézards ?

– Non. Vous n'êtes pas la première personne à les rencontrer. Vous ne serez pas la dernière, mais peut-être que raconter votre histoire aidera les autres.

– Mais ils ont irrémédiablement changé ma vie. Je ne vais plus à la pêche, je reste à la maison. Vous connaissez beaucoup de jeunes de 26 ans qui restent chez eux avec leur mère ?

– Pour être honnête, j'en connais pas mal, mais ne changez pas vos habitudes. Partez à la pêche. Les lézards ne reviendront probablement pas. Peu de gens m'ont parlé d'enlèvements répétés par des hommes lézards. Si vous ne voulez pas y aller seul, allez-y avec un ami. Faites ce premier pas vers le bien-être.

– C'est rassurant. Il rit et interpelle son neveu qui taquine l'un de ses plus jeunes frères.

Je passe la nuit avec Molly et Johnny Rambo. Vers minuit, il entre dans le salon, où Molly et moi regardons une rediffusion du vieux film *La nuit des morts-vivants*. Il s'assied entre nous et nous prend les mains à toutes les deux. Je ne me suis pas réveillé à cause du cauchemar, explique-t-il. Je me suis réveillé parce que je devais aller aux toilettes.

Nous rions tous les trois et regardons le personnage principal du film, qui se cachait dans le placard pour échapper aux zombies, mais qui est tué à la fin par des hommes du gouvernement.

– C'était bien la peine de survivre à une attaque de zombies, déclare Molly en éteignant la télévision.

– Ou à un enlèvement par des lézards, ajoute Rambo. Nous rions et allons nous coucher. Le reste de la nuit se déroule sans incident. Molly est convaincue que son fils est guéri par le simple fait de parler de son calvaire. Je suis plus sceptique.

Le lendemain matin, je lui demande de m'emmener pêcher. Au début, il est réticent, mais avec l'encouragement de sa mère et le mien, il cède. À 9 h, nous partons sur sa moto. Molly nous a préparé des sandwiches et des boissons fraîches. Alors que nous arrivons à l'endroit de son enlèvement, nous nous asseyons à l'ombre d'un énorme saule et il revit ces moments fatidiques une fois de plus. Au fil de la journée, il se détend et, avant le chemin du retour, nous avons tous les deux atteint notre quota de poissons. Nous rentrons à la maison en silence.

Lorsque nous arrivons sous le porche, Rambo se tourne vers moi et me dit :

– Je sais ce que vous avez fait aujourd'hui. Vous m'avez poussé à faire face à mes démons. Merci. Vous allez m'aider à nettoyer ces poissons maintenant ?, demande-t-il en souriant.


*Pendant les trois mois suivants, je parlais avec Rambo tous les soirs à minuit, peu importe où j'étais. À plusieurs reprises, il se réveilla avec le même cauchemar, mais, au fil du temps, les cauchemars furent moins fréquents. Il suivit mon conseil et, au lieu de les combattre, il commença à tenir un journal à leur sujet. Il est maintenant honoré par la tribu pour avoir activement participé à son entrée dans le XXI$^e$ siècle. Il m'a invitée à assister à la cérémonie. Je compte bien y être.*

# 8. L'histoire de Wiley : trois jours effacés parmi trois races extraterrestres

*Wiley, médecin autochtone américain de 34 ans, partit en week-end de chasse en solo. Bien qu'il se soit souvenu de son enlèvement, il ne savait pas être resté captif pendant trois jours. Ce n'est qu'à son retour en ville, trois jours plus tard, qu'il découvrit le jour et l'heure de sa disparition. Voici son histoire.*

Je rencontre Wiley à l'entrée de l'Indian Health Hospital. Nous nous dirigeons vers l'arrière de l'établissement et prenons place sur un banc, sous un énorme peuplier.

– Je travaille de nuit aux urgences de l'hôpital, commence Wiley. C'est un travail stressant et peu gratifiant. Si quelqu'un arrive aux urgences, c'est généralement un cas grave qui se termine parfois par un décès. Il arrive que je voie la même personne trois ou quatre fois par semaine en raison d'une surconsommation de drogue ou d'alcool. Alors, de temps en temps, j'ai besoin de m'éloigner de tout ça. C'est à ce moment-là que je vais chasser ou camper. C'est là que j'ai fait une rencontre hors du commun.

Wiley s'arrête et regarde vers l'entrée des urgences. C'est un petit homme avec une carrure fine. S'il a des muscles, ils sont bien cachés sous sa blouse de médecin et son jean. Je remarque un léger boitement tandis qu'il se dirige vers la cuisine. J'essaye de faire comme si je ne le voyais pas, mais en vain.

– Je suis né avec une malformation congénitale, explique Wiley. Les médecins ont dit à ma mère que je ne marcherais jamais, mais elle a trouvé un médecin qui pensait pouvoir m'aider. Ces deux-là n'ont jamais abandonné et, après vingt-six opérations, à l'âge de 9 ans, j'ai effectué mes premiers pas. J'ai été tellement impressionné par le personnel de l'hôpital et mon médecin que je savais que je voulais devenir médecin.

– Pouvez-vous me parler de votre week-end de chasse où vous avez fait votre rencontre hors du commun ?

– Chaque année depuis que je suis ici, je vais à la chasse. J'aime m'éloigner de tout. J'y vais toujours seul, ce qui n'est peut-être pas la chose la plus intelligente à faire, mais c'est ma manière de me préserver psychologiquement de toute la douleur que je croise tous les jours. Ma mère adoptive – je ne viens pas de cette réserve, alors c'est ma mère tant que je suis ici – adore la viande de chevreuil. Je loue une chambre à ma mère. Même si j'ai accès à la cuisine, elle prépare un gros repas avant que j'aille au travail et emballe les restes pour la soirée. L'arrangement fonctionne pour nous deux. J'apporte le chevreuil, elle cuisine pour moi.

– Où allez-vous chasser ?

– Ici, dans la réserve. Je suis arrivé il y a quatre ans, alors je connais assez bien les environs. Mon père m'a appris à me repérer dans les bois. Je peux rentrer chez moi facilement, donc je ne me soucie pas de me perdre.

– Pouvez-vous me parler de votre enlèvement ?

– Je campais pour la deuxième nuit lorsque ça s'est produit. Je venais de me coucher. Tout était sombre et, juste au moment où j'allais m'endormir, des lumières intenses ont illuminé le campement. Des lumières tellement fortes qu'on se serait cru à Las Vegas. Je me suis précipité hors de ma tente pour trouver la source de la lumière, mais j'ai été aveuglé par son intensité. En me protégeant les yeux, j'ai observé un énorme engin se poser tranquillement dans la prairie où je campais, à une trentaine de mètres.

– Qu'avez-vous ressenti à ce moment-là ?

– Au début, de la peur. J'ai d'abord pensé à courir, mais il faisait tellement noir que ce n'était pas une bonne idée. Alors, je me suis caché et j'ai décidé de regarder. Plusieurs êtres sont descendus du vaisseau. Je voulais les saluer, mais je savais que c'était aussi insensé que de m'enfuir. Ainsi, je suis resté caché tandis que je regardais les entités marcher autour du vaisseau. Ensuite, ils ont commencé à se disperser dans différentes directions. L'une d'elles avançait dans la mienne. Quand elle a été à environ 3 m de moi, je me suis levé et elle s'est arrêtée. Je savais qu'elle me regardait de haut en bas. Elle avait un avantage parce que tout ce que je distinguais était une silhouette contre les lumières du vaisseau, donc je ne pouvais pas voir ses traits. Après quelques secondes, l'entité a lancé un appel aigu et deux êtres énormes sont venus à ses côtés. Elle m'a pointé du doigt et ils m'ont attrapé par les bras.

– Avez-vous réagi d'une façon ou d'une autre ?

– J'ai essayé de parler, mais je n'ai pas pu prononcer un mot. J'ai dirigé ma lampe de poche vers son visage, et c'est alors que j'ai réalisé que la petite entité était du sexe féminin. Je n'ai pas eu l'occasion de voir les plus grosses créatures avant qu'elles ne m'attrapent.

– Lorsque vous avez orienté la lampe de poche dans sa direction, vous l'avez bien regardée ?

– L'être était à peu près de ma taille, environ 1,70 m. Elle portait un casque et un costume de couleur claire, comme de l'argent, du bleu clair ou du gris. Des cheveux de couleur claire tombaient sous son casque. Soudain, je me suis retrouvé à bord du vaisseau. Une fois à l'intérieur, je n'ai pas vu la femme, seulement les créatures qui se tenaient à côté de moi et quelques petits êtres avec des gros casques.

– Pouvez-vous les décrire ?

– Ils ressemblaient à d'énormes lézards, mais ils se déplaçaient debout, comme des hommes. Leur peau était brillante et lisse, à l'exception de leur tête, qui était volumineuse. Ils étaient bruns et verts. Une énorme queue trapue reposait sur le sol. Ils avaient une grande bouche, comme des lézards, qui continuait sur les côtés de leur visage. Les plus petits menaient les expériences, pas les lézards.

– Pouvez-vous décrire le vaisseau ?

– J'étais sidéré par la taille. J'étais à l'intérieur d'une entrée qui semblait aussi grande qu'un terrain de football. Il y avait d'énormes réservoirs au centre de la zone, aussi grands que les réservoirs d'eau d'une ville, mais transparents. Il y en avait six, avec une sorte de liquide à l'intérieur qui montait et descendait presque comme une lampe à lave. Au début, je pensais que c'était le stockage de l'eau, mais l'eau n'est pas si lourde. J'ai voulu m'en approcher, mais j'ai été tiré dans une autre direction par l'un des êtres. Je leur ai demandé des explications sur ces réservoirs. J'ai compris qu'ils avaient quelque chose à voir avec l'atmosphère, mais rien de plus. J'ai demandé plus d'information, mais personne ne m'a répondu.

– Combien de temps êtes-vous resté dans cette zone ?

– Pas assez longtemps. Il y avait d'autres machines mystérieuses, la plupart accrochées aux murs. Les murs étaient concaves et les machines avaient été construites pour fusionner en eux. Ça ressemblait à de gros ordinateurs, mais quand je leur ai demandé, j'ai compris que c'était lié au système de direction. Avant de pouvoir poser d'autres questions, j'ai été guidé hors de la salle et amené à un autre niveau. Je suis entré dans une petite salle où j'ai vu trois autres hommes. Deux semblaient totalement inconscients de ce qui se passait, mais le troisième, comme moi, était pleinement conscient de l'endroit où il se trouvait et, comme moi, n'avait aucune idée de comment il s'était retrouvé dans ce vaisseau. Il m'a dit qu'il s'appelait Frederick et était médecin ; je lui ai répondu que je l'étais aussi. Nous sommes convenu, si possible, de nous contacter si nous nous souvenions de cet événement et si nous étions libérés.

– Avez-vous été en contact avec lui depuis l'événement ? Wiley hoche la tête. Comment avez-vous pu communiquer ?

– Je l'ai retrouvé par internet.

– Vous l'avez vu depuis votre enlèvement ?

– Nous avons parlé pendant des heures au téléphone. Nous nous sommes rencontrés l'an dernier pendant les vacances de Noël. Fred vit à New York. Il m'y avait invité pour fêter le Nouvel An.

– Revenons à l'enlèvement. Vous souvenez-vous de ce qui vous est arrivé pendant que vous étiez à bord ?

– Fred et moi avons fait l'objet d'expériences où les ravisseurs nous ont informés qu'ils copiaient toutes nos connaissances. Quand je m'y suis opposé, ils m'ont fait savoir qu'ils pouvaient copier les informations sans douleur ou avec douleur. Je savais qu'ils étaient sérieux, alors j'ai essayé de résister physiquement, mais je ne suis pas courageux du tout. J'ai tenté de toutes mes forces de saboter ce qu'ils faisaient, mais ils semblaient satisfaits des informations qu'ils avaient obtenues.

– Comment avez-vous essayé de saboter ce qu'ils faisaient ?

– Par exemple, j'ai pensé au diabète et j'ai inséré des lignes du poème *Casey at the Bat*[12] dans ma tête. Je sais que ça a l'air fou, mais quand j'avais 13 ans, mon professeur d'anglais força toute la classe à mémoriser ce poème par cœur, et c'est la seule chose qui m'est venue à l'esprit. Mme Crookshank, notre professeure, nous avait expliqué qu'il était bon d'avoir un poème en tête pour pouvoir toujours le réciter et nous sentir mieux, si jamais nous avions peur ou nous sentions seuls.

– Qu'avez-vous ressenti à l'idée que les voyageurs des étoiles aient volé vos connaissances ?

– Une grande colère. Je ne sais pas si mes tentatives de sabotage ont fonctionné, mais je savais que j'étais en présence d'êtres se considérant supérieurs aux humains, et pourtant, ils prirent le temps de voler mon savoir. J'espère l'avoir corrompu. Comme je l'ai dit, j'ai répété le poème *Casey at the Bat* tout le temps où je fus dans le tube. Je sais que cela semble idiot, mais c'était la seule arme que j'avais et, comme l'avait dit Mme Crookshank, ça m'a aidé à avoir moins peur.

– Vous avez dit avoir été placé dans un tube. Pouvez-vous m'en dire davantage ?

– C'était un tube avec une machine entourant ma tête. C'est tout ce que je peux vous dire. Fred se souvient de la même chose, mais aucun de nous n'avait jamais rien vu de tel auparavant.

– Les plus petits hommes ont-ils enlevé leur casque à un moment donné ?

– Je ne suis pas sûr qu'ils portaient des casques. Leurs têtes étaient tout simplement plus grandes et plus rondes que les humains. Ils avaient des yeux très étranges. Même s'ils avaient une forme humaine et marchaient debout comme les humains, ils n'étaient pas humains. Je pense qu'il y avait trois espèces travaillant ensemble dans le vaisseau.

– Pouvez-vous expliciter ?

– D'abord, il y avait celle qui ressemblait à une humaine, ensuite les hommes lézards, et les petits hommes. Je pense qu'ils travaillaient tous ensemble. Les yeux des petits hommes étaient grands et se

---

12. NdÉ : de Ernest Lawrence Thayer (1863-1940).

prolongeaient jusqu'à mi-chemin sur les côtés de leur tête. Leurs pupilles étaient assez proéminentes et apparaissaient presque comme les lentilles d'un appareil photo pouvant se rétracter. Leurs yeux semblaient changer avec la lumière. Leurs bras étaient trop parfaits, comme s'ils étaient mécaniques. Parfois, je pensais que je n'avais pas affaire à de vrais aliens, mais à des robots. Je ne suis toujours pas sûr. Fred non plus, bien qu'il prétende avoir vu plusieurs humanoïdes dans un couloir qui auraient pu être les vrais coupables. C'est un peu après avoir été soumis à leur machine de prise de connaissances que j'ai revu la femme qui avait établi le premier contact avec moi.

– Comment savez-vous qu'elle était de sexe féminin ?

– À son allure. Elle avait des traits féminins. Elle était délicate et avait une forme féminine. Elle avait de longs cheveux blonds, et j'en suis venu plus tard à la conclusion qu'ils étaient faux.

– Parlez-moi de cette rencontre.

– Une fois l'enregistrement de mes connaissances terminé, on m'a emmené dans une pièce où j'étais seul. Peu après, une entité du sexe féminin est entrée dans la pièce. J'ai compris qu'elle était médecin et m'a ordonné de me déshabiller. Quand j'ai résisté, la porte s'est ouverte et deux lézards sont entrés et ont enlevé mes vêtements. Ils avaient des serres à la place des mains et, quand j'ai résisté, ils m'ont griffé les bras. Après qu'ils aient ôté mes vêtements, j'étais attaché à une table et, malgré mes efforts pour m'asseoir, je ne pouvais pas bouger. J'avais l'impression que des sortes de pinces invisibles avaient encerclé mes poignets et mes chevilles.

– Il n'y avait rien de visible ?

– Rien. Alors que je commençais à lutter, la femme s'est déplacée vers moi avec un appareil semblable à un aspirateur chirurgical. Elle a touché mon corps et m'a indiqué que j'étais un parfait spécimen humain. J'avais du mal à comprendre, compte tenu de mes opérations. Après ça, je pense que je me suis évanoui, parce que je n'ai plus de souvenirs de la suite.

– Avez-vous d'autres souvenirs de ce qui s'est passé à bord du vaisseau ?

– J'ai l'étrange souvenir qu'on me forçait à éjaculer. Wiley s'arrête et se frotte les yeux. Je sais que cela semble fou, mais quand j'en ai parlé à Fred, il m'a dit avoir vécu la même expérience, mais lui s'en souvenait. Je suppose que nous étions tous les deux des donneurs de sperme pour les aliens. C'est bizarre, je sais.

– Vous souvenez-vous d'autre chose ?

– Je me souviens qu'ils voulaient que je parte avec eux. L'idée était effrayante et menaçante pour moi.

– Que leur avez-vous dit ?

– Que je devais retourner sur terre. J'avais un emploi et des responsabilités. Les gens dépendaient de moi et, si je ne revenais pas, les autorités me chercheraient. Voilà un autre souvenir : nous ne sommes pas restés sur la Terre.

– Quand je vous ai rencontré pour la première fois, vous m'avez dit que trois jours avaient totalement disparu de votre mémoire. Vous pouvez m'expliquer ?

– Je n'ai aucune explication. Ma partie de chasse était programmée sur trois jours. Lorsque je suis revenu, j'étais en fait parti six jours.

– Pouvez-vous me dire ce qui s'est passé lorsque vous êtes revenu sur terre ?

– Je me suis réveillé dans mon sac de couchage. J'ai chassé et campé le reste de la semaine. J'ai emballé un cerf et l'ai préparé pour l'usine de traitement de la viande. Le dimanche, j'ai quitté le camp et c'est là que je me suis souvenu de ce qui s'était passé. Mon cerveau a explosé d'images. J'ai conduit comme un fou jusqu'à la ville, puis découvert qu'on n'était pas dimanche, mais mercredi. Je n'avais aucune explication concernant le fait que j'étais parti si longtemps, et c'est à ce moment-là que j'ai réalisé que les extraterrestres m'avaient capturé pendant trois jours.

– Avez-vous raconté à quelqu'un ce qui s'était passé ?

– Non. Une fois rentré dans ma chambre, je me suis douché et assis devant mon ordinateur pour chercher Frederick. Je me suis souvenu qu'il venait de New York et était médecin, et je connaissais son prénom. Cela a pris plusieurs heures, mais je l'ai trouvé et lui ai immédiatement envoyé un courriel. C'était le courriel le plus étrange que j'aie jamais écrit. Je demandais à un étranger s'il se souvenait de moi.

– Et il se souvenait ?

– Je n'ai même pas eu le temps d'éteindre mon ordinateur qu'un nouveau courriel est apparu dans ma boîte de réception. Il venait de Fred. Il m'a donné son numéro de téléphone portable et m'a dit de l'appeler.

– Il a confirmé votre enlèvement ?

– Oui, et bien plus. Il se souvenait de beaucoup de détails. Il avait découvert que nous étions tous les quatre médecins : nous deux, ainsi que les deux autres dans la pièce, qui ressemblaient à des zombies. Ils ont donc délibérément choisi et enlevé des gens du domaine médical et volé leurs connaissances. Fred a vécu la même expérience que moi. Lui aussi, trois jours avaient totalement disparu de sa mémoire. En fait, il avait manqué un vol vers Paris qu'il avait prévu depuis des mois.

– Il se souvient d'avoir rencontré une entité du sexe féminin ?

Wiley acquiesce.

– Il a été attiré à bord par une entité féminine aux longs cheveux blonds. Plus tard, il a rencontré une entité féminine chauve qui est entrée dans la pièce et l'a examiné. Nous en avons conclu que ses cheveux blonds devaient être une perruque pour la rendre plus humaine. Elle a touché son corps partout et, quand il s'est réveillé, il avait un cercle rouge de la taille d'une pièce de monnaie près du nombril.

– Vous êtes donc restés amis ?

– Oui. J'ai mentionné que je me suis rendu à New York pour le Nouvel An. Nous nous retrouverons à Las Vegas pour le prochain Nouvel An. Il amène sa copine, et j'aimerais vous inviter. Ne vous méprenez pas, je sais que vous êtes mariée, mais pour vos recherches, vous aimeriez peut-être le rencontrer. Nous sommes encore en train de comparer nos notes et d'essayer de comprendre pourquoi ils voulaient nos connaissances. S'ils sont supérieurs aux humains, pourquoi en auraient-ils besoin ? Cela n'a aucun sens. Évidemment, ils ont certaines compétences s'ils peuvent venir sur la Terre et piloter ces énormes machines. Alors pourquoi voudraient-ils savoir ce que nous savons ? Après diverses discussions, courriels et réflexions de notre part à tous les deux, nous pensons connaître la réponse. Il s'arrête, se lève et regarde sa montre. Je dois partir bientôt, dit-il. Je suis le seul médecin de service ce soir.

– Pouvez-vous me dire quelle était, selon vous, la raison de votre enlèvement ?

– Fred et moi pensons qu'ils sont à la recherche de vulnérabilités humaines, comme ce qui nous tue. Quels virus et fléaux pourraient anéantir la race humaine. Ils respirent l'air comme nous et semblent bien fonctionner dans notre environnement. Je pense donc qu'ils cherchent un moyen de nous anéantir sans soulever d'arme ou de résistance. Je pense qu'ils en ont assez appris sur nous pour savoir que nous ne tomberons pas sans nous battre. Mais nous n'avons toujours pas compris comment nous avons oublié trois jours.

– Avez-vous songé à l'hypnose ?

– Pas encore. Nous espérons tous les deux que tous nos souvenirs reviendront.

– Y a-t-il autre chose dont vous vous souvenez ?

– Juste une chose : vous vous rappelez que j'ai mentionné qu'ils avaient des serres et m'ont déshabillé avec force ? Je hoche la tête. Wiley déboutonne sa chemise. Sur sa poitrine, il y a trois grandes cicatrices blanches. Il remonte ensuite sa manche gauche, où trois cicatrices rondes apparaissent sur son bras. Les cicatrices rondes proviennent d'une plaie ouverte qu'ils ont faite avec leurs longues griffes alors que je luttais avec eux. Les cicatrices sur ma poitrine ont été faites par leurs serres.

– Votre ami présente des cicatrices semblables ?

– Sur les jambes, lorsqu'ils l'ont ramassé et placé sur la table. Nous avons tous deux été victimes et avons les cicatrices pour le prouver.

Je suis toujours en contact avec Wiley. Il envoie occasionnellement des courriels et ajoute certains chaînons manquants à son enlèvement, mais l'histoire originale n'a pas changé. J'ai été invitée à rejoindre Wiley et Fred à Las Vegas pour fêter la nouvelle année. Mon mari et moi prévoyons de les rejoindre. J'espère en apprendre davantage quand je rencontrerai Fred.

## 9. L'histoire de Doli : ils ont évolué différemment

*J'ai rencontré Doli lors d'une conférence à Phoenix, dans l'Arizona. Elle accompagnait sa mère qui était la conférencière principale de l'événement. En arrivant à l'auditorium pour entendre le discours de sa mère, elle mentionna qu'elle avait lu mes livres. Lorsque nous fûmes assises, elle se pencha et chuchota que le peuple des étoiles lui rendait visite depuis qu'elle avait 8 ans. Elle accepta un entretien ce soir-là pour me raconter son histoire.*

Jeune femme sculpturale, Doli mesure presque 1,80 m. Ses cheveux noirs épais et raides lui descendent jusqu'au milieu du dos. Cependant, c'est son sourire éclatant et les deux fossettes distinctes sur ses joues qui ressortent le plus.

Nous nous donnons rendez-vous au bar des sports de l'hôtel où la conférence a eu lieu, à une table un peu isolée. Mise à part une apparition occasionnelle de notre serveur, presque tous les clients sont collés aux téléviseurs grand-écran diffusant simultanément des matchs de football, de football américain et de volley-ball.

Le serveur vient déposer nos boissons, un bol de bretzels et repart.

– Combien de personnes ayant rencontré le peuple des étoiles vous ont contactée ?, demande Doli.

– Je dirais que je ne connaissais pas environ 50 % des personnes avant de les avoir interviewées. Environ 10 % de plus sont des gens que je connais parfois depuis de nombreuses années avant qu'ils ne me racontent leur vécu. Environ 20 % sont soit des amis ou des parents, soit des connaissances d'amis qui connaissent quelqu'un qui a fait une rencontre hors du commun. Les autres sont comme vous : juste une introduction par hasard, sans attendre d'histoire particulière. Je connais votre mère professionnellement depuis une vingtaine d'années, mais j'ignorais qu'elle avait une fille. Et j'étais loin d'imaginer que vous aviez une expérience à raconter.

– Alors, c'est le destin ?

Je hoche la tête.

– Parfois, c'est étrange. Comme si quelqu'un m'attirait vers cette personne. Ou c'est une intervention divine pour rencontrer quelqu'un comme vous. Après la parution de mon premier livre, je fus souvent contactée.

– Combien n'en ont jamais parlé à personne ?

– Presque tous. Certains se sont confiés à un parent ou à un aîné, mais leur a demandé de garder le silence. Je n'ai interrogé qu'environ cinq personnes qui étaient très ouvertes au sujet de leurs rencontres et en parlaient librement.

– Je fais plutôt partie de la catégorie silencieuse. Quand j'avais 8 ans, je me souviens être allée chez ma grand-mère. C'était une femme à l'ancienne, vivant selon les croyances traditionnelles. Elle s'appelait *Jolie Femme sage* [Pretty Sage Woman]. Elle m'avait appelée Doli, ce qui signifie *Femme oiseau bleu* [Bluebird Woman], car lorsque je suis née, j'avais les yeux bleus. Ma grand-mère m'a dit que l'oiseau bleu était le plus beau de tous les oiseaux et, qu'une fois adulte, je devais être la plus belle de toutes les femmes de la tribu. Pas la plus belle en apparence physique, mais la plus belle dans le cœur. Je devais suivre les traditions et être gentille et humble envers ceux qui venaient frapper à ma porte, quel que soit leur rang social. Ainsi, les sans-abri, les mendiants, les mères célibataires seraient traités de la même façon qu'un roi, une reine, un riche PDG ou un dirigeant important. J'ai pris ses paroles très au sérieux. J'accepte mon destin et j'ai essayé de répondre à ses attentes. Donc, quand j'ai rencontré le peuple des étoiles, je les ai acceptés avec la même gentillesse. Ce n'est qu'à l'adolescence que j'ai compris l'importance de mes interactions avec eux.

– Quel âge avez-vous maintenant ?

– J'ai 23 ans. Je prépare mon doctorat en entomologie.

– Je ne suis pas surprise. Vous avez un bon modèle avec votre mère.

– Elle a été la première à recevoir un doctorat dans notre tribu. Jusqu'à ce que maman soit diplômée, personne ne croyait qu'un Autochtone pouvait obtenir un doctorat.

– Et pourquoi l'entomologie ?

– Le peuple des étoiles que j'ai rencontré n'est pas humanoïde. Depuis l'enfance, je suis fascinée par les insectes. Je voulais des livres à leur sujet. J'allais à l'université avec ma mère et au département de biologie pour voir les insectes et poser des questions à quiconque m'écoutait. Maintenant, je me concentre sur les aspects de la génétique moléculaire, de la biomécanique, de la morphologie et de la biologie du développement dans ce domaine.

– Les extraterrestres que vous avez rencontrés ressemblent davantage à des insectes qu'à des humains et c'est cela qui a suscité votre intérêt pour l'entomologie ?

– Oui !, répond-elle avec enthousiasme. Elle balaye ensuite la salle du regard, pour voir si quelqu'un a remarqué son enthousiasme.

– Pouvez-vous revenir à vos 8 ans et me parler de votre première rencontre ?

– Comme je l'ai dit, j'étais chez ma grand-mère. À la fin des années 70, peut-être au début des années 80, le gouvernement fédéral avait mis en place un programme pour aider les nouveaux propriétaires. S'ils avaient 8 acres [3,2 ha] de terrain, le gouvernement accorderait un prêt pour construire une maison sur ledit terrain. Les propriétaires devaient allouer leur terre et leur travail à la construction de la maison. Après, ils remboursaient le prêt par paiements mensuels, mais le terrain et leur travail était comme un acompte. Ma grand-mère et mon grand-père obtinrent un de ces prêts. Ils construisirent une maison à la campagne et produisaient leur propre nourriture. Ma grand-mère s'occupait du jardin potager, faisait des conserves et des aliments séchés pour l'hiver. Mon grand-père élevait des porcs et des poulets. Il les vendait dans les magasins pour acheter les articles dont ils avaient besoin et payer leur petite facture d'électricité. Pour moi, leur vie était parfaite. C'est au cours de mon huitième été que je rencontrai les hommes insectes, le peuple des étoiles.

– Dites-m'en davantage à ce sujet.

– À 8 ans, j'étais déjà indépendante. C'était la saison de la cueillette des baies, et j'ai supplié ma grand-mère de me laisser aller seule vers la fosse, près de la maison, pour en cueillir. Elle m'a donné sa montre et m'a dit que je ne pouvais rester que deux heures, et qu'elle viendrait me chercher si je ne revenais pas. Je me souviens être descendue dans la fosse. L'un des chiots, tout aussi aventureux que moi, m'avait suivie et lui et moi passions un super bon moment. Quand je suis arrivée au fond de la fosse, j'ai vu une boule d'argent géante, aplatie, parmi les arbustes. Honey, mon chiot, a commencé à reculer et à aboyer, mais je n'ai pas pu m'empêcher d'approcher. Je marchais silencieusement parmi les chardons russes, mais les arbres étaient fins et fournissaient peu de couverture. Soudain, j'ai senti une main sur mon épaule et, quand je me suis retournée, je me suis retrouvée face à un énorme insecte. Je ne me souviens pas avoir eu peur. J'aimais les insectes et la créature me rappelait un insecte géant ; mais quand il m'a parlée, j'étais déconcertée.

– Comment vous a-t-il parlé ?

– À l'époque, je ne savais pas que je comprenais simplement ses pensées.

– Il vous a kidnappée ?

– Non. Il m'a invitée à le rejoindre dans son vaisseau. J'y suis allée de mon plein gré. C'était aussi un collectionneur d'insectes, et il les étudiait. J'étais tellement fascinée. Il m'a montré sa collection.

– Vous a-t-il dit pourquoi il collectionnait les insectes ?

– Pas au début. Il m'a simplement montré sa collection, hallucinante, selon mes souvenirs. Je n'avais jamais vu une telle variété d'insectes.

– Est-ce qu'il a prélevé des échantillons de votre sang ou de vos cheveux ?

– Non. Rien de tel. Il m'a dit qu'ils avaient l'intention de partir ce soir-là, mais qu'il me reverrait.

– Et vous l'avez revu ?

– Je l'ai revu chaque année depuis notre première rencontre. Ma grand-mère m'a laissé sa maison après son décès. Je passe encore mes vacances et mes étés là-bas. J'y vais pour rencontrer mon homme insecte. Il sait toujours quand j'ai l'intention de revenir et il vient aussi.

– Comment le sait-il ?

– Par la télépathie. Nous sommes en contact, même à travers l'immensité de l'Univers.

– Comment fait-il ?

– Je ne sais pas, mais ça fonctionne, répond-elle en regardant dans la direction d'un groupe de jeunes gens qui acclament le but de leur équipe.

– Il est le seul à venir pendant ses visites ?

– Non, il y en a d'autres, mais c'est lui le chef. Les autres lui obéissent.

– Quand il vous a montré sa collection, les insectes étaient vivants ou morts ?

– Tout le niveau supérieur du vaisseau spatial était consacré à son étude. Il y avait à la fois des spécimens vivants et des spécimens conservés du même insecte. Ils avaient même des couples, mâle et femelle, si c'était pertinent, pour encourager la reproduction.

– Pourquoi étudiaient-ils les insectes ?

– Parce que c'étaient leurs plus proches parents sur terre. Il s'intéressait à leur évolution ainsi qu'à la paléontologie liée à l'entomologie. Il a étudié comment les insectes de la Terre ont changé au fil du temps et les effets de l'environnement sur leur évolution.

– Quand vous l'avez quitté ce jour-là, qu'avez-vous fait ?

– J'ai cueilli des baies, mais j'ai perdu la notion du temps et j'ai dû faire face à une grande réprimande en rentrant à la maison. Quand j'ai parlé de ma rencontre à ma grand-mère, elle m'a assise sur ses genoux et m'a serrée fort. Il y a des histoires, m'a-t-elle raconté, sur la façon dont les insectes ont sauvé la vie des gens en leur fournissant de la nourriture pendant la Lune affamée. Je sais que la tribu de Doli considère le mois de février comme celui de la Lune affamée, parce que c'est habituellement une période de l'année où la chasse est difficile et les approvisionnements alimentaires sont diminués. Autrefois, reprend Doli, ma tribu avait une relation très spéciale avec le peuple des insectes et, selon ma grand-mère, ma rencontre était une rencontre sacrée. Peu de gens de la tribu les ont vus. Elle m'a incitée à garder ma rencontre près de mon cœur parce que trop de gens aujourd'hui n'ont aucune idée de la relation entre notre peuple et celui des insectes. Je n'ai donc jamais parlé de mon homme insecte à personne d'autre, pas même à ma mère.

– Alors pourquoi m'en parlez-vous ?

– À l'adolescence, je suis devenue autant obsédée par les enlèvements extraterrestres que par l'entomologie. J'avais l'habitude d'aller à la bibliothèque et de commander des livres au sujet des ovnis. J'en suis venue à croire qu'ils existaient. Ma mère connaissait mon obsession, mais elle pensait que c'était encore un intérêt bizarre et, qu'un jour, ça me passerait. À Noël dernier, elle m'a offert vos livres, comme pour me faire une blague. Doli s'arrête et rit. Désolée, dit-elle, j'ai dit *blague*, mais vos livres sont loin d'être une blague. Je les ai lus deux fois pendant les fêtes de fin d'année. J'ai été impressionnée par la façon dont vous traitez le sujet et les personnes interrogées. Quand j'ai appris que vous interveniez aussi à la conférence, je me suis proposée pour accompagner ma mère. Je savais qu'il était temps de raconter mon histoire. Il n'y a pas beaucoup d'histoires sur les hommes insectes, mais celles qui existent concernent des expériences effrayantes. J'ai vécu exactement le contraire.

Elle fait une pause et commande une autre *ginger ale* quand le serveur s'approche de notre table.

– Que pensez-vous des hommes insectes ?, demandé-je.

– Ce sont des êtres extrêmement intelligents et, en raison de leur environnement, ils ont évolué en tant qu'espèces dominantes sur leur planète. Je trouve toujours intéressant que les gens croient que, s'il y avait des voyageurs de l'Espace, ils ressembleraient à des humains. Bien que ces espèces existent dans l'Univers, il y en a des centaines qui ont évolué différemment. Ils n'ont pas l'environnement que l'on trouve sur terre, c'est pourquoi leur développement est différent. Je me concentre donc sur le processus de développement, la biométrie du mouvement, la génétique moléculaire et la biomécanique de l'insecte et son lien avec l'évolution des hommes insectes.

– C'est un domaine d'études plutôt intéressant, et je comprends certainement pourquoi vous choisissez ce domaine en raison de vos intérêts et de votre expérience. Est-ce que le peuple des étoiles ou les hommes insectes sont au courant de vos études ?

– Non seulement ils sont au courant, mais ils m'ont permis de faire des recherches sur eux. Bien sûr, c'est de la recherche que je ne peux pas divulguer dans les milieux scientifiques de peur d'être discréditée, mais ça a été le voyage le plus fascinant.

– Alors pourquoi le garder secret ?

– Vous devriez le comprendre en tant qu'universitaire. Un jour, les habitants de la Terre pourraient entrer en contact avec eux. Si ce jour arrive, je veux être prête à aider les humains à comprendre la nature du peuple insecte. Je sais que si ce moment se présente, les humains réagiront sans doute par la peur et l'hostilité. Les humains essaient toujours de détruire ce qu'ils ne comprennent pas.

*J'ai gardé le contact avec Doli. C'est l'une des femmes les plus extra-ordinaires que j'aie jamais rencontrées. Même si elle a voyagé avec les hommes insectes dans certains endroits les plus reculés de la planète pour étudier les insectes, elle ne peut pas révéler ce qu'elle a appris. Elle emprunte une voie différente dans le domaine de l'entomologie, mais elle garde les pieds sur terre et elle est considérée comme brillante par ses pairs et ses professeurs. De plus, la plus belle femme de sa tribu honore bien son nom en traitant les autres avec respect. Pour ma part, j'ai la chance de la compter parmi mes amis.*

## 10. L'histoire de Al : certains sont des pare-brise, d'autres des insectes

*Al, diminutif pour Aloquisha, était conseiller bénévole auprès d'anciens combattants dans son État d'origine, l'Alaska. Il se disait « survivant » du gouvernement américain. D'après ce qu'il m'expliqua, être un survivant faisait partie de sa nature. Quand il avait 2 ans, en raison des incursions des Japonais dans les îles Aléoutiennes, sa famille, déracinée de sa maison, se retrouva avec d'autres familles de neuf villages sur des navires de transport militaire. L'armée américaine avait évacué les habitants des îles Aléoutiennes et avait brûlé les maisons et les églises pour ne pas qu'elles tombent entre les mains des Japonais, selon le témoignage des membres de sa famille. Son père, qui ne supportait pas les installations exiguës fournies pour les héberger, s'enrôla dans l'armée et reçut l'Étoile de bronze lorsque les États-Unis envahirent l'île Attu. Qu'il parle de l'évacuation de sa famille ou du Vietnam, pour Al, c'est pareil : selon lui, il a survécu à « l'agression américaine », que ce soit en Alaska ou au Vietnam.*

Je rencontre ce vétéran du Vietnam de 72 ans dans un centre d'anciens combattants, au milieu de l'Alaska. Lorsque je lui dis qu'Ute, le vétéran que j'ai rencontré à Hawaï, avait suggéré que je lui parle, il sourit.

– Comment va Ute ?, demande-t-il.

– Il va bien. Il a une petite plantation de café sur Big Island. Une femme, deux belles filles et quatre fils. Il m'a chargée de vous dire que sa porte était toujours ouverte, si un jour vous décidiez de faire l'expérience du paradis.

Al sourit.

– Je ne parle habituellement du Vietnam qu'aux anciens combattants, dit-il en servant deux tasses de café d'un récipient qui en contenait probablement une centaine. Mais si Ute dit que vous êtes digne de confiance, c'est que vous devez l'être.

Je le suis jusqu'à une table semblant tout droit sortie d'une cafétéria scolaire. Il marche en boitant, ce qui, d'après ses dires, est le résultat d'une rencontre avec un ours polaire. Ses cheveux courts, parsemés de gris, révèlent une grande cicatrice blanche, qu'il attribue au même ours, au sommet de son crâne. Le bout de son index sur sa main droite est manquant. Il traîne des pieds en marchant, un signe que l'arthrite accable son corps.

– Quel âge aviez-vous lorsque vous êtes allé au Vietnam ?

– J'ai fêté mon dix-neuvième anniversaire deux jours après mon arrivée sur place. Je rêvais de suivre les traces de mon père. Le problème, c'est que les Vietnamiens n'étaient pas une menace pour nous. C'était difficile de tuer des hommes qui me ressemblaient. J'ai fini par remettre toute la guerre en question. On m'a jeté deux fois en prison pour insubordination. C'est là que j'ai rencontré Ute. Nous étions tous les deux des rebelles et nous défendions une cause.

Il s'arrête et sourit d'un air pensif, puis prend une gorgée de café.

– Étiez-vous volontaire ou avez-vous été conscrit ?

– Non, j'étais volontaire. Mon père m'a dit que c'était une bonne chose. Il avait l'impression que les États-Unis étaient attaqués, mais ce n'était pas le cas. Et ça continue. Que faisons-nous en Irak et en Afghanistan ? Ces pays ne constituent pas de menace pour nous. Nous voulons juste contrôler le monde, et j'ai réalisé que je ne voulais pas contrôler le monde, je voulais juste vivre en paix. L'Alaska est le seul endroit où un homme peut trouver la paix, mais c'est de plus en plus difficile. Parfois, il faut la chercher.

– Avez-vous vu des ovnis au Vietnam ?

– J'ai vu des ovnis très souvent, quand nous étions en patrouille ou au combat. Pas d'interférence, juste de l'observation. Un sergent avait l'habitude de dire à chaque mission : *Certains hommes sont des pare-brises, d'autres sont des insectes.* C'est une expression qui hante mes jours et mes nuits. Je me suis juste assuré de ne pas être l'insecte qui s'écrase sur le pare-brise et j'ai essayé de garder mes vrais sentiments pour moi. Bien que je me réveille souvent au milieu de la nuit avec cette expression qui résonne dans ma tête, c'est cette même expression qui m'a aidé quand j'ai rencontré les lézards.

– Pouvez-vous me parler de cette rencontre ?

– Il y a des histoires, de vieilles histoires sur les hommes lézards. L'un de mes plus beaux souvenirs est que mon père m'en a racontées au sujet d'entités pourvues d'une queue ayant déjà visité la Terre et même créé des villages. Ces êtres étaient cannibales et, souvent, ils kidnappaient des humains. Un jour, les villageois, fatigués de perdre leurs proches, trouvèrent le moyen de les éliminer. Ils attendirent qu'ils rentrent chez eux – ils vivaient dans des grottes – et bloquèrent l'entrée, puis mirent le feu. Ils les tuèrent tous. Lorsque d'autres lézards vinrent des étoiles, ils trouvèrent leurs congénères morts et ne revinrent jamais.

– Mais vous avez dit que vous les aviez rencontrés. Comment l'expliquez-vous ?

– Je pense qu'ils sont de retour.

– Où avez-vous fait cette rencontre ?

– Je retourne à chaque fois dans les îles pour la saison de la chasse. Ma famille y vit toujours, et c'est ma façon d'entretenir le contact. Quand papa était en vie, j'allais chasser avec lui. Nous faisions toujours une grande fête après la chasse et, papa et moi, étions honorés en tant qu'anciens combattants. Il me manque beaucoup. Il m'a aidé à surmonter mon stress post-traumatique. C'était mon meilleur conseiller : grâce à lui, je peux vivre normalement. À cause des lézards, je suis sur une nouvelle mission.

– C'est après avoir quitté l'armée que vous les avez vus ?

– Non. Je suis rentré à la maison lors d'une permission. Papa et moi sommes allés chasser. C'est là que nous les avons croisés. Mon père n'est plus là pour le confirmer, mais je vous jure que c'est vrai.

– À quel moment les avez-vous rencontrés ?

– Comme je le disais, nous chassions. Il faisait extrêmement froid ce jour-là, plus froid que d'habitude. Le vent s'était levé tôt et, au fil de la journée, il s'est renforcé. Des nuages menaçants s'avançaient et nous avons décidé de rentrer à la maison. Nous étions en train de charger les traîneaux et la neige a commencé à tournoyer dans un mouvement circulaire, comme un tourbillon. C'est devenu tellement fort que nous avons dû nous tenir aux traîneaux pour rester debout.

Puis, d'un coup, ça s'est arrêté et c'est là que nous avons vu le vaisseau spatial. C'était une longue machine cylindrique, gris foncé. À première vue, il ressemblait à un sous-marin, mais ce n'en était pas un.

– Quelle était sa taille ?

– Peut-être 20 m de long, et environ la moitié autour.

– Vous voulez dire 10 m de haut ?

– Oui. Ça faisait même bouger la glace. Une partie de la glace était suspendue à l'eau. Je me souviens d'avoir eu peur qu'elle s'effondre, et j'ai dit à mon père que nous ferions mieux de nous abriter en lieu sûr.

– Comment les chiens ont-ils réagi ?

– Ils grognaient et aboyaient. Nous avons finalement réussi à les calmer pour rentrer, mais avant qu'ils puissent bouger, nous les avons vus.

– Les hommes lézards ?

– Oui. Il y en avait deux. Au début, ils ne nous ont pas remarqués. Ils nous tournaient le dos en descendant du vaisseau. Ils s'en sont éloignés et ont commencé à couper des blocs de glace.

– Que faisaient-ils avec ?

– Ils avaient une sorte de transporteur. Après avoir fini de couper les blocs, ils les ont déplacés vers leur vaisseau. C'est à ce moment-là qu'ils nous ont vus. Ils se sont approchés de nous, et mon père a pointé son arme sur eux. Un éclair est sorti d'un de leurs bras et l'arme a volé dans les airs.

– Qu'avez-vous fait ?

– J'étais paralysé. Je ne pouvais pas bouger. Ensuite, je me souviens que nous étions à bord du vaisseau. Il y en avait quatre dans la salle. Mon père était stoïque, il ne leur répondait pas. J'ai frappé celui qui était le plus proche de moi, mais il était comme un rocher, immobile. J'ai compris que les humains n'étaient rien pour eux et, si nous résistions, nous ne reverrions jamais nos familles. La menace qui nous submergeait me rendait malade.

– Vous souvenez-vous alors de votre réaction ?

– Je me répétais le mantra de mon ancien sergent en boucle : *Certains hommes sont des pare-brise, d'autres des insectes*. Et j'ai décidé, à ce moment-là, que je survivrais. Je ne me souviens pas de grand-chose après ça. Mon père a dit qu'il les avait vu insérer une aiguille dans mon cou. Je ne m'en souviens pas. Ce dont je me rappelle, est que, d'un coup, nous étions de retour sur la glace et les chiens avaient très envie de rentrer à la maison. Je garde le souvenir de m'être tourné en direction de l'engin spatial, et là, je l'ai vu s'élever, peut-être à 5 m de la glace, puis il a plongé dans la mer et a disparu.

– Vous voulez dire que l'engin spatial est parti sous l'eau ?

– Oui, je pense qu'ils vivent dans les profondeurs de l'océan. Autrefois, les histoires racontaient qu'on n'avait jamais revu les êtres pourvus d'une queue après la destruction de leur village. Les gens disaient qu'ils venaient du ciel, mais peut-être des fonds marins… Est-il possible qu'ils aient créé une civilisation sous la mer ?

– Votre père s'est souvenu de quelque chose ?

– Beaucoup plus que moi. Papa a dit qu'ils m'avaient endormi et emmené ailleurs. Plus tard, ils m'ont ramené et l'ont pris. Il se souvenait avoir été placé dans un coffre en verre avec un cône placé sur la tête. Il avait l'impression qu'ils essayaient de voler son âme. J'ai supposé qu'ils m'avaient fait la même chose. Quand ils ont enlevé le cône, il m'a dit s'être effondré sur le sol. Après, il s'est retrouvé à mes côtés sur la glace.

– Pouvez-vous décrire les hommes lézards ?

– Je les appelle les hommes lézards parce qu'ils ressemblaient à des lézards. Leur visage était comme celui d'un lézard ou d'un serpent, mais ils ne rampaient pas, ils marchaient debout. Ils avaient un visage brunâtre avec un nez plat. Je n'ai vu aucune oreille extérieure, seulement des trous, mais leur bouche était large comme celle d'un lézard et se prolongeait sur les côtés de leur visage. Je crois qu'il s'agissait de cannibales. Je n'ai aucune preuve, mais papa s'est souvenu avoir vu ce qui semblait être des corps démembrés. Je n'ai rien vu de tel, mais cela a tellement effrayé mon père qu'il n'est jamais retourné chasser, à moins d'être en groupe.

– Il s'agissait de corps humains ?

– Mon père le pensait.

– Qu'en est-il de leur peau ?

– Des écailles. Comme un serpent ou un poisson. Ils étaient tachetés d'une sorte de vert un peu brun. Quand ils bougeaient, la couleur changeait. C'était très étrange. Ils avaient une bande brun plus foncé sur le dos, jusqu'au bout de la queue.

– La queue ?

– Oh oui, ils en avaient une. C'était comme dans les vieilles histoires. Ils avaient une queue.

– Vous pouvez décrire leur corps davantage ?

– Ils étaient nettement plus grands que nous. Je dirais qu'ils mesuraient probablement 2 m. Ils avaient des bras forts et musclés. Leurs jambes étaient courtes, mais musclées. La partie du milieu était recouverte d'une sorte de gilet en cuir, mais je n'ai vu aucun bouton. Je pense qu'ils devaient être attachés à l'arrière d'une certaine façon. Leurs queues étaient énormes. Ils s'en servaient pour se pousser vers l'avant, de sorte qu'ils semblaient sauter au lieu de marcher. Ils n'avaient pas de cou. Quand je les regardais par derrière, le sommet de leur tête jusqu'à leur queue ne formait qu'un bloc. Pas de cou. Je me disais constamment qu'ils n'étaient que des insectes et que nous devions être plus intelligents qu'eux. Les insectes ne sont pas plus intelligents que les humains.

– Vous ont-ils dit quelque chose ?

– Non, mais, comme je l'ai mentionné, j'ai reçu le message clair que les humains ne signifiaient rien pour eux. Je crois que c'est vrai. Lorsque des villageois disparaissent en mer aujourd'hui, je pense que ce sont les hommes lézards. Ils sont encore en vie et opèrent sous l'océan. Je pense qu'ils emmènent les humains dans leurs maisons sous-marines et les mangent.

– Comment cette rencontre a-t-elle changé votre vie ?

– Maintenant, je sais qu'ils sont de retour. Les légendes de mon père et de mes grands-pères sont vraies. Quand je retourne au village, je raconte toujours aux enfants les vieilles histoires, et je les termine par ma rencontre personnelle. Je les préviens de faire attention aux hommes lézards. Quant à moi, je vis dans la crainte qu'un jour, ils reviennent et détruisent nos villages, mais je ne peux rien y faire. On peut dire que l'expérience m'a rendu plus vulnérable. Je ne m'étais pas senti comme ça depuis le Vietnam.

– Oui, mais il semblerait que vous soyez le pare-brise.

Il hoche la tête et sourit.


*Je n'ai pas revu Al depuis notre entretien ce jour-là au centre des anciens combattants, mais j'ai rencontré d'autres vétérans du Vietnam qui m'ont fait penser à lui. Une fois, je me suis arrêtée pour aider un ancien combattant qui mendiait près du Walmart, à Bozeman. Il a souri quand je lui ai donné un billet de cinq dollars. Alors que je m'éloignais, il a appelé un autre ancien combattant sans-abri de l'autre côté de la rue et a crié : Certains hommes sont les pare-brise, d'autres les insectes. Je me suis arrêtée un instant et j'ai regardé dans sa direction. Il m'a saluée et a souri généreusement. Je voulais aller le voir et lui demander s'il connaissait Al, mais avant de pouvoir réagir, je l'ai vu monter dans un van cabossé et disparaître.*

# 11. L'histoire de Russel : l'homme avec des ailes

*Dans le numéro du 16 novembre 1966 du* West Virginia Point Pleasant Register, *un article est publié sous le titre* Deux couples témoins d'une créature ailée de la taille d'un homme.[13] *Il révèle l'histoire de deux jeunes couples qui rencontrèrent une grande créature blanche aux yeux « rougeoyants ». Ils la décrivirent comme un « grand homme volant avec des ailes de 3 m », qui suivait leur voiture alors qu'ils roulaient à l'extérieur de la ville, près du site d'une ancienne usine de munitions de la Seconde Guerre mondiale. La créature est largement connue sous le nom de* l'homme-papillon *[ou* Mothman, *en anglais]. Dans ce chapitre, vous découvrirez Russell, un ami de l'université qui a grandi sur le fleuve Elk, une zone où cet homme ailé était fréquemment aperçu. Bien qu'il m'ait confié plusieurs dizaines d'années auparavant l'avoir vu, il n'avait jamais rendu publique son observation.*

J'ai rencontré Russell pour la première fois au cours de la semaine d'orientation en première année à l'université, où nous avons tous deux reçu une bourse d'études de quatre ans. Russell, qui s'exprimait de manière populaire, faisait souvent l'objet de blagues et de taquineries de la part de nos camarades. Même s'il était beau, son sac usé, son pantalon ample et sa veste de sport trop grande en velours côtelé lui donnaient une allure d'individu fantaisiste, inacceptable dans les cercles « cool » ou les fraternités. Russell, avec également des racines cherokee/choctaw, était mon ami. Notre amitié dura dans le temps.

Lorsque nous obtînmes notre diplôme, nous acceptâmes un poste d'enseignant dans la même école secondaire. Il professait les mathématiques, moi l'anglais. À la fin de la première année, son contrat ne fut pas renouvelé. Tout comme à l'université, il était devenu l'objet de blagues et de railleries de la part des élèves. Quand il passa à autre chose, nous perdîmes le contact. Je ne l'avais pas revu depuis plus de quarante ans, mais, grâce au miracle d'internet, il me contacta après la publication de mon premier livre. J'appris qu'il avait travaillé à la

---

13. *Couples See Man-Sized Bird... Creature ... Something, West Virginia Point Pleasant Register,* 16 novembre 1966.

Nasa et pour un groupe à but non lucratif connu sous le nom d'Institut des sciences aéronautiques, puis comme consultant indépendant pour de nombreuses organisations astronomiques et aéronautiques, ainsi que des entreprises privées. Quand il eut connaissance de mon voyage dans tout le pays, il m'invita à lui rendre visite.

J'arrive chez lui le dimanche matin, à 11 h. Quand la porte s'ouvre, il me salue avec un énorme câlin.

– Ça fait combien de temps ? demande-t-il. Que t'est-il arrivé ? Tu as disparu de la surface de la Terre. Son bavardage constant, que j'ai toujours attribué à de la nervosité, continue tandis que nous avançons jusqu'à la cuisine. Assieds-toi, je m'apprêtais à faire du café.

Je le regarde s'affairer près de la cuisinière, ajustant le brûleur pendant que le café commence à infuser. Quelques instants plus tard, il place deux tasses et soucoupes anciennes sur la table et verse la mixture noire d'une cafetière tout aussi ancienne. En écoutant ses questions et ses commentaires, je me rends compte qu'au cours de toutes ces années, il n'a pas perdu son style peu orthodoxe, et il l'assume pleinement. J'appréciais cette qualité lorsque nous étions étudiants, puis collègues, et ce sentiment n'a pas changé. J'admire toujours cet homme qui marche à un rythme différent et, pourtant, je ne peux m'empêcher de me demander comment les années de violence verbale n'ont pas affecté sa vie.

Pendant les deux heures suivantes, nous nous racontons nos vies. En début d'après-midi, Russell m'emmène vers le porche arrière, situé du côté nord de sa maison.

– C'est ici que je regarde les étoiles, déclare-t-il en pointant du doigt un énorme télescope encastré dans une tour d'observation. C'est pour ça que je vis à l'écart des lumières. Je peux voir le ciel nocturne sans interférence.

– Tu crois aux ovnis ?

– Sans l'ombre d'un doute.

– Tu m'as dit, il y a de nombreuses années, que tu avais fait une rencontre hors du commun.

– Quand nous étions à l'université, je t'ai parlé de l'homme ailé.

Je hoche la tête.

– Je me souviens des histoires de l'homme-papillon comme si c'était hier, dis-je.

– Ma famille vit dans la région du fleuve Elk, en Virginie-Occidentale, depuis le début des années 1800, et on y voit toujours des créatures étranges. Mon cousin Eugène et moi avons vu l'homme ailé, comme nous l'appelions, un après-midi près de la voie ferrée. Ce n'était pas un papillon de nuit géant.

– Que crois-tu que c'était ?

– Un astronaute d'un autre monde.

– Tu peux me parler de cette rencontre ?

– Eugène et moi, nous marchions sur les rails à la recherche de charbon laissé par les trains qui passaient. Nous étions pauvres et la collecte de charbon gratuit qui tombait des trains était une corvée régulière pour nous. Ce n'était pas un travail agréable, mais nous utilisions le charbon pour chauffer notre maison. Nos sacs étaient remplis et nous nous dirigions vers la maison lorsque nous avons entendu un bruit étrange, comme un bruissement suivi d'un vent fort qui nous poussait vers l'avant, à tel point que nos sacs sont tombés. Alors que nous luttions pour ramasser le charbon tombé de nos sacs, nous avons vu une silhouette blanche ressemblant à un homme descendre du ciel. Russell marque une pause, termine son café et se verse une autre tasse. Il mesurait au moins 3 m et avait une envergure au moins aussi grande. Il a essayé de communiquer avec nous.

– De quelle manière ?

– Par une sorte de bavardage incompréhensible, qui rappelait davantage un animal qu'un homme, mais plus aigu, presque grinçant parfois.

– Qu'avez-vous fait ?

– Je lui ai demandé qui il était et d'où il venait.

– Et ?

– Il n'arrêtait pas de bavarder et, soudain, presque frustré, il s'est envolé vers les nuages et a disparu.

– Vous l'avez revu ?

– Non, ce fut seulement lors de ce bref moment.

– Tu pourrais le décrire ?

– Il avait une forme humaine. Il mesurait facilement 3 m. Il était tout blanc. Je veux dire par là que le costume qu'il portait était blanc. Ce n'était pas une matière que je connaissais, ça scintillait. C'est difficile à expliquer. Ses yeux, ses pupilles, devrais-je dire, semblaient rouges, presque comme celles d'un animal à la lumière de phares. Il n'avait pas de cheveux visibles. Son corps était couvert de la tête aux pieds de son costume lumineux. Tandis qu'il était debout devant nous, ses ailes se replièrent derrière lui, à tel point que nous ne les voyions plus du tout.

– Tu crois qu'elles faisaient partie intégrante de son corps ou qu'elles étaient attachées pour l'aider à voler ?

– Aujourd'hui, je crois qu'elles étaient attachées. Quand je l'ai vu lorsque j'étais adolescent, je n'y avais jamais pensé. C'était un costume d'astronaute, mais pas comme les nôtres. Ça ressemblait à des ailes, mais je crois qu'il les manipulait avec ses bras et ses mains. Elles étaient mécaniques, c'est certain.

– Comment le sais-tu ?

– Contrairement à une combinaison classique d'astronaute, la sienne était ajustée, mais ses bras présentaient un certain type d'équipement. Je me souviens que je ne comprenais pas tout à fait à l'époque, mais, aujourd'hui, je crois qu'il avait un dispositif de contrôle, comme un mini-ordinateur, qui lui permettait de contrôler ses ailes.

– Tu crois que cet homme volant était un extraterrestre ?

– J'en suis sûr. Peu après, nous avons remarqué une traînée argentée au soleil. C'était clair comme le jour. Nous avons vu un vaisseau circulaire voler vers le haut à une vitesse énorme et disparaître.

– Que penses-tu de cette rencontre ?

– À l'époque, Eugène et moi étions adolescents. Les progrès techniques d'aujourd'hui n'existaient pas encore. Nous ne connaissions pas les ordinateurs. Nous avions entendu parler de soucoupes volantes, mais la plupart des gens les reliaient à de la science-fiction de bande dessinée. Quand je considère cette rencontre aujourd'hui, je la vois avec des yeux de scientifique, et je sais que l'homme avec des ailes venait de l'espace. Cela ne fait aucun doute.

– Tu pourrais me dire autre chose au sujet de son apparence ?

– La chose la plus étonnante était sa taille. Je mesure 1,55 m. Il me dépassait de plus d'un mètre. Il essayait désespérément de communiquer avec nous, mais nous ne le comprenions pas. Il avait vraiment l'air humain, sauf les yeux. Je crois qu'il y a beaucoup d'entités vivantes dans l'univers, qui sont très avancées par rapport à nous. Nous entendons parler de petits extraterrestres aux grands yeux, ou bien de grands blancs semblant gentils et bienveillants, mais nous n'entendons pas beaucoup parler des autres, ceux qui ne prennent pas de forme humaine, ou bien des géants ou des hommes poilus qui nous rendent visite. Russell s'arrête un instant et s'appuie contre la rampe qui entoure sa terrasse. Même nos vieilles légendes parlent d'hommes avec des ailes et d'hommes qui mesuraient 3 m ou 3,50 m. Tu les connais, nos grands-parents nous les racontaient, et ce n'était pas de la mythologie ou du folklore, mais des événements réels de notre histoire tribale. Les hommes volants étaient communs sur la Terre à l'époque de nos arrière-arrière-arrière-grands-pères. Et ce n'étaient pas des anges. C'étaient des hommes venus d'autres mondes.

– Comment sais-tu tout ça ?

– Je travaille dans l'industrie aérospatiale depuis cinquante ans. J'ai parlé avec des astronautes et vu des choses de mes propres yeux. En raison de la clause de confidentialité dans mon contrat, je ne peux pas révéler mes sources, mais je sais que cela existe.

– Autrement dit, tu crois que de nombreuses formes de vie intelligentes et différentes existent ailleurs dans l'univers.

– J'ai toujours cru que les récits des aînés contenaient une part de vérité.

– Moi aussi, je connais ces vieilles légendes et, comme toi, je crois en cette part de vérité. Tu as travaillé pour la Nasa. Que peux-tu me dire à ce sujet ? Savent-ils que les ovnis sont réels et qu'il y a d'autres formes de vie dans l'Univers ?

– La Nasa est au courant. Je peux te dire que, même si les ovnis sont acceptés par le public, les « vrais scientifiques » ne sont toujours pas disposés à avouer publiquement qu'ils y croient, par crainte des critiques de leurs pairs. Pourtant, ils le savent. Les pilotes le savent, les astronautes le savent, les gens du gouvernement le savent et même nos aînés le savent. Les extraterrestres existent et ils nous surveillent sur terre et dans l'Espace. Et je crois que certaines espèces utilisent les hommes pour leurs expériences, n'ayant aucun respect pour la vie humaine.

– Tu as déjà entendu des astronautes parler d'ovnis ?

– Plusieurs fois. Les scientifiques et les astronautes parlent des ovnis dans les conversations confidentielles. Ils ne le font tout simplement pas publiquement. Au moins douze astronautes ont déclaré avoir vu des ovnis dans l'Espace. L'astronaute de la Nasa, Neil Armstrong, a révélé que les extraterrestres ont une base sur la Lune et leur ont dit, sans équivoque, de partir et de ne pas revenir. Neil Armstrong et Buzz Aldrin ont tous les deux vu des ovnis peu après leur alunissage. La Nasa cache tout ça, ou appelle ça *théories du complot*, et le public y croit.

– Pourquoi le gouvernement veut-il garder le secret, à ton avis ?

– Ils croient que cela provoquerait une panique. Ça, c'est la version officielle, mais la vérité est que, s'ils l'admettent, les gens risquent de ne plus faire confiance à un gouvernement qui leur ment depuis près de soixante-dix ans. C'est pour ça que ton livre est important. En fait, j'ai reçu des messages de plusieurs scientifiques et astronautes au sujet de ton travail. Ils sont très enthousiastes. Tes livres ne passent pas inaperçus. Ça me fait penser, avant que tu partes, que je veux te donner quelques noms d'aînés que tu devrais contacter. Ils ont des histoires intéressantes à raconter. Tu vas peut-être les inclure dans un prochain livre.

– Merci. Mais pourquoi crois-tu que les visiteurs des étoiles ne se sont jamais révélés au monde ?

– Je crois que notre mère la Terre est trop jeune et que les humains sont trop primitifs pour les intéresser autrement qu'à des fins expérimentales. Mais je pense qu'ils nous surveillent tout le temps.

– Pourquoi ?

– Je crois qu'ils craignent que nous fassions quelque chose pour nuire à l'Univers dans notre stupidité enfantine. Ils gardent donc un œil sur nous, non pas pour nous protéger, mais pour s'assurer que nous ne détruisons pas la Terre dans notre quête de nous détruire les uns les autres.

– Comment ça ?

– As-tu déjà songé à quel point la Terre est un endroit génial ? Bien que je ne pense pas que les humains soient une priorité, je crois que la planète est importante pour eux. Je ne pense pas qu'ils attendent de nous transporter jusqu'au ciel pour nous protéger. Ils ont déjà cloné des humains. Il est plus probable que la planète leur soit beaucoup plus précieuse sans les humains. La Terre est un endroit remarquable, un joyau rare dans le cosmos.

– D'après toi, ils veulent prendre la planète ?

– C'est possible. Je pense qu'ils mettent à l'essai nos pilotes et astro-nautes pour apprendre nos capacités. Je sais qu'ils enlèvent des humains, les clonent et les testent pour découvrir des singularités et des faiblesses. Peut-être qu'ils nous laisseront tuer la plupart de la population de la Terre et, alors, ils pourront s'établir. Peut-être qu'un jour, ils en auront assez d'attendre et ils nous envahiront.

– Quelles sont les chances que cela se produise ?

– 50/50.

– Tu n'as pas peur de ce que le gouvernement pourrait te faire si je publie ce que tu me révèles ?

– Si, bien sûr, j'y ai pensé, mais je refuse de vivre dans la peur. Il y a trop de mensonges. Il est temps que les humains s'unissent, car il se peut que nous soyons confrontés à une menace beaucoup plus grande venant de l'Espace que venant les uns des autres.

– Donc, le président Reagan avait raison lorsqu'il a fait cette décla-ration à l'ONU.

– Non seulement il avait raison, mais je pense qu'il a émis un avertis-sement, même s'il était dissimulé. Nous n'en avons tout simplement pas réalisé l'énormité.

– Et ton cousin Eugène, comment a-t-il géré cette expérience ?

– Eugène, dit Russell lentement, Dieu ait son âme. Il est mort il y a quelques mois d'un accident vasculaire cérébral. Il ne s'est jamais remis de cette expérience. Il a commencé à porter des armes tout le temps. Il sortait rarement de la maison. Tante Rub, sa mère, s'occupait de lui. Le jour où je suis parti à l'université, il m'a supplié de rester, il avait l'impression que je l'abandonnais. Je me suis toujours senti coupable. Russell s'arrête et regarde le fond de sa tasse de café vide. Eugène attendait toujours le retour de l'homme des étoiles. Il portait des armes pour le tuer.

– Le tuer ?

Il hoche la tête.

– Mais c'est comme ça, non ? Les humains ont le chic de détruire ce qu'ils ne comprennent pas.

– Et toi ? Tu as réussi. Tu n'as pas été affecté comme ton cousin.

– J'étais mathématicien. Les mathématiques étaient ma zone de confort, je n'avais pas à m'occuper des gens. Travailler dans des domaines liés à l'Espace m'a offert une échappatoire et m'a permis d'être proche de ce que nous savons sur les autres formes de vie ailleurs. Eugène a trouvé du réconfort dans les armes à feu. Moi, c'était les maths.

Après le dîner, Russell et moi allons marcher le long de la voie ferrée où il avait vu l'homme des étoiles. Les voies ferrées sont toujours utilisées, mais il n'y a plus de trains à charbon. Aujourd'hui, ce sont des moteurs informatisés qui transportent des marchandises jusqu'à Walmart et aux supermarchés. Les trains ne s'arrêtent plus ici, déclare Russell. La Virginie-Occidentale est un État jetable. C'est dommage. Les gens d'ici regardent le ciel nocturne. Ils voient des choses et ils ont des histoires à raconter, mais il est peu probable qu'ils en parlent à qui que ce soit. Dans l'ensemble, ils ne font pas confiance au gouvernement.

*En quittant Russell ce soir-là, je me suis sentie en conflit, car il avait confirmé ce que je savais déjà : la vie existait au-delà de la Terre, et l'astronaute volant n'était qu'un exemple des nombreuses espèces qui vivent ailleurs. Quand je l'ai invité à me rendre visite dans le Montana, il m'a dit qu'il voyageait rarement. Internet a changé sa façon de travailler. Il mène maintenant ses activités professionnelles de chez lui. Il* estime qu'il est important de rester près de chez soi et de se préparer à tout ce qui pourrait se produire. Il m'a dit que si un événement pouvant changer le monde se produisait, il m'enverrait par courriel les mots « Hélas, Babylone », le code d'un événement apocalyptique imminent utilisé dans le livre de Pat Frank, Alas, Babylon. « Hélas, Babylone » semble être une alerte appropriée. Entre-temps, je suis heureuse de préciser que Russell et moi restons en contact chaque semaine par courriel et par téléphone.

## 12. L'histoire de Buck : ce sont les enfants du Diable

*Buck, s'appelle légalement Horatio. Il doit son surnom à une religieuse catholique d'un pensionnat du Dakota du Sud. Il travaille comme aide juridique pour un groupe de défense représentant les Autochtones américains en prison fédérale. En tant qu'agent de liaison avec la prison, il a gagné la confiance à la fois des détenus et de ceux qui les ont incarcérés. Ainsi, il passe le plus clair de son temps à enquêter sur les histoires des condamnés et à préparer des comptes-rendus pour les avocats en appel. Je l'ai rencontré lors d'une visite chez sa grand-mère. Il m'a expliqué qu'il gardait privées ses rencontres hors du commun en raison de la nature de son travail. D'après lui, si elles étaient rendues publiques, elles deviendraient un moyen de le discréditer, et son travail est trop important pour le compromettre.*

Je suis amie avec Myrtle, la grand-mère de Buck, depuis de nombreuses années. Elle fut l'une des premières enseignantes autochtones dans la réserve. Au fil des ans, nous sommes devenues amies. C'est elle qui l'a convaincu d'étudier le droit à l'université. Bien que le manque d'argent et les obligations familiales aient mis fin à son objectif de devenir avocat, il semble satisfait de son rôle d'aide juridique. Tandis que nous sommes assis autour de la petite table de cuisine chez Myrtle, à profiter d'une tisane, Buck parle passionnément de son travail et de l'injustice dans les différents États.

– Dans le Dakota du Sud, explique-t-il, les Autochtones représentent 60 % des cas fédéraux et, pourtant, nous ne constituons que 8,5 % de la population totale. D'après vous, c'est de la justice ou du racisme ? C'est la même chose dans tous les États avec une minorité autochtone : Dakota du Nord, Montana, Minnesota, Oklahoma. Il n'y a pas de justice. Il pose sa tasse et me regarde. Un sourire traverse son visage, puis il tend la main vers moi. Désolé, ma sœur. Je sais que vous n'êtes pas venue pour entendre parler du système carcéral. Vous êtes ici pour une autre raison. Les ovnis et les extraterrestres. Alors, par où commencer ? J'ai fait plus d'une demi-douzaine de rencontres.

– Commence par le début.

Buck regarde sa grand-mère et elle hoche la tête.

– Eh bien, c'était quand j'avais environ 9 ans. Je logeais chez Maw-Maw, dit-il en indiquant Myrtle d'un geste de la main. Je venais souvent chez elle. Elle est très importante pour moi. Il la regarde et sourit affectueusement. J'ai commencé à voir ces hommes-monstres qui erraient souvent autour de la maison de MawMaw la nuit. J'étais un petit hibou, j'avais du mal à dormir, car il faisait tellement chaud l'été. Nous avions un seul ventilateur dans la maison et il était réservé pour le salon. La nuit, j'allais me détendre sur le canapé et discrètement l'allumer. MawMaw ne m'autorisait pas tellement à l'utiliser. Elle disait que ça gonflait sa facture d'électricité et, à cette époque, un enseignant ne gagnait pas beaucoup. La tribu avait fixé les salaires, et les enseignants étaient au bas de l'échelle.

– Pouvez-vous me parler des hommes-monstres ?

– Je les ai vus la première fois lorsque j'étais enfant, mais toutes mes rencontres ont eu lieu avec ces êtres que j'appelle les *hommes-monstres*.

– Que pouvez-vous en dire ?

– Préalablement, une lumière forte éclairait toujours le ciel nocturne et la terre en contrebas. Cela avait l'apparence d'une étendue de lumières vives, toutes pointées sur les fenêtres de la maison. Les hommes-monstres arrivaient juste après. Je les regardais errer autour de la maison. Je voyais leurs ombres passer devant les fenêtres. J'avais peur. Il m'a fallu au moins plusieurs semaines avant d'avoir le courage d'aller les voir dehors. Au début, je me cachais dans l'ombre, et ce que j'observais était vraiment des monstres. Ils étaient plus grands que les humains et marchaient bizarrement : quand ils posaient le pied sur le sol, cela produisait un bruit sourd. C'était étrange, comme quelqu'un apprenant à marcher pour la première fois. Ils se déplaçaient comme les tout-petits qui ne sont pas sûrs de leur équilibre, mais ils étaient des êtres très grands. Pour un enfant de 9 ans, c'était déroutant, mais, en même temps, j'étais fasciné. Je voulais savoir d'où venaient ces monstres. Je me demandais si c'étaient les démons de l'enfer dont le curé parlait à l'église.

– Vous vous êtes montré à eux ?

– Oui, mais sans le faire exprès. Un soir, j'ai entendu un bruit effrayant venant de la grange. Je savais que quelque chose faisait peur à ma jument, Betty. Je l'ai entendue donner des coups de pied dans son box et hennir bruyamment. Je me suis précipité dehors et me suis retrouvé face à l'un d'eux. Il s'est penché et m'a attrapé d'une main et m'a tenu en l'air comme une poupée de chiffon. Il m'a reniflé. En fait, il m'a malmené comme un animal pourrait le faire quand il n'est pas sûr de quelque chose. Puis il m'a littéralement laissé tomber et s'est dirigé vers un autre monstre à environ 5 m. Je me suis relevé et précipité vers la grange.

– Quelqu'un d'autre était-il dans la maison pendant cette scène ?

– MawMaw, mais elle dormait et ne s'est pas réveillée.

Il tend la main et prend celle de Myrtle.

– Vous avez réussi à atteindre la grange ?

– Oui, et quand j'y suis entré, j'ai attrapé mon fusil que je gardais toujours près de la porte. Je ne m'attendais pas à ce que cela arrête les monstres, mais je pouvais au moins mettre un œil dehors. J'étais bon tireur. C'est pour cela que l'on m'a donné le surnom de Buck. On pouvait toujours compter sur moi pour attraper le plus gros chevreuil à la chasse [*buck,* en anglais, est un chevreuil mâle – NdT].

– Y avait-il des monstres dans la grange ?

– Je n'en ai vu aucun, mais je les ai sentis. Ils puaient terriblement, comme des œufs pourris. Ils y étaient entrés, mais ils étaient partis. J'ai essayé de calmer Betty, mais rien ne pouvait la réconforter. J'ai finalement abandonné.

– Pouvez-vous décrire le monstre qui vous a attrapé ?

– Je ne voyais pas grand-chose, il faisait sombre. Mais, deux semaines plus tard, ils sont revenus. Cette fois-ci, j'étais prêt, avec mon fusil, une boîte de cartouches et ma lampe de poche. Il marque une pause pendant que Myrtle remplit sa tasse d'eau chaude. J'étais tellement naïf.

– Que s'est-il passé ?

– C'était vers minuit. Aux premières lumières, je suis sorti et suis monté dans le grenier de la grange. Là, j'ai vu ce long vaisseau, qui ressemblait à un container, descendre du ciel et atterrir. J'ai regardé quatre êtres en sortir et marcher vers le petit ruisseau qui coulait du côté ouest de la propriété. Quelques minutes plus tard, ils ont commencé à marcher en rond autour de la propriété, comme s'ils cherchaient quelque chose.

– Qu'y avait-il de spécial sur votre propriété ? Des minéraux, des roches... ?

– Oui, des géodes.[14] Des tonnes de géodes, sur le sol, sous le sol. Notre propriété se trouvait sur l'ancien lit d'une rivière, alors il y en avait beaucoup. J'adorais en trouver et les rapporter à MawMaw. Il pointe du doigt une étagère au fond de la petite cuisine. Elles font partie de ma collection. Je ne sais pas pourquoi ils s'y intéressaient.

– Que pouvez-vous me dire d'autre à leur sujet ?

– D'une certaine façon, ils me faisaient penser à d'énormes serpents. Leur corps était plus humain, avec des bras et des jambes. Ils semblaient pouvoir communiquer entre eux, mais je ne les comprenais pas. Ils émettaient des sifflements et des grognements. Leur tête était énorme, de la taille de celle des bisons, mais ils n'avaient pas de cou. Juste une tête dans le prolongement du corps. Quand l'un d'eux s'est approché de la grange, je lui ai mis la lampe de poche dans le visage, et il avait des yeux super bizarres, de grands yeux inclinés qui reflétaient le rouge dans la lumière, comme un animal sauvage. Sa bouche était tel un gros museau, rien d'humain. Quand il a ouvert la bouche en réponse à la lumière, j'ai réalisé qu'il pouvait me manger en une seule bouchée. La lumière dans le visage l'a fait reculer, et j'ai tiré un coup de feu. Pas directement sur lui, mais suffisamment près pour qu'il comprenne que j'étais sérieux. Aujourd'hui encore, je me souviens du bruit du tir, du retour de mon fusil et de ce que j'ai interprété comme de la peur dans la réaction de l'homme-monstre. Aussitôt, il s'est dirigé vers les autres qui s'étaient rassemblés en cercle. Ils sont restés là un instant, puis sont retournés à leur vaisseau

_____

14. NdÉ : il s'agit de morceaux de roche tapissés de cristaux à l'intérieur, le plus souvent du quartz.

spatial et ont disparu. Je les ai regardé partir. Je suis resté à l'étage de la grange jusqu'à ce qu'ils ne soient plus qu'une étoile dans le ciel.

– Par la suite, les avez-vous revus ?

– Plusieurs fois. Toujours ici, sur cette propriété. Je m'inquiétais pour MawMaw, qui refusait de quitter cette maison. Mais ce sont des explorateurs, rien de plus. J'ai depuis appris qu'ils viennent pour le quartz. Je ne sais pas ce qu'ils en font, mais d'après ce que je comprends, c'est une marchandise précieuse dans l'Univers.

– Vous avez donc communiqué avec eux ?

– Seulement de manière sommaire. Ils peuvent planter des idées dans ma tête. Je ne pense pas qu'ils soient malintentionnés, mais ils ne veulent pas se révéler aux humains. Ils craignent que nous essayions de les détruire.

– Après avoir communiqué avec eux et les avoir vus plus d'une fois, vous pouvez me dire autre chose à leur sujet ?

– Sur cette planète, je pense qu'ils seraient considérés comme des parents du lézard. Leur apparence, du milieu du torse jusqu'à la tête, ressemble beaucoup à cet animal. Ils n'ont pas d'écailles, mais une peau translucide qui semble brune et verte en même temps. De leur torse jusqu'en bas, ils ont ces énormes jambes qui rendent leur démarche maladroite. Leurs bras sont monstrueux là où ils sont joints au corps, mais ils se rétrécissent en petites serres au niveau des mains. Cela me rappelle des photos de dinosaures. C'est peut-être un mélange de dinosaures et de lézards. Il est difficile de décrire quelque chose qui n'existe pas, du moins pas sur cette planète.

– Vous croyez qu'ils sont d'une intelligence supérieure ?

– C'est évident, non ? Sinon, comment auraient-ils fait pour venir jusqu'ici ? Ils sont certainement intelligents, et il serait difficile pour les humains d'accepter que ces hommes lézards monstrueux soient plus intelligents qu'eux. Ils sont également carnivores. Je les ai vus capturer et manger des cerfs vivants. Ils sont donc puissants. Les humains n'auraient aucune chance contre eux au combat.

– Alors pourquoi ne rien dire ?

– Qui me croirait ? À part vous et MawMaw, qui, elle aussi, les a vus...

Je regarde Myrtle, elle hoche la tête, se lève et va à la fontaine pour remplir sa bouilloire.

– Tu a quelque chose à ajouter à l'histoire de Buck ?, demandé-je à Myrtle.

Elle acquiesce et dit calmement :

– Ce sont les enfants du Diable. Dieu n'a pas créé ces créatures.


*Je revois souvent Buck. Lorsque je rends visite à Myrtle et qu'il passe la nuit ici, nous parlons jusqu'à tard dans la nuit de son travail et des hommes-monstres. Il ne fait aucun doute dans mon esprit que Buck est un observateur fiable et honnête de ces créatures reptiliennes, qui ont été rapportées par d'autres. Bien que ces rencontres ne semblent pas faire peur à l'adulte Buck, il est évident que le petit garçon de 9 ans fut terrifié par ces hommes-monstres.*

# Troisième partie

# LES AUTRES PEUPLES DES ÉTOILES

# 1. Les autres peuples des étoiles : introduction

Dans *2001, l'Odyssée de l'Espace*, Arthur C. Clarke explore l'idée que des intelligences extraterrestres hautement avancées seraient indissociables des dieux. Lorsque les Européens arrivèrent en Amérique, de nombreux Autochtones les prirent pour tels. Ils avaient la capacité de réaliser des choses inimaginables, loin de la réalité des peuples autochtones. Leur origine était incertaine, ils étaient arrivés sur d'énormes navires et avaient la possibilité de tuer avec des armes redoutables. De plus, leur apparence était différente et ils portaient des vêtements inconnus.

Aujourd'hui, les voyageurs de l'Espace pourraient nous apparaître de la même façon que les Européens apparurent aux Autochtones. Ils seraient probablement dotés de capacités inimaginables, comme voyager sur de grandes distances dans l'Espace en utilisant une énergie inconnue, communiquer par télépathie, disparaître (se dématérialiser) et se téléporter, posséder des armes puissantes ou des connaissances médicales qui feraient passer les humains modernes pour des hommes des cavernes, manipuler le cerveau, contrôler les mouvements et le comportement, et effacer les souvenirs. Grâce à la science et à la technologie de pointe, ils pourraient cloner des êtres ou créer de nouvelles formes de vie. À l'heure actuelle, notre technologie n'est pas assez avancée pour accomplir ces exploits, mais ces limites ne sont que le résultat de nos connaissances encore limitées.

Il est probable que les peuples des étoiles, qui voyagent sur de vastes distances dans l'Espace, nous soient supérieurs intellectuellement et technologiquement. De nombreuses capacités surnaturelles leur ont été attribuées, y compris la métamorphose, la télékinésie, la téléportation, la télépathie, la copie d'ADN, la manipulation biologique, des pouvoirs physiques et psychiques surhumains, et la création de formes de vie (hybrides et clones). On leur attribue aussi la guérison ou l'augmentation des capacités intellectuelles humaines.

Bien que les guérisons extraterrestres ne soient pas nouvelles, elles n'avaient reçu que peu d'intérêt jusqu'à ce que l'ufologue Preston Dennett n'écrive *Guérisons extraterrestres* en 1996. Il y détaille plus d'une centaine de cas de personnes guéries par des rencontres hors du commun, de la cécité au cancer. D'autres ufologues et des médecins vérifièrent tous ces cas. Avant ce livre révolutionnaire, Budd Hopkins, les docteurs David Jacobs et John Mack, trois éminents experts en enlèvements extraterrestres, rapportèrent que les extraterrestres guérissaient des individus.

Des ufologues aussi connus que Brad Steiger, le Dr Richard Boylan, Kevin Randle, Jacques Vallee et Timothy Green Beckley enquêtèrent également sur des cas de guérisons extraterrestres. Le Dr Edith Fiore soutint que la moitié de ses patients avaient été guéris par des extraterrestres.

Thomas Bullard affirma qu'il y avait treize cas de guérisons extra-terrestres sur les 270 récits d'enlèvement dans son étude. Selon Bullard, « L'aspect positif est que, dans ces treize cas, le témoin a quitté l'enlèvement guéri d'une maladie [...] de nombreuses rémis-sions semblant résulter d'une intervention délibérée. »

Quelques sites web énumèrent des « guérisons célestes » et extra-terrestres. John Hunter Gray, président du Département des études autochtones de l'université du Dakota du Nord, qui se présente comme métis d'origine micmac/abénaquise/mohawk, mentionna deux rencontres extraterrestres avec son fils. Ardent défenseur des bienfaits de ces rencontres hors du commun, Gray révéla ceci : « Je déclare sincèrement et d'entrée de jeu que je vois les visiteurs extraterrestres, des humanoïdes d'un autre monde, comme étant amicaux et ayant des motivations positives et des effets bénéfiques. Je suis enclin à les considérer comme une seule race, assez semblable à nous-mêmes à bien des égards, mais très en avance sur le plan de l'évolution. » Il annonça que lui et son fils avaient reçu des améliorations physiques positives à la suite de ces rencontres, y compris « [...] la croissance plus rapide des cheveux et des ongles, des sourcils plus épais et plus foncés, la guérison plus rapide des coupures et des égratignures, l'arrêt des saignements de gencives, la disparition de vieilles cicatrices, l'amélioration du teint, une meilleure circulation sanguine, plus d'énergie et une meilleure immunité ».

Les légendes autochtones racontent des guérisons accomplies par les êtres du ciel. L'une des plus célèbres parle d'un jeune homme jeté par-dessus une falaise par ses soi-disant amis. Avec une jambe cassée, il ne pouvait pas sortir du petit canyon. Les hommes-tonnerre du ciel le guérirent et l'emmenèrent avec eux , où il devint un homme-tonnerre très puissant.

Au cours de mes entretiens sur une période de plus de trente-cinq ans, j'ai rencontré de nombreux témoins de guérisons ou de miracles incroyables. Dans cette section, vous lirez des récits de guérisons extraordinaires, allant de l'amélioration de la capacité intellectuelle à l'élimination d'une dépendance. Deux des miracles les plus surprenants concernent des animaux. Vous lirez également des récits sur des rencontres qui décrivent les pouvoirs surnaturels ou surhumains du peuple des étoiles.

## 2. L'histoire d'Addie et Tansy : nous sommes les Autochtones de l'ère spatiale

*Addie et Tansy ont grandi ensemble dans la réserve. Leurs parents possédaient des ranchs adjacents. Championnes régionales et nationales de* barrel racing[15] *et de prise de veau au lasso, les filles étaient imbattables sur les pistes de rodéo. En plus de ces activités, elles aimaient l'équitation et le camping, écrire de la musique, passer du temps sur internet et rester en contact avec leurs amis et leurs proches sur les réseaux sociaux. Elles emmenaient souvent leurs chevaux pour des week-ends de trois jours dans les collines autour de leur maison. C'est lors d'un de ces week-ends qu'elles firent une rencontre des plus inhabituelles.*

– Notre coin de camping préféré se trouve au-dessus des buttes, explique Addie en pointant vers l'ouest un endroit isolé dans une vallée entourée de collines. Le site est protégé du vent et il y a un petit étang et beaucoup d'herbe pour les chevaux. Des arbres poussent le long du côté sud de l'étang. Nous plantons la tente sous les arbres et nous passons notre temps sur internet, à enregistrer des vidéos avec nos téléphones, à écrire de la musique et à faire de longues promenades.

– Nous emportons assez de nourriture pour nourrir une armée, ajoute Tansy en riant. Notre vie peut sembler ennuyeuse pour d'autres filles de notre âge, mais nous n'en changerions pas. C'est la liberté totale.

– Peu de gens peuvent en dire autant, intervient Addie.

J'observe ces deux lycéennes assises l'une à côté de l'autre sur un banc en bois usé à proximité du box du cheval d'Addie. Elles pourraient passer pour des jumelles. Elles mesurent toutes les deux environ 1,70 m. Sveltes, on dirait qu'elles vont à la salle de gym tous les jours, mais non. Elles affirment que le travail au ranch et le levage

---

15. NdÉ : « Le barrel racing est une discipline d'équitation western et de rodéo, pendant laquelle le cavalier et sa monture sont jugés sur leur habileté à tourner le plus rapidement possible autour de tonneaux. Les trois barils sont disposés afin de créer un trèfle. » (Wikipedia)

des bottes de foin les maintiennent fortes et en forme. Les longues tresses d'Addie descendent presque jusqu'à sa taille ; les cheveux noirs et épais de Tansy sont attachés en queue de cheval. Ce sont de jolies filles, mais le plus beau chez elles est qu'elles semblent l'ignorer. Leur joie de vivre, leur humour et leur amour pour leurs chevaux, leur famille et l'une pour l'autre combleraient de fierté n'importe quel parent.

– Je crois comprendre que vous êtes toutes les deux des championnes de rodéo. Pouvez-vous m'en parler ?

– Addie est la meilleure *barrel racer* de toute la région !, déclare Tansy. Elle a une salle pleine de trophées. Je suis deuxième dans cette discipline, mais je préfère la prise de veau au lasso.

– Vous êtes compétitives ?

– Pas l'une avec l'autre, dit Addie, mais avec tous les autres concurrents, oui. Tansy et moi sommes comme des sœurs. Nous avons eu 16 ans la semaine dernière et avons fêté notre anniversaire ensemble avec nos familles. Nous sommes nées le même jour. Je suis plus vieille de cinq heures.

– Addie, votre mère m'a dit que vous aviez toutes les deux rencontré le peuple des étoiles lors d'une de vos sorties en camping récemment. Pouvez-vous m'en parler ?

– C'était plus qu'une rencontre. C'était un enlèvement, si vous voyez ce que je veux dire.

– Racontez-moi en détail ce qui vous est arrivé.

– Notre enlèvement a eu lieu l'an dernier, déclare Tansy.

– Vous aviez donc 15 ans à l'époque ?

Elles hochent toutes les deux la tête.

– Le vendredi après-midi, nous préparions les chevaux pour le voyage, raconte Addie. Il y avait des nuages venant de l'ouest, mais nous avons décidé d'y aller quand même. Nous avons déjà campé sous la pluie, alors nous n'allions pas laisser quelques nuages nous en empêcher.

– Ce devait être notre dernière session de camping avant le weekend de Thanksgiving, ajoute Tansy, l'école commençant la semaine suivante. Tansy s'arrête un instant, prend un chewing-gum et en offre à Addie et moi.

– En arrivant à notre endroit, reprend Addie, nous nous sommes empressées de monter la tente et de ranger toute la nourriture et nos affaires à l'intérieur. Pendant que je ramassais du bois, Tansy a allumé un feu pour réchauffer le chili fait par ma mère, que nous avions prévu pour le dîner.

– J'avais des biscuits, du chocolat et des marshmallows à faire griller, interrompt Tansy. Nous étions préparées.

Les filles se regardent, hochent la tête et rigolent.

– Quand le peuple des étoiles est-il arrivé ?

Tansy se tourne vers Addie, qui prend une profonde inspiration et raconte :

– C'était plusieurs heures plus tard. Tandis que la nuit commençait à tomber – il fait nuit vers 7 h maintenant – les nuages sont devenus plus menaçants et, lorsque le premier coup de tonnerre a retenti, suivi d'un éclair, nous avons vérifié les chevaux et décidé d'aller à l'intérieur de la tente.

– Peu de temps après, dit Tansy, la pluie est arrivée. C'était une averse et elle n'a duré que quelques minutes. Après, nous sommes sorties de la tente pour vérifier les chevaux et nous avons essayé de sauver notre feu, qui avait encore des braises.

– Une fois que le feu a repris, dit Addie, nous avons décidé d'emmener les chevaux boire à l'étang. Nous les avons montés à cru et nous nous sommes dirigées vers l'eau avec des lampes de poche. Nous avancions vers l'étang lorsqu'une forte lumière est descendue du ciel, directement au-dessus de nous. Addie regarde Tansy, qui lui prend la main. Les chevaux ont eu peur et ont commencé à courir vers l'étang. C'était tout ce que nous pouvions faire sur le moment.

– La lumière nous suivait, dit Tansy, partout où nous allions. Je regardais vers le haut pour essayer de comprendre d'où elle venait, mais j'étais aveuglée.

Tansy marque une pause, regarde Addie, met son bras autour de ses épaules et Addie fait un signe de tête comme pour l'encourager à continuer. Tansy reste silencieuse et Addie prend la relève :

– Là, j'ai eu un sentiment étrange. Tout est devenu silencieux. Il n'y avait pas de bruit d'animaux, pas de bruit d'arbre, pas même le bruit des chevaux qui buvaient. C'était comme si tout sur terre, du moins dans notre petit endroit, était immobile. Je n'ai pas même eu le temps de le faire remarquer à Tansy que, soudainement, nous étions dans les airs.

– Quand vous dites que vous étiez *dans les airs*, cela signifie que vous avez été emmenées vers le haut, vers la lumière ?

– Pas seulement nous, dit Tansy, nos chevaux aussi. Je me souviens avoir regardé l'étang en contrebas et avoir eu peur pour ma vie. Les chevaux étaient amorphes. J'ai serré Juniper autour du cou et je me suis accrochée à lui. J'avais des vertiges et peur de tomber. Il n'y avait personne pour me secourir.

– Starwood était aussi inerte, poursuit Addie. J'ai placé ma tête sur la sienne, mais je pensais qu'il était mort. Puis je me suis dit que nous étions peut-être morts tous les quatre. Je me souviens avoir crié aussi fort que possible, mais il n'y avait personne pour m'entendre, pas même Tansy, qui semblait aussi inerte que Juniper.

– Ensuite, dit Tansy, nous nous sommes retrouvées dans une pièce énorme et étrange. Nous étions accrochées au cou de nos chevaux, et lorsque nous nous sommes redressées, plusieurs petites personnes maigres se sont approchées de nous. C'étaient les êtres les plus surprenants que j'aie jamais vus.

– Ils étaient chauves avec d'énormes yeux noirs, et ne portaient pas de vêtements, affirme Addie. Ils avaient une peau très étrange, un peu caoutchouteuse. Leur couleur était bizarre. J'ai encore crié, et je pense que je me suis évanouie parce que, quand je suis revenue à moi, Tansy et moi étions sur des tables dans une autre pièce. Ma première pensée fut pour Starwood. Je voulais savoir où était mon cheval. Je l'aime, et je pensais qu'ils lui avaient fait quelque chose. Je leur ai crié dessus, mais ils sont restés là, à me regarder.

– Vous vous rappelez ce qui s'est passé ensuite ?

– C'est à ce moment-là que de grands hommes sont entrés dans la pièce, déclare Addie. Ils ressemblaient à des humains, et je leur ai crié dessus aussi, en exigeant de savoir où nous étions et pour Starwood.

– À quoi ressemblaient-ils ?

– Ils étaient grands et maigres, dit Tansy. Ils ressemblaient à des humains pâles et affamés ayant été enfermés quelque part sans soleil. Leurs cheveux étaient très fins. Ils avaient de longs visages, mais leur peau était si blanche qu'on aurait dit des fantômes.

– Ils ressemblaient à des femmes, précise Addie, mais je pense que c'étaient des hommes. Très délicats. En fait, je ne sais pas si c'étaient des hommes ou des femmes.

– Ils portaient de drôles de costumes blancs avec une bande bleue autour des bras, ajoute Tansy. L'un d'eux nous a approchées et nous a dit que les chevaux allaient bien et nous aussi.

– Il vous a parlé ?

– Je n'y ai jamais pensé, indique Addie. Je savais juste qu'ils allaient bien.

– Moi aussi, dit Tansy. Sa façon de faire m'a calmée. J'avais l'impression d'être avec un ami.

Tansy regarde Addie, qui hoche la tête en signe d'acquiescement.

– Que s'est-il passé ensuite ?

– Ils ont prélevé des échantillons de sang, une mèche de nos cheveux et ont gratté notre peau, dit Tansy. Et ils ont inséré quelque chose en nous. Je ne sais pas comment le décrire. C'était un tube de verre ou une aiguille de verre. Je n'avais jamais vu un tel instrument. C'était un objet long. J'ai crié quand je l'ai vu, mais l'un des grands a dit que ça ne ferait pas mal.

– J'essayais de me détendre, déclare Addie, mais j'avais peur aussi. Je n'aime pas les médecins et je pense qu'ils l'étaient.

– Où ont-ils inséré le tube ?

– Dans le ventre, près du nombril, reprend Addie.

Les deux filles soulèvent spontanément leur t-shirt et montrent une marque ronde et rouge de la taille d'une pièce de monnaie. Je m'approche et les examine. Elles sont de taille, de forme et de positionnement identiques. Cela me rappelle un pinçon que j'ai eu quand j'étais enfant.

– C'est la marque qu'ils nous ont laissée. Elle n'a jamais disparue, explique Tansy.

– Et ça fait un an, rappelle Addie.

– Ça vous a fait mal ?

– Non, nous n'avons rien senti, dit Tansy. Ils ont dit que ça ne ferait pas mal et ça n'a pas fait mal, mais ça ne disparaît pas. C'est un rappel constant.

Les filles se regardent et hochent la tête.

– Ils nous ont marquées pour toujours, dit Addie. Après ça, ils ont dit que nous étions trop jeunes et nous ont demandé de venir avec eux. Ces petits êtres bizarres sont venus, nous ont tenues par le bras et nous ont emmenées à nos chevaux.

– Puis, soudain, dit Tansy, nous étions de retour sur terre, assises sur nos chevaux comme si rien ne s'était passé. Pendant qu'ils buvaient à l'étang, nous avons entendu un coup de tonnerre. Nous avons levé les yeux et avons vu le contour d'un énorme objet rond s'élever dans les airs et disparaître en un éclair. Nous n'avons pas réussi à dormir cette nuit-là. Nous sommes restées assises à parler de ce qui nous était arrivé.

– Vous avez poursuivi votre week-end de camping ?

– Oh, oui !, disent-elles à l'unisson.

– Aucun petit homme laid ou grand homme blanc ne pourrait nous empêcher d'apprécier notre week-end, déclare Tansy. Je pense que notre âge nous a sauvées. Ils ont dit que nous étions trop jeunes pour avoir des enfants.

– Je pense qu'ils ont découvert que nous étions vierges, dit Addie, et ils ont arrêté leurs tests sur nous.

– Qu'est-ce qui vous le fait penser ?

– Pour quelle autre raison serions-nous trop jeunes ?, demande Tansy. Ils ont dit qu'ils cherchaient des reproductrices. Nous étions trop jeunes pour être de bonnes reproductrices.

– Des reproductrices ?

– C'est ce qu'ils ont dit, répond Addie.

– Je pense qu'ils cherchaient des femmes pour la reproduction, reprend Tansy. Tout comme on féconde les chevaux. Cela me rend malade de penser qu'ils fécondent des gens. Peut-être qu'ils ont prévu de nous mettre enceintes. Lorsqu'ils ont découvert que nous n'étions que des jeunes filles, ils nous ont laissé partir. J'espère qu'ils ne reviendront pas plus tard.

– S'ils reviennent, nous leur botterons les fesses !, annonce Addie.

Elles se regardent, se touchent du poing et rient joyeusement.

– Tansy, vous avez reçu le même message ?

– Le message que j'ai reçu était que nous étions trop jeunes, dit Tansy. Nous n'étions pas de bons spécimens. C'est tout. Mais je pense qu'Addie a raison : ils avaient d'autres intentions pour nous, mais ont décidé que ça ne fonctionnerait pas parce que nous étions trop jeunes.

– Et ils vous appelaient des *spécimens* ?

– C'est le terme qu'il a utilisé, dit Tansy. Il m'a regardée dans les yeux et m'a dit que je n'étais pas un bon spécimen. Pendant que j'étais en leur présence, ça ne m'a rien fait, mais, après, j'étais en colère de penser qu'ils me considéraient, en tant qu'être humain, comme un spécimen, comme je le penserais d'une grenouille en classe de biologie. Le prof appelait aussi la grenouille le *spécimen*.

– Vous avez déjà entendu quelque chose d'aussi inhabituel ?, demande Addie.

– Je n'avais jamais entendu parler d'enlèvement de personnes avec leurs chevaux, dis-je.

– Eh bien, il y a autre chose au sujet de nos chevaux, dit Tansy. C'est un miracle. Vous allez vraiment penser que nous sommes folles, mais c'est comme si nos chevaux avaient rajeuni. Nous espérions continuer à travailler avec eux lorsque nous serions à l'université, mais nous étions déjà en train de former des remplaçants pour Juniper et Starwood.

– Et une chose incroyable est arrivée, déclare Addie. Au début, nous avons remarqué des changements dans leur capacité à courir et leur réaction générale à nos indications quand nous les montions. Mais le plus étonnant était leur niveau d'énergie : ils avaient plus d'endurance et plus d'agilité. Leur réaction à notre corps et à nos directions était incroyable. C'est comme s'ils pouvaient lire dans nos pensées. Vous pensez que les hommes des étoiles ont fait quelque chose à nos chevaux pour qu'ils puissent lire dans les pensées ?

– Je ne sais pas, dis-je.

– Et pourquoi auraient-ils fait ça ?, demande Addie en me regardant, dans l'attente d'une réponse.

– Je pense qu'ils leur ont fait quelque chose, dit Tansy. Ils sont désormais comme des super-chevaux. Ils attirent l'attention sur les pistes de rodéo. Plusieurs juges les ont qualifiés de meilleurs chevaux de *barrel race* et de lasso du pays. Depuis un an, on nous propose des milliers de dollars pour des saillies. Je ne sais pas ce que ce peuple des étoiles leur a fait, mais nous savons que les changements chez Starwood et Juniper ont quelque chose à voir avec eux.

– Vous avez fait saillir vos chevaux ?

– Non, répond Addie. Nos pères et nos grands-pères pensent que nous ferions mieux de garder leurs nouvelles capacités secrètes. Ils veulent être les premiers à les reproduire. Nous cherchons simplement les bonnes juments.

– Vous pensez que leurs super-capacités pourraient être transférées à leur progéniture ?

– C'est ce que nous voulons savoir, répond Tansy.

– Avant votre rencontre hors du commun, vos chevaux étaient des chevaux de rodéo exceptionnels ?

– C'étaient de bons chevaux, dit Tansy, peut-être légèrement au-dessus de la moyenne, mais ils n'étaient pas des super-chevaux. Je dirais qu'ils ne se seraient pas améliorés, étant déjà au maximum de leurs capacités. Ils nous ont aidées à gagner beaucoup de concours et nous espérions obtenir une bourse d'études universitaires, mais ce n'étaient pas les meilleurs au monde. Je pense que maintenant, c'est le cas.

– Est-ce que les hommes des étoiles vous ont parlé de vos chevaux ?

– Ils nous ont dit qu'ils étaient d'excellents spécimens, répond Addie, mais j'étais inquiète. Je n'aimais pas le mot *spécimen*. Mon Starwood n'est pas un spécimen, il fait partie de la famille. J'avais peur qu'ils fassent des tests sur eux, comme ils le faisaient sur nous.

– C'est une réponse étrange. Ils ont précisé ce qu'ils entendaient par *excellents spécimens* ?

– Non, dit Tansy. Il est évident qu'ils leur ont fait quelque chose. Les chevaux sont différents, pas dans le tempérament, mais c'est comme s'ils étaient des super-chevaux. Vous allez me prendre pour une folle, mais j'ai toujours parlé à Juniper. Je le connais depuis qu'il est petit et, quand j'étais enfant, lui et Addie étaient mes meilleurs amis. En grandissant, je savais qu'il ne comprenait pas tout mon bavardage, mais je lui parlais toujours comme s'il était mon meilleur ami. Mais maintenant, c'est différent. C'est comme s'il comprenait ce que je dis.

– Pouvez-vous me donner un exemple ?

– Bien sûr. La semaine dernière, les marguerites sauvages étaient en pleine floraison dans ce champ. Tansy pointe du doigt une grande prairie. J'ai décidé de faire un bouquet pour maman, car elle les aime, elle les trouve plus jolies que les roses. Alors j'ai dit à Juniper que je voulais cueillir des marguerites pour maman. Il m'a regardé et a immédiatement trotté vers la prairie. C'était comme s'il savait de quoi je parlais. Quand j'ai hésité à le suivre, il s'est avancé plus loin vers le champ, puis s'est arrêté et s'est retourné vers moi, comme s'il attendait que je le suive. Il l'a fait plusieurs fois avant que je le rejoigne.

– Des choses semblables me sont arrivées, explique Addie. Un matin, j'ai dit à Starwood que je voulais cueillir des fraises sauvages pour le petit-déjeuner. Il est parti directement vers le champ de fraises, sans aucune directive de ma part. Le trajet jusqu'aux fraises sauvages n'est pas une promenade à travers les champs, il faut descendre plusieurs ravins pour les atteindre. Il savait exactement où je voulais aller. C'est lui qui me dirigeait, pas moi.

– J'aimerais savoir ce que les hommes des étoiles leur ont fait, déclare Tansy. Cela pourrait changer la science vétérinaire. Elle s'arrête un instant, regarde Addie, puis moi. Vous savez, nous sommes des Autochtones de l'ère spatiale. Nous grandissons dans un monde où les voyages sur Mars auront lieu de notre vivant. Ce qu'ils ont fait à nos chevaux est de l'ordre de la science-fiction, et ça a changé nos vies pour toujours. Les hommes des étoiles nous ont donné un aperçu de ce que l'avenir nous réserve dans l'ère spatiale.

Après l'entretien, les filles ont installé un pique-nique sur une table en bois à proximité. Ensuite, nous sommes allées aux box, où j'ai rencontré Juniper et Starwood, les chevaux miracles. Quand nous sommes arrivées, ils couraient autour des box comme de jeunes poulains. La robe pinto de Starwood était sublime, Juniper étant un magnifique palomino. Quand ils ont vu les filles, ils ont couru vers elles. Je ne suis pas experte en chevaux, mais il ne fait aucun doute qu'ils comprenaient leurs jeunes propriétaires avant même qu'elles ne prononcent un mot.

*Je prends régulièrement des nouvelles d'Addie et de Tansy. Les deux filles prévoient d'étudier l'élevage des animaux et la science vétérinaire lorsqu'elles obtiendront leur baccalauréat. Toutes deux ont été acceptées à l'université dans un programme d'enrichissement : pendant leurs dernières années de lycée, elles suivront également des cours universitaires, ce qui leur donnera une longueur d'avance lorsqu'elles seront en première année à l'université. Depuis leur enlèvement, elles sont toujours convaincues que les hommes des étoiles ont changé la direction de leur vie et transformé leurs chevaux en super-animaux. Récemment, elles ont accouplé Starwood et Juniper avec des juments championnes que leurs pères ont achetées à un éleveur du Texas. Alors qu'elles attendent impatiemment la naissance de leurs petits, je ne peux m'empêcher de me demander si les progénitures partageront les traits de leurs pères, et ce que cela signifie pour l'avenir, si tel est le cas.*

## 3. L'histoire d'Elmer : un ovni m'a offert une vie différente

*Il y a une quinzaine d'années, je reçus une lettre de ma cousine, Carol, avec une coupure de journal au sujet d'une collision entre un ovni et un train à charbon dans le Kentucky. Un an plus tard, je décidai d'entreprendre un voyage dans toute l'Amérique du Nord. J'avais prévu de m'arrêter une nuit pour lui rendre visite et, si l'occasion se présentait, pour en apprendre davantage sur cet incident. En arrivant chez Carol, son mari m'apprit qu'elle était à l'hôpital sous respirateur artificiel. Ayant expliqué être de passage et voulant juste lui faire une surprise, il me recommanda une chambre d'hôte pour la nuit. À mon arrivée, Ethel, ma logeuse, me déclara que j'étais sa première cliente du Montana depuis l'ouverture de son établissement. Après les formalités, je lui demandai le chemin du restaurant le plus proche, et elle me dit qu'elle avait un rôti dans le four et serait ravie de le partager avec moi. Je crois au destin, mais rencontrer Ethel renforça ma croyance que des choses étranges, que l'on ne peut expliquer, se produisent dans l'Univers. Ce qui suit est le compte-rendu de l'histoire de l'ovni et du train à charbon.*

J'arrive à la réception à 19 h, et Ethel m'accueille derrière le comptoir. Tandis que nous profitons de son délicieux dîner, elle me questionne sur mes voyages, car elle n'a quitté le Kentucky qu'une seule fois et c'était pour sa lune de miel à Myrtle Beach.

– Quand j'étais plus jeune, j'avais envie de vagabonder, mais papa m'a mariée. Après le mariage, on met ses pensées derrière soi. Mais assez parlé de moi, je veux entendre parler de vous et de la raison pour laquelle vous voyagez en votre seule compagnie.

– En fait, je suis sur le chemin du retour, expliqué-je. Mon idée était d'aller à la réunion de mon lycée et de rendre visite à de la famille, à ma cousine, mais elle est à l'hôpital et son mari a suggéré votre établissement. Un jour, elle m'a envoyé un article sur une collision entre un ovni et un train à charbon dans cette région. Je voulais savoir si quelqu'un avait vu l'accident ou avait d'autres renseignements à ce sujet. Je collectionne les témoignages sur les ovnis, et comme je passais dans les environs, j'ai décidé de m'arrêter. Je ne m'attends pas à découvrir quoi que ce soit, mais c'est une bonne excuse pour faire une surprise à Carol.

– Ma chère, dit Ethel, c'est votre jour de chance. Je connais la personne à qui vous devriez parler. Il s'appelle Elmer. Tout le monde l'appelle l'*Autochtone stupide*. Il n'est pas stupide, mais c'est un Autochtone, comme environ 20 % de la population autour de la ville.

Avant qu'il arrive, nous débarrassons la table, et Ethel s'occupe d'ajouter un couvert pour lui et une portion à emporter pour son père. Je suis en train de faire la vaisselle lorsque j'entends la porte de la cuisine s'ouvrir.

– Elmer !, s'exclame Ethel, je veux que tu fasses la connaissance de mon amie. Elle est venue du Montana pour te rencontrer. Tu as déjà rencontré quelqu'un du Montana ?

Il secoue la tête et retire en même temps sa casquette de baseball. Il me tend la main après l'avoir essuyée sur son pantalon. Sur la fin de la trentaine, il est plus grand que nous. Il porte une chemise à carreaux et des Dockers. Ses lunettes à monture écaille lui donnent l'allure d'un professeur. Puis Ethel le dirige vers la salle à manger et l'installe à table. Même si je peux entendre leur conversation, je ne l'écoute pas. Je finis la vaisselle et Ethel vient retirer une tarte aux pommes du four et me prie de les rejoindre pour le dessert.

– Elmer, reprend Ethel, me disait que le parc national de Yellowstone se trouve dans le Montana et que, lorsqu'il était enfant, il adorait le personnage de dessin animé Yogi. Il veut savoir si vous allez au parc parfois.

– J'habite à environ 150 km de Yellowstone. J'y vais chaque année.

Un large sourire traverse le visage d'Elmer.

– Vous avez déjà vu des ours ?, demande-t-il.

– Oui, des ours, des élans, des wapitis, des cerfs et des moutons des montagnes. J'ai photographié une ourse avec deux oursons à Yellowstone l'an dernier. Je pourrais vous envoyer une photo si vous voulez.

Elmer hoche la tête avec enthousiasme.

– Je disais à Elmer que vous recueillez des récits sur les ovnis et écrivez des livres sur le sujet. Je lui ai demandé s'il était prêt à partager ce qu'il a vu la nuit de l'accident entre l'ovni et le train à charbon. Tu te souviens de m'avoir raconté l'histoire ? Elmer hoche la tête et prend un air embarrassé. Ne t'inquiète pas, dit Ethel, elle ne révélera jamais ton nom et ne dira à personne en ville qu'elle t'a rencontré. Tu peux tout lui raconter, ça restera entre nous.

– Promis ?, demande-t-il.

– Promis. Si jamais j'écris au sujet de votre histoire, je ne révélerai pas votre nom.

– Bien, dit Elmer. Je ne veux pas que mon père le sache.

– Je comprends.

– Je travaillais dans la mine, autrefois. J'ai commencé quand j'avais 12 ans. Mon père m'a fait quitter l'école dès la classe de sixième. Il a passé toute sa vie à travailler dans les mines, et il s'attendait à ce que je fasse de même. Quand j'étais enfant, je regardais les trains à charbon qui partaient sur les rails et je me demandais où ils allaient. Je voulais en prendre un et partir avec eux, mais j'étais coincé à travailler dans les mines, sans pouvoir aller nulle part.

– Comment avez-vous vu l'ovni ?

– Je travaillais ce soir-là. Mes heures étaient terminées et je me suis arrêté à l'endroit où l'on prenait le petit-déjeuner. Je le faisais tous les soirs : prendre mon petit-déjeuner avant de rentrer à la maison et de me coucher. Beaucoup de gars le faisaient.

– Quel âge aviez-vous ?

– 14 ans, peut-être 15.

– Vous conduisiez à cet âge ?

– Je conduis depuis l'âge de 8 ans, répond-il comme surpris par ma question.

– Vous avez vu l'ovni après avoir quitté le travail ?

– Non. C'était après le petit-déjeuner. Je rentrais généralement à la maison vers 3 h du matin, en même temps que mes copains. Je suis monté dans ma camionnette pour rentrer. C'était une nuit sombre. Beaucoup de nuages, pas de lune. Après avoir parcouru à peu près

6 km, j'ai emprunté une route menant chez moi. Environ 500 m plus loin, j'ai remarqué une lumière dans les bois. J'ai trouvé ça bizarre et je me suis dit que quelqu'un avait peut-être besoin d'aide. J'ai tourné à droite pour me diriger vers la lumière. En me rapprochant, j'avais du mal à comprendre ce qui se passait. Les lumières étaient si fortes que je ne pouvais rien voir. Là, le moteur de ma camionnette a commencé à mal fonctionner. J'ai décidé de me garer et de faire le reste du chemin à pied.

– À quelle distance étiez-vous de la lumière à ce moment-là ?

– Peut-être à 50 m. J'ai pris ma lampe de poche et mon fusil de chasse, et je me suis dirigé vers la lumière.

– Votre fusil de chasse ?

– Je n'allais pas y aller sans arme. Je ne savais pas à quoi j'avais affaire. J'ai toujours mon fusil de chasse avec moi. C'est légal.

– Quand avez-vous compris qu'il s'agissait d'un ovni ?

– Lorsque je suis entré dans les bois, je me suis glissé le long des abords de la lumière. Je voulais m'assurer de savoir ce qui se passait avant de me montrer. C'est là que j'ai découvert un vaisseau spatial argenté posé dans une clairière derrière les bois. J'ai vu quatre, parfois cinq, hommes s'affairer autour d'un trou béant sur le côté du vaisseau. Je les ai regardés le réparer. C'était incroyable. Ils ont apporté cette mince feuille de matière colorée assortie, ils l'ont placée sur le trou et elle s'est accrochée sur le côté, comme si elle en faisait partie. Après avoir terminé le travail, d'autres sont apparus et l'ont inspecté. C'est à peu près à ce moment-là que j'ai remarqué des lampes de poche au loin et entendu des voix humaines. Je me suis redressé et leur ai crié que quelqu'un arrivait. Ils ont regardé dans ma direction et ont immédiatement disparu à l'intérieur de la machine et, d'un coup, le vaisseau spatial a commencé à tourner. Il est venu tout droit vers moi et a plané au-dessus de moi. J'ai entendu ces voix étranges dans ma tête. J'ai entendu quelqu'un me dire : « Nous sommes vos amis. Merci de veiller sur nous. Vous nous avez aidés et nous allons maintenant vous aider. » Soudain, un éclair est sorti du vaisseau et m'a frappé. J'avais l'impression que mon cerveau était électrifié.

– Que s'est-il passé lorsque les gens avec les lampes de poche sont apparus ?

– Ils étaient à peu près une dizaine, certains en uniformes. Je suis resté caché. Je ne voulais pas aller en prison. Ils inspectaient les lieux. Un homme pointait une machine sur le sol et un autre a pris un peu de terre et l'a mise dans un sac en plastique. Un troisième prenait des photos. Je ne comprenais pas trop pourquoi. Il a même pris une photo d'une branche cassée.

– Croyez-vous qu'ils ont vu l'engin s'envoler ?

– Je ne pense pas. Quand il a décollé, il était silencieux. Il n'y avait pas de lumières. Je pouvais le voir parce que la Lune était apparue, et lorsqu'il est monté, j'ai pu suivre sa forme dans le ciel.

– Quelle était sa taille ?

– Je ne suis pas très doué avec les mesures. Elmer regarde autour de la pièce : il était environ six fois plus grand et deux fois plus haut que cette pièce.

– Cela ferait environ 20 m de large et 5 m de haut. Il hausse les épaules et sourit. Vous avez bien vu les hommes ?

– Je n'ai rien pu distinguer d'eux à part qu'ils portaient des combinaisons argentées, comme les pilotes automobiles. Je n'ai pas vu leurs visages. Ils brillaient d'un argent scintillant. Je les appelle les *hommes scintillants*. C'est comme ça que je les vois.

– Ils portaient un casque ?

– Pas de casque. Ils n'étaient pas très grands. Probablement pas plus grands qu'Ethel.

– Je mesure 1,50 m, précise Ethel.

– Quelle était la taille du trou sur le côté du vaisseau ?

– Environ la taille de cette table. Je ne savais pas qu'il existait une matière pouvant réparer un trou comme celui-là, puis décoller et s'envoler. C'est un miracle. Je parie que les gars sur les circuits aimeraient bien avoir ce genre de métal, pour réparer simplement leurs voitures, immédiatement.

– Avez-vous autre chose à me dire sur cette nuit-là ?

– Oui. Quand le vaisseau a décollé, il n'a fait aucun bruit. J'ai trouvé ça bizarre, et ça ne sentait pas comme le carburant d'un avion. Ça sentait une drôle d'odeur. Je me demande ce qu'ils utilisent comme carburant.

– Quand avez-vous réalisé que vous assistiez probablement à la réparation d'un ovni ?

– Eh bien, je pense que je le savais depuis le début. La réparation était la surprise. Le lendemain, à la mine, j'ai entendu parler du train à charbon entré en collision avec un vaisseau spatial. Apparemment, le gouvernement disait que c'était une question de sécurité nationale et que personne ne devait en parler, mais c'était dans les journaux. C'est là que j'en ai eu la certitude. Je suis venu ici le lendemain matin et je l'ai dit à Ethel. C'était émouvant de penser que j'avais vu des extraterrestres. J'ai toujours voulu en voir. Je savais qu'ils existaient grâce aux bandes dessinées. J'aurais aimé aller les voir et leur dire bonjour. Peut-être qu'ils m'auraient emmené faire un tour.

– Est-ce que le fait de voir un ovni a changé votre vie d'une certaine façon ?

Il se fige, avant de reprendre :

– Vous devez me promettre que vous ne le répéterez jamais. Toi aussi, Ethel, tu dois me le promettre. Tandis que nous promettons toutes les deux de garder sa révélation secrète, Elmer finit sa tarte aux pommes et me regarde directement dans les yeux. C'est un autre Elmer, il n'est plus l'homme timide et hésitant, mais un homme confiant, alerte, avec un comportement et une expression du visage très différents.

– Avant, j'étais stupide, commence Elmer. Désormais, je ne le suis plus, mais je ne le dis à personne. Je suis devenu beaucoup plus intelligent, grâce aux extraterrestres.

– Je ne comprends pas ce que vous nous dites.

– Quand l'ovni est parti, il est venu directement au-dessus de moi et il est resté là un instant. J'ai entendu une voix dans ma tête me disant que je n'étais plus obligé de travailler dans les mines de charbon, mais que je pouvais faire tout ce que je voulais. Au début, je n'y croyais pas, mais j'ai remarqué progressivement que j'étais capable de lire des textes que je ne comprenais pas auparavant. J'ai commencé à aller à la bibliothèque et à lire. J'ai acheté une liseuse et lu tous les derniers romans et tous les maîtres de la fiction, puis je suis passé à la non-fiction. Maintenant, j'écris des séries. Je publie aussi en auto-édition. Ainsi, je gagne assez d'argent et je ne travaille plus à la mine. Je prends des petits boulots pour que personne ne suspecte ce qui m'est arrivé. Je suis un nouvel homme. Tout ça, grâce aux extraterrestres. Donc, oui, ils ont eu un impact majeur sur ma vie. Ils m'ont même donné une vie.

Après qu'Elmer a fini son histoire, nous buvons du café et il mange un autre morceau de tarte aux pommes et de la crème glacée, puis parle des ours et de Yellowstone.


*Ethel avait raison : Elmer n'était pas stupide. Cependant, la source de son intelligence n'était pas ce à quoi elle s'attendait, ni moi. La chose la plus étonnante à son sujet était qu'il pouvait très facilement passer d'«Elmer l'imbécile» à Elmer post-ovni. J'ai passé deux jours avec lui et l'ai vu saluer les gens de la ville comme ils s'y attendaient, mais lorsque nous étions seuls, il était évident que quelque chose de miraculeux lui était arrivé. Ethel essaie toujours de le comprendre. Malgré sa nouvelle intelligence, son intérêt pour les ours et Yellowstone n'a jamais faibli. J'ai promis que je l'y emmènerais personnellement s'il venait dans le Montana. Entre-temps, j'ai fait une copie de deux photos que j'avais prises à Yellowstone. Je les ai encadrées et envoyées par la poste à Elmer avec le livre de James Halfpenny,* Yellowstone Bears in the Wild [Les Ours de Yellowstone à l'état sauvage]. *J'ai aussi inclus des exemplaires autographiés de mes propres livres. Une semaine plus tard, j'ai reçu un courriel d'Elmer m'annonçant qu'il avait rejoint l'ère spatiale, possédait un ordinateur et avait une adresse courriel. Il m'a remerciée pour ma lettre et mon cadeau. Il a dit que c'était le premier cadeau qu'il recevait de sa vie et qu'il avait gardé la boîte parce qu'elle avait parcouru tout le chemin depuis le Montana. Il prépare actuellement un voyage pour venir le visiter.*

## 4. L'histoire d'Arlis : un voyageur des étoiles et un super chien

*Arlis habite seul dans une cabane au bord d'un fleuve, à la périphérie d'un village de l'Alaska. Ancien combattant de l'Afghanistan âgé de 28 ans, il vit de peu. La plus grande partie de sa vie est centrée sur les trente chiens de traîneau qu'il garde dans son jardin. Je l'ai rencontré lors d'une course locale tenue chaque année comme essai préliminaire pour les équipes de chiens de traîneau participant à des compétitions régionales et nationales. L'équipe d'Arlis a gagné ce jour-là. Plus tard dans la soirée, lors d'un potlatch[16] communautaire, je l'ai entendu raconté que chacun de ses chiens de traîneau portait un nom d'étoile ou de constellation. Je l'ai approché pour lui offrir mes félicitations et l'interroger sur son choix de noms pour ses chiens. Découvrir qu'il avait passé du temps dans le Montana nous a fait tout de suite sympathiser. Il a proposé un tour de traîneau, j'ai accepté son invitation. Alors que je m'attendais à vivre une nouvelle aventure, j'ai vite appris que la vie d'Arlis contenait bien plus que les courses de chiens.*

Lorsque j'arrive dans son allée, Arlis me fait signe, mais continue de nourrir ses chiens. Je sors de la voiture, et ils se mettent à aboyer et sauter tandis que j'avance vers le chenil. Je le regarde donner de l'amour et une attention particulière à chacun. C'est un grand homme et, emmitouflé dans sa combinaison de ski et ses mukluks,[17] il pourrait passer pour un joueur de football américain. En dépit de sa taille, il a un côté délicat, notamment par ses longs cheveux enroulés sous son bonnet de laine. Son sourire illuminerait toute une pièce et, malgré sa réputation de héros en Afghanistan, c'est un homme doux et humble.

– Ils sont agités quand quelqu'un arrive. Probablement parce que nous ne recevons pas beaucoup de visiteurs, dit-il en plaçant le

---

16. NdÉ : Cérémonie sacrée des Autochtones consistant en un échange de dons.
17. NdÉ : Bottes d'hiver souples, traditionnellement en peau de phoque.

dernier bol devant son chien de tête, Cassiopée. Venez, je vais vous faire visiter les lieux. Il me tient par le bras le temps de parcourir le chemin glissant autour de sa cabane, tout en m'expliquant les différentes structures et ses plans d'agrandissement.

– Depuis combien de temps vivez-vous ici ?

– Six ans. Je suis entré dans l'armée à la fin du lycée et me suis retrouvé en Afghanistan. Dès que mon enrôlement a pris fin, je suis parti pour l'Alaska.

– C'est votre première expérience avec les chiens de traîneau ?

– J'en avais dans mon enfance, mais je voulais un endroit où je pourrais les élever et les entraîner pour les courses. La terre est plus chère dans les autres États. L'Alaska semblait être l'endroit parfait. Mon oncle a investi de l'argent et, avec ce que j'avais économisé en Afghanistan, j'ai acheté 200 acres [81 ha] de terre. De plus, après la guerre, je n'aimais pas beaucoup être en société, je préférais être seul.

– Eh bien, vous êtes certainement seul ici.

Il me regarde et sourit, mais ne répond pas.

– Venez, allons prendre un café et discuter avant que je vous emmène faire une balade en traîneau, comme promis.

Je le suis sur les marches glissantes jusqu'à la porte. Sa cabane, composée d'une seule pièce, contient de nombreux meubles faits à la main. Mon regard se pose sur une affiche d'Elvis accrochée au mur.

– Mon oncle me l'a offerte, dit-il. Il a rencontré Elvis il y a des années, lors d'un concert à Rapid City. Son dernier, je suppose.

– Vous m'avez dit avoir donné à vos chiens des noms d'étoiles et de constellations. Pourriez-vous m'en parler ?

– Des noms de planètes aussi, ajoute-t-il en versant deux tasses de café. J'ai Mars, Vénus, Saturne et Pluton dans le jardin, dit-il en souriant. La nuit, j'aime observer les étoiles et les planètes. Il pointe du doigt un petit télescope placé devant l'une des deux fenêtres de la cabane.

– Quand avez-vous commencé à vous intéresser à l'astronomie ?

– La première fois que les hommes des étoiles sont venus. Il me regarde bizarrement. Écoutez, je sais que vous pensez être venue ici parce que j'ai promis de vous emmener faire du traîneau, mais j'avais une autre intention. Je le regarde arpenter le sol devant la table de la cuisine. Je sais que vous écrivez des livres sur les ovnis. Mon oncle m'a offert votre livre l'été dernier. Il se dirige vers son étagère et sort une copie de mon premier livre. J'ai été surpris de vous voir au potlatch, je ne savais pas que vous travailliez avec l'école locale. J'avais peur de dire quoi que ce soit aux courses de chiens. Je ne voulais pas que les gens soient au courant de mes visiteurs. J'ai alors pensé à vous inviter à faire du traîneau, mais je ne sais pas ce que j'aurais fait si vous aviez refusé mon invitation.

– Donc... vous avez rencontré le peuple des étoiles ?

– C'était le premier hiver après la construction de ma cabane. Le fleuve gèle chaque hiver. En janvier, la glace fait environ 70 cm d'épaisseur. Un soir, je suis resté éveillé plus tard que d'habitude.

Il fait une pause et prend une gorgée de café.

– Vous avez vu un ovni ce soir-là ?

– Je venais d'éteindre les lumières, lorsque toute la cabane a été illuminée. On aurait dit qu'il faisait jour à l'extérieur. J'ai enfilé mon pantalon et mes bottes, pris mon manteau et mon fusil, et je me suis précipité dehors. C'est alors que j'ai vu un ovni avec un cercle de lumières blanches autour, juste suspendu à environ 5 m au-dessus du fleuve. Après quelques secondes, il est descendu lentement et s'est posé sur le fleuve. Je suis resté là, étonné. J'avais peur de bouger ou de faire quoi que ce soit.

– Que faisaient les chiens ?

– Rien. Cassiopée était immobile dans le chenil, comme en transe.

– Combien de temps êtes-vous resté là ?

– Assez longtemps pour sentir le froid s'infiltrer dans mes os. J'ai couru dans la maison, je me suis mis devant le poêle, j'ai enfilé ma combinaison de ski et je suis retourné dehors. Arlis s'arrête et prend une autre gorgée de café. Quand je suis sorti, j'ai vu de l'activité à l'extérieur du vaisseau. Il y avait des gens, ou ce qui ressemblait à des gens, debout sur la glace, qui semblaient vérifier quelque chose sur un côté. Il était difficile de voir ce qui se passait, parce que les lumières m'éblouissaient. Mais il y avait une chose que je trouvais étrange : ils ne marchaient pas sur la glace, ils l'*effleuraient*.

– Ils l'effleuraient ?

– Comme si leurs pieds ne touchaient pas la glace. Ils coulissaient en quelque sorte sur la glace.

– Ils savaient que vous les regardiez ?

– Pas au début. Puis, Cassiopée s'est mise à aboyer, et ils ont regardé vers le chenil. C'est là qu'ils m'ont vu. Ils étaient quatre et l'un d'eux s'est avancé vers moi. J'ai pointé mon fusil sur lui et lui ai ordonné d'arrêter. Il a continué à avancer vers moi et m'a dit qu'ils étaient pacifiques, que je n'avais rien à craindre.

– Comment avez-vous réagi ?

– J'ai laissé tomber mon fusil. Je ne sais pas pourquoi. Cela semblait être une bonne idée sur le moment, mais je n'ai pas bougé pendant qu'il zoomait vers moi.

– Excusez-moi de vous interrompre, mais comment ça, *il zoomait vers vous* ?

– C'était comme s'il avait survolé la rive. Il était en vol. C'était la chose la plus surprenante que j'aie jamais vue. J'étais tellement étonné de le voir voler que j'en ai oublié que je pouvais être en danger.

– Quand il s'est approché de vous, qu'avez-vous fait ?

– J'ai reculé un peu et il a répété qu'il ne me voulait aucun mal.

– Vous l'avez senti amical ?

– Pas particulièrement. Je ne le connaissais pas et, dans la région, on ne fait pas confiance aux étrangers. Je lui ai demandé s'il faisait partie du gouvernement et d'où il venait. Il a pointé les étoiles du doigt et a répondu : « De loin ».

– C'est à ce moment-là que vous avez réalisé que vous étiez face au peuple des étoiles ?

– J'étais encore sceptique. Je veux dire, j'habite à 60 km de la ville. Mon voisin le plus proche est à 15 km. Je n'ai pas de téléphone et les portables ne fonctionnent pas ici. S'il se passe quelque chose, je suis tout seul. Je pensais que c'étaient des militaires. Nous avons des bases en Alaska, et je pensais que c'était un vaisseau expérimental, et qu'il ne faisait que me cacher la vérité.

– Alors, qu'avez-vous fait ?

– Je lui ai demandé de le prouver. Arlis prend sa tasse, la porte jusqu'à la cuisinière et la remplit. Il propose de remplir la mienne avant de reprendre son histoire. Alors, il m'a attrapé et emmené à l'intérieur du vaisseau. Nous sommes arrivés dans un secteur sur le pont supérieur qui devait être le centre de contrôle, car il y avait toutes sortes d'écrans ressemblant à des ordinateurs. Il y avait deux autres êtres.

– Pouvez-vous décrire la zone que vous appelez le centre de contrôle ?

– Les écrans étaient intégrés à un panneau, un peu comme dans *Star Trek*, mais pas exactement. Les deux êtres étaient assis devant les écrans. L'un des écrans semblait montrer ce qui se passait à l'extérieur, l'autre paraissait être une carte du ciel, un autre encore affichait la zone autour de la cabane. Au centre de la pièce, il y avait une tour. Je n'ai vu aucun levier ni moyen de piloter le vaisseau.

– Pouvez-vous décrire la tour ?

– Elle ressemblait à du verre, mais je savais que ce n'en était pas. Je l'ai touchée et c'était une sorte de plastique bizarre qui s'est mélangé à ma main. Je l'ai retirée et elle a repris sa forme originale. J'ai essayé à nouveau et la même chose s'est produite. Mon empreinte était solidement incrustée dans le matériau, puis la tour a repris sa forme originale. Ils m'ont dit que c'était un matériau souple qui pouvait résister à n'importe quel choc. Ça faisait environ 60 cm de large, et ça sortait du sol et montait jusqu'au plafond. Il a dit que c'était le système d'alimentation du vaisseau.

– Lui avez-vous demandé comment ils le faisaient fonctionner ?

– Je lui ai posé des questions sur le carburant. Il m'a expliqué qu'ils recevaient de l'énergie de l'atmosphère pour recharger leur système, de sorte qu'ils n'utilisaient jamais de carburant comme nous. Je lui ai dit que j'aimerais avoir ce système pour alimenter les lumières, mais il n'a pas répondu.

– Que faisaient les êtres devant les écrans ?

– Assis comme des machines. Ils étaient inattentifs à ma présence et ne me parlaient pas. Je pense que mon guide était le seul être vivant dans le vaisseau. Je pense que ces deux-là, et les trois autres à l'extérieur, étaient des robots.

– Vous dites que votre guide était un être vivant. Qu'est-ce qui vous le fait dire ?

– Les autres paraissaient être des machines. Il était le seul à ressembler à une créature vivante qui respire.

– Je devrais peut-être poser ma question autrement. Est-ce que vous l'appelez *humain* parce qu'il est apparu comme une entité biologique, je veux dire par là, est-ce qu'il ressemblait à un humain ?

– Il avait deux bras, une tête, un tronc et deux jambes. Mais il possédait une force surhumaine : il m'a soulevé et fait monter dans le vaisseau spatial. J'ai été stupéfait par sa puissance. Je n'ai pas essayé de résister, parce que c'était inutile.

– Vous a-t-il montré autre chose ?

– Il m'a emmené au niveau inférieur et m'a montré son espace de vie. Il y avait une espèce de hamac à l'intérieur, mais ce n'était pas comme un hamac ordinaire. Il était suspendu comme un hamac, mais c'était plus comme une toile de brins soyeux. Il y avait des machines dans la pièce servant à la nutrition et au sommeil, d'après ses explications. Il n'y avait pas de bureau, de livres ou quoi que ce soit de personnel.

– Avez-vous vu autre chose ?

– Un espace d'entreposage où ils font vivre des choses.

– Que gardent-ils en vie ?

– Je n'ai vu que des plantes dans des récipients en verre. Après ça, il m'a demandé si j'étais convaincu qu'il venait des étoiles. Je devais admettre que c'était probable. Je l'ai invité chez moi, mais il a refusé. Il a expliqué qu'il avait un planning à respecter. Il m'a ensuite posé des questions sur la population des alentours. Il a ajouté qu'ils ne visitaient pas les zones habitées, lorsque cela pouvait être évité. Ils croyaient que ma cabane était abandonnée, sinon ils n'auraient pas choisi ce site. Je l'ai assuré que personne ne les verrait sur mon terrain, qu'ils seraient en sécurité. Il a dit qu'on se reverrait. Ensuite, je me suis retrouvé sur la berge, à regarder le vaisseau décoller de la glace et monter tout droit jusqu'à ce qu'il disparaisse soudainement.

– Avez-vous appris autre chose ?

– Je lui ai demandé si les autres étaient des robots. Il m'a répondu qu'il ne s'agissait pas vraiment de robots, mais de croisements de parties biologiques et de pièces mécaniques. Il les appelait les *Synthétiques*. Il a ajouté que c'étaient les meilleurs compagnons de l'Espace parce qu'ils travaillent dans n'importe quelle atmosphère et ne ressentent aucun danger. Ils n'ont pas besoin de dormir ni de manger. Ils entretiennent et pilotent le vaisseau spatial.

– Ils ont l'apparence des robots que l'on connaît ?

– Non. Ils avaient l'air plus humain. Leur peau ressemblait à du caoutchouc étiré. Il n'y avait pas de rides sur leur visage, comme s'ils portaient un masque.

– Et l'homme des étoiles, à quoi ressemblait-il ?

– Plus humain. Il avait la peau foncée comme moi. Il avait des yeux ronds, qui étaient plus grands que les yeux humains. Je n'ai jamais vu ses cheveux, car sa tête était couverte par une espèce de capuche faisant partie de son costume. Il mesurait dans les 1,95 m et était un peu plus grand que moi, qui suis à 1,88 m. Il y avait des instruments attachés à ses bras, autour de ses poignets. Je lui ai demandé si c'étaient des armes, et il m'a répondu qu'il n'en portait jamais, il n'en avait pas besoin.

– Il est revenu vous voir depuis ce jour-là ?

– Trois fois. Ils viennent toujours en hiver. Ils atterrissent sur la glace et quatre êtres sortent du vaisseau : trois sont du genre robot, et mon ami. Lors de sa deuxième visite, il est entré dans ma cabane. Il était fasciné par ma collection de livres. Il a pris une hache et m'a demandé comment je l'utilisais. Il était intéressé par un rabot que j'utilisais pour les bûches. Il a mis son doigt dans le pot à sucre et a goûté le sucre. Il a goûté le sel aussi.

– Il a montré des émotions ?

– Pas que je me souvienne. Je me demandais toujours s'il comprenait ce que je lui disais.

– Comment a-t-il réagi au sucre et au sel ?

– Il n'a eu aucune réaction. Il n'a manifesté aucun plaisir ou mécontentement, mais il m'a demandé un échantillon.

– Comment avez-vous communiqué avec lui ?

– On ne parlait jamais. On se comprenait l'un et l'autre. Je savais toujours ce qu'il pensait.

– Vous avez appris autre chose ?

– Il s'est passé une chose incroyable.

– Je vous écoute.

– La deuxième fois qu'il est entré dans la cabane, il a vu un chiot dont je m'occupais, car il ne pouvait plus marcher. Je l'avais amené à l'intérieur en espérant qu'avec la chaleur du poêle et des massages, je pourrais l'aider. Mais le chiot n'était pas réceptif, et je craignais de devoir le faire piquer. Quand l'homme des étoiles l'a vu, je lui ai parlé du problème. Il l'a pris et m'a demandé s'il pouvait l'emmener. J'ai accepté. L'année suivante, il l'a ramené. Il est maintenant fort et en bonne santé. C'est l'un des meilleurs chiens que j'ai pour son âge. Je vous le présenterai avant votre départ. C'est un super-chien. Je l'ai appelé Star Traveler [Voyageur des étoiles]. C'est probablement le seul chien de traîneau sur terre qui ait voyagé dans d'autres mondes.

– C'est particulièrement intéressant.

– Je ne sais pas ce qu'ils lui ont fait, mais, moi, je ne pouvais rien pour le sauver. L'homme des étoiles a de grands pouvoirs. Il l'a guéri et l'a rendu plus fort que ses frères et sœurs. C'est le chien le plus intelligent que j'aie jamais vu. Il semble comprendre tout ce que je lui dis. Mais il y a autre chose : si l'on écarte ses poils près de la base de son crâne, il y a une longue cicatrice fine. Je pense qu'ils l'ont opéré au niveau du cerveau. Je vous montrerai quand nous sortirons. Je le prépare pour remplacer Cassiopée.

– Y a-t-il autre chose que vous ayez appris de l'homme des étoiles ?

– Il m'a dit que leur planète était couverte de neige et de glace, et que les gens vivaient dans des villes souterraines. J'ai demandé si la neige fondait parfois, mais il m'a répondu que c'était couvert de glace et de neige toute l'année. Il n'y a pas de soleil comme le nôtre, mais ils ont créé des soleils artificiels sous terre. À une certaine époque, il y avait un soleil, mais il s'est éteint et leur monde s'est refroidi. C'est à ce moment-là qu'ils ont déménagé sous terre.

– Vous a-t-il parlé de leur famille, de leur population et de leur croyance en Dieu ?

– Il a vu le crucifix sur le mur au-dessus de mon lit. Il voulait savoir ce que c'était. J'ai expliqué en termes simples l'histoire de Dieu et de Jésus. Il semblait intéressé, mais disait qu'ils ne connaissaient ni Dieu ni Jésus dans son monde. Je lui ai montré ma Bible, mais il ne comprenait pas comment cela pouvait être la parole de Dieu.

– Autre chose ?

– Non. Si je pense à autre chose, je vous écrirai. Il ne reste pas longtemps quand il vient. Une heure, peut-être moins. Il n'aime pas rester longtemps. Ils font leurs réparations et entretien et repartent. Il m'a dit qu'il n'était pas censé interagir avec les humains, mais qu'il savait que je ne le dirais à personne parce que personne ne me croirait.

– Vous pensez qu'il reviendra ?

– Je l'attends à tout moment. Ses visites ont toujours eu lieu en janvier. Je l'ai peut-être raté vu que j'étais absent en raison de la course. Mais le mois de janvier n'est pas encore tout à fait terminé.

Un peu plus tard, Arlis me fait monter dans le traîneau avec des objets de survie. Nous glissons à travers la forêt et nous nous retrouvons le long de la rivière en contrebas de sa cabane. Les chiens sont incroyables, une véritable extension de l'homme qui les dirige. Lorsque nous faisons une pause dans une clairière pour boire une tasse de café chaud d'un thermos, Arlis me fait part de ses projets d'avenir. Quand je lui demande si les multiples visites de l'homme des étoiles ont influencé sa vie, il prend un moment pour répondre : je n'ai jamais beaucoup pensé à la vie au-delà de cette planète. Selon nos coutumes, nous prions toujours pour toutes les créatures à quatre pattes, à deux pattes et les créatures ailées. Donc, ce n'est pas que je croyais aux extraterrestres ou aux gens des étoiles, c'est juste que nos prières semblent inclure chaque créature vivante dans l'Univers. Cela ne me dérange donc pas sur le plan religieux. Je ne crois pas que Dieu ait seulement créé l'homme.

Il remet la tasse sur le thermos et la range dans le traîneau.

– Vous pensez que l'homme des étoiles serait malintentionné ?

– Je ne pense pas que mon ami veuille faire du mal à la Terre. Je crois que ce n'est rien de plus qu'un explorateur, comme nos astronautes. La seule chose qui me dérange, c'est son côté secret. Je me demande souvent pourquoi il ne veut pas se révéler au monde. S'il peut voyager à travers l'Univers, pourquoi ne pas partager ses connaissances ? Mais quand je pense à la façon dont elles pourraient être utilisées, je comprends.

– C'est vraiment intéressant de vous écouter l'appeler *mon ami*. Vous pouvez m'expliquer ?

– Je dis que c'est mon ami parce qu'un homme, ou un être, qui se donne la peine de sauver un chien est mon ami.

*J'ai revu Arlis deux fois depuis notre première rencontre. Son homme des étoiles continue de lui rendre visite chaque année en janvier. Star Traveler est maintenant père de six nouveaux chiots, qui semblent posséder la force et l'intelligence de leur père. Je pense à Arlis lors des nuits glaciales dans le Montana et m'interroge sur l'homme des étoiles qui vit dans un monde de glace. Je suis d'accord avec Arlis : tout être qui guérit un chien est un ami, à mon avis.*

## 5. L'histoire de Théodore : ce sont peut-être des dieux

*Théodore a été embauché dans les mines d'uranium quand il avait 18 ans et y a travaillé aux côtés de ses frères et cousins pendant vingt ans. Lorsque sa santé commença à affecter son rendement, son employeur le licencia sans indemnités. Il me raconta que les mines d'uranium sont un foyer d'activité ovni et que, parfois, un vaisseau y atterrit. Voici le récit de ce qui s'est passé un soir alors qu'il quittait la mine.*

Je rencontre Théodore chez lui, près d'Albuquerque, dans le Nouveau-Mexique. Quand j'arrive à son domicile avec de la nourriture, des larmes jaillissent dans ses yeux. Il me tend la main et me prend dans ses bras de façon inattendue. Et lorsque j'ouvre mon sac à main et que je sors deux boîtes de Twinkies, sa friandise préférée d'après l'employé de l'épicerie, son visage s'illumine comme un arbre de Noël.

– Merci de m'avoir invitée chez vous, dis-je en m'asseyant sur une chaise devant une petite table. Je suis honorée de vous rencontrer.

– Je suis honoré, ma fille. Merci de votre générosité. Nous vous inclurons dans nos prières. Il ouvre une petite boîte sur la table et sort un médaillon. Il est fait de nacre, de jaspe et de turquoise. C'est pour vous, dit-il.

– Il ne fallait pas. Votre compagnie et votre histoire est tout ce dont j'ai besoin. C'est moi qui suis reconnaissante.

Il me prend la main et l'ouvre.

– Je l'ai fait pour vous. Si vous regardez attentivement, vous verrez que c'est le point de vue du peuple des étoiles qui regarde la Terre d'en-haut. J'ai eu cette vision dans un rêve et je savais que vous la chéririez plus que quiconque.

Je regarde l'homme assis face à moi : à 38 ans, il est clair que ses années dans les mines l'ont vieilli. Il se tient voûté, mais ne ressemble pas à un homme souffrant d'un cancer du poumon. Malgré ses mains calleuses gonflées, il semble en bonne santé.

– Vous m'avez dit que vous aviez vu un ovni il y a quelques mois. Vous serait-il possible de m'en parler ?

– Je suis ravi de vous en parler. Je ne suis pas le seul à l'avoir vu, mais je suis peut-être le seul à avoir parlé aux hommes des étoiles.

– Commencez par le début, si vous le voulez bien.

– Souvent, lorsque je quittais la mine, je voyais des vaisseaux argentés s'élever dans le ciel. Certains disent que les voyageurs stellaires prennent de l'uranium, qu'ils en ont besoin pour leurs vaisseaux. Mais je ne pense pas. Ils surveillent ce que nous faisons parce qu'ils ont des bases souterraines près des mines.

– Comment le savez-vous ?

– Ils me l'ont dit. Ils m'ont emmené là-bas. Il se lève, attise le feu de sa petite cuisinière et ajoute du bois. La fumée envahit la pièce et me pique les yeux et le nez. Désolé, cette cuisinière a connu des jours meilleurs, commente-t-il en s'asseyant de nouveau.

– Quand avez-vous vu les hommes des étoiles pour la première fois ?

– Je les vois depuis des années. Ils sont monnaie courante dans la région, mais c'est lors de mon dernier jour de travail que je leur ai parlé.

– Pourriez-vous me raconter ?

– J'ai travaillé de 16 h à minuit pendant vingt ans. C'était la tranche horaire que personne ne voulait, mais, pour moi, c'était bien. Je rentrais, je me couchais et je déjeunais avec ma femme et mes enfants le lendemain matin. En vingt ans, je n'ai jamais manqué une journée de travail. Quand je suis tombé malade, l'entreprise m'a licencié. Ma femme et moi survivons grâce à des cadeaux d'amis comme vous et tout ce que notre fils peut nous donner. Je suis désolé, je m'égare. Vous êtes venue pour entendre parler de ma rencontre avec les hommes des étoiles, pas de ma triste existence.

Il est évident que la perte de son emploi a eu un impact décisif sur sa vie.

– Je veux que vous preniez votre temps et que vous me racontiez votre histoire en étant à l'aise. Je ne suis pas pressée, alors ne vous excusez pas.

Il s'arrête tandis que sa femme, Mabel, apparait avec du thé, deux Twinkies sur une assiette et des serviettes en papier, une pour chacun de nous.

– Ce soir-là, mon dernier soir, j'étais au plus bas. Le travail définit un homme à bien des égards. Vous vous levez chaque matin, vous allez au travail, et vous prenez cette habitude tous les jours et, à la fin du mois, vous êtes payé. Ce soir-là, on m'a dit de ne pas revenir le lendemain. C'était difficile pour moi. Donc, au lieu de rentrer et de l'annoncer à Mabel, je suis parti dans le désert. Il y avait eu beaucoup d'activité ovnis le mois précédent, et c'était intéressant d'aller dans le désert et de regarder le ciel nocturne.

– Avez-vous vu des ovnis ce soir-là ?

– En sortant du parking, j'en ai vu deux dans le ciel, mais ils étaient loin. Ça ne m'a pas interpellé à ce moment-là.

– Alors, quand avez-vous été en contact avec le peuple des étoiles ?

– J'ai parcouru une trentaine de kilomètres dans le désert. J'ai garé mon pick-up au bord d'une falaise. Le ciel était noir, mais rempli d'étoiles. Puis, tout à coup, tel un éclair dans la nuit, j'ai vu un ovni plus grand que notre petit village. Il était silencieux, comme un chat guettant une souris. Je suis sorti de mon véhicule et j'ai regardé. Soudain, je me suis senti monter vers le vaisseau. Je pensais que je devais rêver. C'est impossible pour l'homme de voler et, pourtant, j'ai regardé mon pick-up en dessous et je savais que je volais.

– Que pensiez-vous à ce moment-là ?

– Je n'avais pas peur. Je savais tout sur les hommes des étoiles. Ils sont venus nous voir dans l'Antiquité et ils viennent encore. Trois d'entre eux sont apparus à une femme et à ses filles pas très loin d'ici, l'an dernier. Après, elles sont allées voir le chef de la tribu et lui ont raconté leur histoire. Nous avons décidé que c'était un événement sacré. Une célébration et une prière ont eu lieu. Les ovnis et les hommes des étoiles sont réels. Nous les voyons tout le temps.

– Vous ont-ils emmené à bord de leur vaisseau ?

– Oui, j'ai été placé dans une cabine de lumière bleue pendant quelques minutes, puis la porte de la cabine s'est ouverte, je suis sorti et j'ai été accueilli par de grands hommes blancs. Il y avait aussi des hommes plus petits, qui se tenaient dans l'ombre et nous suivaient. Je leur ai demandé s'ils allaient me tuer ; ils m'ont répondu qu'ils allaient me sauver.

– Comment vous ont-ils parlé ?

– J'entendais leurs voix dans ma tête, très clairement. Il y eut des moments où je ne comprenais pas leurs mots, mais ils parlaient toujours dans ma langue maternelle pour que je sache ce qu'ils voulaient dire. Parfois, ils utilisaient des mots anglais s'il n'y en avait pas dans ma langue.

– Ils parlaient votre langue autochtone ?

– Oui. Ils connaissaient notre langue. Ils la parlaient parfaitement.

– Vous ont-ils donné les résultats de leurs examens ?

– Ils ont dit que j'étais empoisonné à l'uranium avec un cancer dans tout le corps et qu'ils pouvaient me guérir, mais qu'il faudrait plus d'un traitement. Ils m'ont demandé la permission. Bien sûr, j'ai accepté.

– Quel genre de traitement ?

– Ils m'ont emmené dans une autre pièce, ont enlevé mes vêtements, m'ont placé dans une autre cabine et ont projeté une lumière bleue sur moi. Puis ils m'ont sorti, m'ont enveloppé dans une gaze en tissu et m'ont immergé dans une baignoire de quelque chose qui ressemblait à de la gelée bleue. Ils m'ont fait rester là pendant à peu près une heure, je pense. Le gel était très apaisant, et je pouvais sentir mon corps brûler à l'intérieur, mais ma peau était fraîche. C'était la sensation la plus étrange que j'aie jamais eue.

– Qu'ont-ils fait de vous après vous avoir fait sortir de la baignoire de gel ?

– Ils m'ont ramené à la cabine et ont de nouveau projeté la lumière bleue sur moi. Après ça, ils m'ont remis sur la chaise et m'ont examiné. Ils ont prélevé des échantillons de sang et de peau. Ils ont placé un instrument métallique sur ma tête et sont partis. Ils sont revenus plus tard et m'ont annoncé que le traitement avait été efficace, mais que nous devions le refaire. Il me faudrait du temps pour guérir.

– Que s'est-il passé ensuite ?

– Ils m'ont ramené à mon véhicule et m'ont demandé de revenir dans une semaine, à la même heure.

– Vous étiez au rendez-vous ?

– J'ai retrouvé les hommes des étoiles six semaines d'affilée, à la même heure et au même endroit. Je suis presque guéri. Incroyable ! J'allais mourir et, maintenant, je retrouve la santé et je me sens bien.

– Qu'avez-vous appris de votre expérience ?

– Tellement de choses ! D'abord, ils surveillent la mine et les mines semblables dans le monde entier. J'ai appris qu'ils ne mangent pas d'aliments solides. Ils ont des jardins, pas pour la nourriture, mais pour protéger la flore de la planète. Ils ne mangent pas de nourriture, mais ont une méthode pour nourrir leur corps par l'énergie. Ils utilisent aussi l'énergie pour induire le sommeil. J'ai du mal à comprendre comment ça fonctionne.

– Vous croyez qu'ils sont humains, comme vous et moi ?

– Non. Ce sont peut-être des dieux. Je n'en suis pas certain. Mais ils m'ont dit avoir remplacé des parties de leur corps par des parties qui ne meurent jamais et ils ne sont jamais malades. Leur apparence extérieure est celle d'un humain, mais ils ne sont pas humains. Leur médecine est devenue très avancée au fil des ans, mais, au lieu de lutter contre les maladies, ils ont conçu un moyen d'empêcher le corps de devenir malade en en remplaçant des parties. Toute vie est maintenant créée dans un laboratoire. Je suppose que ce sont des machines avec de la peau et des cheveux humains.

– Utilisent-ils des médicaments pour vous guérir ?

– Oui. Ils m'ont expliqué avoir vaincu toutes les maladies, mais qu'il était plus facile de construire un corps que de le guérir. Ils ont ajouté qu'à bien des égards, l'homme peut se guérir lui-même en utilisant son énergie et sa puissance cérébrale. Je les ai vu utiliser leur énergie pour guérir les autres.

– D'autres ? Vous voulez dire qu'ils en capturent d'autres ?

– Oui. Ils m'ont dit qu'ils étaient sélectifs dans les humains qu'ils guérissaient.

– Ils observent les humains ?

– Tout le temps.

– Ça vous préoccupe ?

– Je crois que Dieu surveille tout ce que nous faisons. Alors non, ça ne me dérange pas.

– Il vous reste combien d'autres traitements ?

– Un de plus et ce sera fini.

– Pourquoi vous ont-ils choisi ?

– Parce qu'ils ont dit que j'avais quelque chose à faire.

– Qu'est-ce que c'est ?

– Je ne sais pas. Peut-être que c'est de vous parler. Peut-être qu'ils veulent que le monde sache à leur sujet, à travers vous. Je ne vois rien d'autre.

*J'ai revu Théodore deux fois depuis que je l'ai rencontré. Il est en bonne santé et fort. Il n'a pas pu retrouver un travail, alors il passe son temps à jardiner et à créer des bijoux, qu'il vend aux foires locales. Au mieux, ça lui donne un moyen de subsister. L'année dernière, après ma première visite, j'ai commandé anonymement une nouvelle cuisinière pour qu'elle soit livrée et installée à son domicile, par un homme d'affaires local qui gère une association à but non-lucratif achetant des fourneaux pour les personnes âgées et ceux dans le besoin dans la réserve. Lorsque je suis allée chez Théodore l'année suivante, une cuisinière à bois rouge vif ornait sa petite maison. Il en était très fier et m'a dit que quelqu'un veillait sur lui. J'étais heureuse d'être ce « quelqu'un ».*

## 6. L'histoire de Coy : ils ont volé deux bisons

*Coy se décrit comme un cow-boy autochtone. Il gère le ranch tribal et son troupeau de bisons. Décrit par ses hommes comme un chef efficace, il est plus susceptible d'être vu à cheval sur le terrain qu'assis derrière un bureau. Je l'ai néanmoins rencontré un jour au bureau tribal. Il m'a invitée à venir au ranch, si j'en avais le temps. J'ai décidé d'accepter son invitation par la suite. Après un voyage d'affaires pour rencontrer le directeur de l'école, j'ai appelé le ranch et demandé à Coy si une visite le vendredi soir lui conviendrait. J'ai été son invitée pendant deux jours. Nous avons fait le tour du ranch à cheval, vérifié les clôtures et j'ai photographié le troupeau de bisons. Le dernier jour, il a organisé un barbecue familial et invité les femmes et les enfants des employés du ranch chez lui. Après le dîner, les familles se sont rassemblées pour écouter des histoires. L'un des employés du ranch a raconté celle d'un hibou fantôme qui hantait le ranch. Un autre a choisi l'histoire d'un homme courageux ayant vaincu ses ennemis avec un arc magique. Le plus vieux cowboy du groupe nous a parlé de son grand-père, qui avait rencontré le général Custer et prédit qu'il mourrait dans une grande bataille. Un jeune cowboy a indiqué qu'il avait vu un ovni à l'âge de 7 ans, mais, bien que la femme de Coy, Aubrey, se penche vers lui et lui suggère de raconter cette histoire, il a secoué la tête et préféré le récit d'une femme blanche hantant Bridger Creek. En revanche, le lendemain matin, j'ai demandé à Coy s'il pouvait me raconter son histoire d'ovni à lui.*

– Il n'y a pas grand-chose à dire, mais ce sera à vous d'en juger, je suppose, commence-t-il alors que sa femme nous sert du bacon et des œufs brouillés. J'en ai parlé à Aubrey, mais je ne l'ai pas raconté aux autres, bien qu'ils se demandent probablement pourquoi j'ai ajouté deux hommes en patrouille de nuit. Je leur ai dit que nous avions entendu parler de voleurs dans la région et que nous voulions protéger le troupeau. On dirait qu'ils ont accepté cette explication.

Je regarde Coy boire son café : C'est un petit homme qui ne mesure pas plus de 1,70 m dans ses bottes de cow-boy. On dirait qu'il cligne de l'œil gauche en raison d'un tic de la paupière et, quand cela se produit, il détourne le regard. Les cicatrices sur ses mains montrent qu'il a travaillé dur toute sa vie.

– Cela vous dérange si j'enregistre votre récit ?

Il me regarde appuyer sur le bouton du dictaphone, puis il commence son histoire :

– Nous avons des clôtures électriques tout autour du ranch. C'est la seule façon de maintenir les bisons en sécurité. Il y a un panneau de contrôle au sous-sol qui m'avertit de tout problème avec la clôture. Il était environ 18 h quand l'alarme a sonné. Il faisait sombre et je ne voulais pas déranger les gars. Je connaissais l'emplacement et il était accessible par véhicule, donc j'ai décidé d'y aller et voir si je pouvais régler le problème. C'était à environ 20 mn de route.

– Quelqu'un était en patrouille ce soir-là ?

– Non. J'ai organisé les patrouilles de nuit après cet incident.

– Avez-vous trouvé le problème ?

– Oui, et après plusieurs tentatives pour le régler, j'ai pensé que Willard était l'homme de la situation. C'est notre électricien, il assure la maintenance de la clôture. J'ai appelé sa cabane et lui ai dit où je me trouvais et que j'étais incapable de trouver la solution. Il a accepté de venir et est arrivé une demi-heure plus tard.

– Vous êtes resté sur place ?

– Oui. J'ai attendu, au cas où il aurait besoin d'aide. J'avais un livre dans le pick-up, alors j'ai décidé de lire. J'ai tendu la main pour allumer le plafonnier et il n'a pas fonctionné. J'ai essayé de démarrer mon pick-up, impossible. Je suis sorti, j'ai ouvert le capot, mais je n'ai rien vu qui clochait. J'ai fermé le capot, je suis remonté dans le pick-up et j'ai tourné la clé dans le contact, mais rien ne s'est produit.

– Vous n'avez rien vu ?

– Pas tout de suite. Environ 5 mn plus tard, je remarque six lumières brillantes se diriger vers moi. De loin, je pensais que c'étaient des phares de voiture, même si je trouvais la formation étrange.

Il s'arrête pendant qu'Aubrey place une assiette de pain grillé sur la table et nous rejoint. Coy se sert de deux tranches, et prépare un sandwich au bacon et à l'œuf, et en prend une bouchée. Puis il poursuit son récit :

– J'ai observé les lumières pendant quelques minutes et j'ai essayé de comprendre ce qu'elles faisaient. À environ 300 m de moi, elles ne venaient plus dans ma direction, mais s'éloignaient vers les collines. C'est alors que les six lumières sont devenues deux, elles ont fusionné en deux lumières. C'était la chose la plus étrange que j'aie jamais vue.

– Vous aviez une idée de ce qu'elles faisaient ?

– Eh bien, je l'ai vite découvert. Je suis sorti de mon pick-up pour mieux observer, quand, tout à coup, une partie du troupeau de bisons s'est précipité au pied de la colline et a couru vers le centre de la prairie en contrebas. Je savais que les lumières les avaient effrayés et, sachant que la clôture électrique n'était pas activée, je suis remonté dans le pick-up au cas où ils décideraient de la traverser. C'était évidemment une situation dangereuse, mais je ne pouvais rien y faire, et le pick-up ne démarrait plus.

Il marque une pause, prend une autre bouchée de sandwich et une gorgée de café.

– Pendant que vous étiez assis dans le pick-up, les lumières étaient-elles encore visibles ?

– Elles sont restées là, dans le ciel, au-dessus des collines. Puis, d'un coup, elles se sont déplacées vers l'avant et vers le bas. Les bisons ont recommencé à courir et les lumières se rapprochaient de plus en plus. Puis, soudain, c'était comme si elles tombaient du ciel et venaient se poser sur le sol de la prairie. J'ai regardé les bisons et, brusquement, ils sont devenus calmes et ne bougeaient plus. J'ai vu des lumières faibles sous deux vaisseaux circulaires. Je savais qu'ils n'étaient pas américains. Nous n'avons rien de tel, je suis vétéran et je sais que n'avons aucun engin de la sorte.

– Qu'avez-vous fait ?

– Au début, je suis resté assis et j'ai attendu. Ensuite, j'ai vu une porte s'ouvrir sur chaque vaisseau et une silhouette humaine en sortir, donc il y en avait deux. J'ai pris mon fusil de chasse, je l'ai chargé, j'ai sorti ma lampe de poche de la boîte à gants et je suis descendu du pick-up. J'ai vérifié la clôture. Elle n'était toujours pas électrifiée. Je l'ai enjambée et me suis dirigé tranquillement vers les deux êtres. Quand j'ai été suffisamment près, je les ai appelés. Ils ont fait volte-face et ont bondi vers les vaisseaux. J'ai dirigé mon fusil de chasse près de leurs pieds et j'ai tiré. Après deux coups de feu, mon arme s'est bloquée, mais je leur ai ordonné de quitter le ranch. Ils ne se sont jamais tournés vers moi. Au lieu de cela, chacun d'eux a attrapé un bison et a sauté dans son vaisseau, qui se sont élevés directement à la verticale. Je n'avais jamais vu pareille chose dans ma vie. Ils se sont dirigés vers l'est, puis, tout d'un coup, ils ont disparu, avec deux de nos bisons.

– Comment ça, *chacun a sauté dans son vaisseau* ?

– Ils ont bondi dans les airs, peut-être à 3 m, et atterri directement dans l'entrée des vaisseaux.

– Comment sont-ils sortis des vaisseaux au début ?

– Vous n'allez pas me croire, mais ils flottaient au-dessus du sol.

– Et vous avez dit qu'il manquait deux bisons, c'est ça ?

– Ils les ont pris. Quand je leur ai tiré dessus, chacun a attrapé un bison et l'a emporté.

– Comment ont-ils fait ? C'est lourd, un bison !

– Un mâle peut peser jusqu'à 1 tonne, mais cela ne semblait pas les déranger. Ils les ont attrapés avec un bras et ont sauté dans leur vaisseau. Ce n'est certainement pas quelque chose qu'un humain pourrait faire.

– Ils les ont restitués ?

– Pas vivant. Nous avons trouvé deux carcasses deux jours plus tard. Ils étaient morts d'une intervention chirurgicale, semble-t-il. Ce qui est le plus étrange, c'est qu'ils étaient presque intacts : il leur manquait les entrailles, les yeux et les pieds. Nous avons emporté les carcasses à l'école vétérinaire de l'université. Ils les ont disséquées, mais ils n'avaient aucune explication sur l'opération. On aurait dit que le bison mort avait été opéré avec les compétences d'un vétérinaire ayant probablement mis au point des outils inconnus.

– Vous souvenez-vous d'autre chose ?

– Les autres bisons restaient éloignés des carcasses. Je n'ai même jamais vu un insecte dessus. En général, lorsque nous recueillons des cadavres, nous laissons les crânes à l'air pour que les fourmis et les autres insectes les nettoient. C'est très difficile de nettoyer un crâne de bison, donc la meilleure façon est de le laisser dehors pour les fourmis. Une fois qu'elles ont fait leur travail, nous le nettoyons avec du peroxyde. Mais aucun insecte ne s'est approché de ces bisons.

– Qu'avez-vous fait des carcasses ?

– Nous les avons ramenées au ranch. J'ai demandé aux hommes de creuser une tombe et de les enterrer loin du pâturage. Je ne sais pas si elles étaient contaminées, mais je ne voulais prendre aucun risque. Certains hommes n'étaient pas très contents de ma décision. Ils voulaient récupérer la viande, mais je ne voulais vraiment prendre aucun risque.

– J'ai une autre question : est-ce que Willard a fini par arriver ?

– Je suis revenu à mon pick-up et j'étais assis à la place du chauffeur à essayer de comprendre ce que j'avais vu et ce qui n'allait pas avec mon fusil de chasse. Il n'avait jamais été bloqué auparavant. J'ai sorti la cartouche et observais le barillet quand Willard est arrivé. Il m'a regardé et m'a dit qu'il espérait que je ne le visais pas. Nous avons ri tous les deux. Puis Willard a testé la clôture et a constaté qu'elle fonctionnait. Je commençais à penser que j'étais fou. J'ai tourné la clé dans le contact et le pick-up a démarré. Je me suis excusé de l'avoir dérangé et l'ai suivi jusqu'à la maison du ranch.

Il s'arrête et finit son sandwich. Aubrey remplit nos tasses de café.

– Pouvez-vous décrire les êtres que vous avez vus ?

– Il n'y avait pas assez de lumière pour distinguer leurs traits. Ils portaient des combinaisons légères et réfléchissantes, et on aurait dit qu'elles étaient faites d'une seule pièce. Ils avaient aussi des équipements sur la tête. Je sais qu'ils avaient peur de mon fusil de chasse. Et ils pouvaient voler et sauter comme aucun humain normal. Et leur force était ahurissante ! Comment peut-on soulever un bison adulte ? Je ne peux imaginer une telle force. C'est à peu près tout ce que je peux dire à leur sujet.

– Autre chose ?

– Je pense que ce sont eux qui ont brouillé l'électricité, éteint la barrière électrique et interféré avec le moteur de mon pick-up. Je ne pense pas qu'ils l'aient fait exprès, mais, à mon avis, c'est lié à ce qu'ils ont à bord de leurs vaisseaux. Je suis sûr qu'ils ne s'attendaient pas à ce que je sois là, et quand je leur ai tiré dessus, ils ont bondi. Ils ont sauté de trois mètres pour revenir dans leur vaisseau. C'était un vrai spectacle. Je pense que l'entraîneur du lycée aimerait bien avoir ce genre d'athlètes dans son équipe.

– Cette rencontre a-t-elle changé votre vie ?

– Je suppose qu'il y a plusieurs aspects. J'ai passé le jour suivant à vérifier le système d'alarme de la clôture. J'ai acheté des portables pour tous mes employés, pour qu'ils puissent rester en contact avec le bureau si quelque chose d'inhabituel arrivait. Je n'ai plus l'impression que nous ayons le contrôle. S'ils ont la capacité de perturber notre système électrique et d'empêcher les véhicules de fonctionner, cela nous rend vulnérables. Nous n'aurions aucune chance s'ils décidaient de nous envahir, bien qu'ils semblaient ne s'intéresser qu'aux bisons. Pourquoi les mutileraient-ils ? Ce n'était certainement pas pour la viande.

– J'ai déjà entendu parler d'un événement similaire, dis-je

– Cela ne m'étonne pas.

Coy boit son café, me dit au revoir, et m'invite à revenir au ranch quand je veux. Je le regarde mettre son chapeau de cowboy et se diriger vers la porte. Aubrey s'approche et lui donne un baiser. Il le lui rend, et me regarde.

– Revenez quand vous voulez, répète-t-il. Peut-être que nous irons chasser les ovnis. Je vous le ferai savoir s'ils reviennent. Il s'arrête devant la porte et me regarde de nouveau. Il y a autre chose, ajoute-t-il. Je m'inquiète davantage maintenant. Avant, je pensais que c'était l'endroit le plus sûr au monde, mais, désormais, je ne sais pas. J'espère simplement que cela ne se reproduira pas. Je n'aime pas m'inquiéter.

*J'ai accepté la nouvelle invitation de Coy et Aubrey et leur ai rendu visite deux fois depuis qu'il m'a raconté son expérience. J'adore partir* à cheval avec lui. Il n'y a rien de tel que de sortir à l'aube et d'observer un troupeau de bisons brouter à la lumière du matin. Il n'y a pas eu d'autre observation d'ovnis au ranch. Peut-être que Coy avait raison : les extraterrestres n'aiment pas les armes.

# 7. L'histoire de Shawnee : ils ont pris le contrôle de ma voiture

*Un week-end, tandis que je rendais visite à des membres de ma famille dans la réserve, une femme m'approcha à l'épicerie communautaire et me dit qu'elle avait lu mon livre* Rencontres avec le peuple des étoiles *et avait une expérience à raconter, que même sa famille ne croyait pas. Elle me demanda si j'avais le temps de l'écouter. Je lui ai répondu avoir toujours le temps d'écouter, et nous sommes convenu de nous rencontrer chez elle à midi. Voici l'histoire de Shawnee.*

J'arrive chez elle quelques minutes avant midi. Elle m'accueille dans sa cuisine où elle est occupée à préparer la soupe pour le repas en famille. Elle débarrasse une chaise de sa table de cuisine et m'invite à m'asseoir, tandis qu'elle apporte deux tasses de café noir.

– Merci d'avoir accepté. Ma famille pense que je suis folle, que j'ai dû rêver de ces événements, mais je vous assure que je ne suis pas folle, et ce que je vais vous dire est la stricte vérité. J'ai aussi un témoin, bien qu'elle n'aime pas en parler. Elle ne veut pas s'impliquer.

Shawnee se lève, se dirige jusqu'à la cuisinière et remue sa soupe. Je la regarde ajouter un mélange de légumes à la casserole. Bien que séduisante, il est évident qu'elle fait peu attention à son apparence. Ses longs cheveux noirs corbeau emmêlés semblent ne pas avoir été peignés depuis des jours. L'état de ses mains révèle qu'elle se ronge les ongles et fume. Elle porte un pantalon de jogging taché avec un t-shirt qui s'arrête à la taille, révélant son nombril.

– Il y a beaucoup d'anciennes légendes au sujet du peuple des étoiles dans ma culture, dit Shawnee en s'asseyant. Quand j'étais enfant, j'adorais ces histoires. Il y avait des légendes sur des gens qui descendaient du ciel et emmenaient des hommes et des femmes vers les étoiles. Il y avait des histoires de femmes ayant des enfants des étoiles, qui revenaient vivre parmi le peuple. Je ne pense donc pas que ma rencontre soit si inhabituelle, compte tenu des extraterrestres qui nous rendent visite depuis des siècles. Elle se lève et vérifie sa soupe. Vous ne pouvez pas imaginer à quel point je suis heureuse de vous rencontrer. Je veux simplement que quelqu'un m'écoute, quelqu'un à l'esprit ouvert et qui ne pensera pas que j'ai perdu la tête.

Elle attrape un paquet de cigarettes et un briquet sur la table. Je la regarde allumer sa cigarette, ouvrir la fenêtre près de la table et souffler la fumée vers l'extérieur.

– Je m'intéresse toujours aux vraies rencontres avec le peuple des étoiles, dis-je. On m'a raconté de nombreuses histoires au cours de mes voyages, mais je dois admettre que vous êtes la première personne à m'aborder dans un magasin de proximité.

Elle rit nerveusement et prend une autre bouffée de sa cigarette.

– Je dis toujours la vérité ou, du moins j'essaie. Croyez-moi, ce que j'ai vécu est bien réel.

Je ne réagis pas à sa déclaration, mais je la regarde resserrer la salière et la poivrière sur la table.

– Je n'ai jamais beaucoup pensé aux ovnis, commence-t-elle. J'avais entendu des histoires par des amis, mais je n'y avais jamais vraiment prêté attention jusqu'à il y a deux ans. Je voulais vous raconter ce que j'ai vécu parce que vous connaissez le sujet. Peut-être avez-vous entendu quelque chose de similaire à mon expérience. Elle marque une pause lorsque le couvercle de la marmite à soupe commence à trembler. Elle se lève et réduit le feu. Vous avez reçu combien de récits en lien avec les ovnis ?

– Des centaines. Cela vous dérange si j'enregistre notre entretien ?, demandé-je en plaçant le dictaphone sur la table entre nous.

– Non, mais n'utilisez pas mon vrai nom. Je ne veux pas que des gens essaient de me trouver et me posent des questions. Je veux simplement vous parler. Il faut que j'en parle à quelqu'un, et vous semblez être la personne parfaite. Tout le monde dans la réserve dit du bien de vous et qu'on peut vous faire confiance.

– Merci. Et je promets que je ne révélerai jamais votre nom ni votre adresse.

– Bien. Mon amie Dakota était avec moi. Je peux vous emmener la voir plus tard. Je lui ai demandé de venir vous rencontrer, mais elle garde ses neveux. Dakota et moi nous connaissons depuis le CP. Nous avons toujours été amies.

– Dites-moi où vous avez fait votre rencontre hors du commun, Dakota et vous.

– Une fois par mois, nous prenons un jour pour aller en ville, qui est à une centaine de kilomètres. Nous partons tôt le matin et faisons nos courses toute la matinée. Nous nous arrêtons pour déjeuner, puis nous refaisons les magasins dans l'après-midi. Un soir, nous rentrions en voiture de notre journée de shopping mensuelle. Nous étions restées en ville plus longtemps que d'habitude et, à mi-chemin, il faisait déjà nuit. Shawnee se lève soudainement et remue sa soupe dans la casserole avant de continuer son histoire :

– Il y a un endroit sur la route avec beaucoup de collines et de virages. Je conduisais et Dakota parlait de ses enfants. À un moment donné, nous nous trouvons au sommet d'une colline et, au milieu de la route, il y a un ovni, avec une lueur bleue autour. Je m'en souviens parce que c'était super beau.

Shawnee s'arrête, se rend au comptoir pour prendre la carafe de café et remplir nos tasses avant de se rasseoir.

– Quelle a été votre réaction ?

– Je me suis arrêtée immédiatement et j'ai mis la voiture en marche arrière. D'un coup, un faisceau aveuglant a été dirigé vers nous. Dakota a commencé à crier lorsque le moteur de la voiture s'est arrêté. Elle était sûre que nous allions être enlevées et qu'elle ne reverrait plus jamais ses enfants. Nous étions assises là, sans défense, et une silhouette s'est approchée de nous. C'était une grande ombre d'apparence humaine. Il est arrivé de mon côté de la voiture et a ouvert la portière. Il m'a dit qu'il avait besoin de ma voiture. Shawnee se lève, s'avance vers la cuisinière et remue sa soupe. Je sais que ça semble incroyable, mais c'est ce qu'il a dit.

– Il voulait votre voiture ?

– Oui. Il l'a dit sans aucune émotion. Il voulait me prendre ma voiture.

– Il vous a parlé verbalement ?

– Je ne sais pas. Tout ce que je sais, c'est qu'il voulait ma voiture, mais il n'y avait pas moyen que je la lui donne.

– Qu'avez-vous fait ?

– Au moment où il a dit ça, Dakota est sortie et a couru sur la route. Elle a dû trébucher, je l'ai vue tomber. Elle était étendue au milieu de la route. Je suis passée sur le siège passager en rampant et j'ai sauté de la voiture. J'ai couru vers elle, mais elle était inconsciente. Ensuite, je me suis réveillée dans une pièce inconnue et froide, comme une cellule. Les murs étaient gris métal. Nous étions allongées sur ces tables froides en métal. Dakota était toujours inconsciente. J'ai cherché de l'eau, mais il n'y avait rien dans la pièce. J'ai essayé de la réveiller, mais elle n'a pas bougé.

– Avez-vous vu d'autres êtres, à part celui qui est venu à la portière de la voiture ?

– Non, juste le voleur de voiture. Il est entré dans la pièce et m'a dit que je n'avais rien à craindre. Il a ajouté qu'ils avaient besoin de ma voiture pour transporter des passagers en ville. Lorsque j'ai demandé qui étaient les passagers, il m'a dit qu'ils emmenaient certains de leurs congénères en ville.

– Il vous a expliqué davantage ?

– Il m'a dit qu'ils venaient parfois sur la Terre, mais que certains de ses congénères y vivent. Certains indéfiniment, d'autres quelques mois. C'était très déroutant pour moi. Je sentais mon cœur battre fort dans ma poitrine, mais, à ce moment-là, je voulais m'assurer de recueillir toutes les informations que je pouvais. Je lui ai dit que j'avais besoin de ma voiture.

– Comment a-t-il réagi ?

– Il m'a dit qu'ils me la rendraient dès qu'ils auraient déposé les passagers.

– Donc, si vous étiez à mi-chemin de la maison, sur un trajet d'une centaine de kilomètres, cela signifie que vous avez dû attendre environ deux heures. Est-ce que l'ovni est resté posé sur la route pendant tout ce temps ?

– Oh non, nous planions très haut au-dessus de la Terre en attendant le retour de la voiture.

– Et votre amie ?

– Ça aussi, c'est quelque chose. Elle est restée inconsciente. Je lui ai demandé ce qu'ils lui avaient fait. Il m'a dit que c'était du contrôle mental et qu'ils avaient essayé de l'utiliser sur moi, mais je n'étais pas coopérative, même si je ne vois pas bien ce que ça veut dire. En tout cas, j'étais alerte et attentive à ce qui se passait.

– Vous a-t-il dit autre chose ?

– Il a ajouté que c'était difficile pour ses congénères de vivre sur la Terre, mais plus ils restaient, plus ça devenait facile. Quand je lui ai demandé pourquoi c'était difficile, vu qu'ils semblaient humains, il m'a répondu qu'ils pouvaient prendre des formes humaines, mais qu'ils n'étaient pas comme les humains. C'est alors qu'il m'a dit que ce serait trop difficile pour moi de savoir à quoi il ressemblait vraiment. J'ai exigé de savoir, chose que j'ai regrettée plus tard.

– Comment ça ?

– Il m'a montré sa véritable apparence.

– À quoi ressemblait-il ?

Tout à coup, Shawnee se lève et se met à pleurer.

– Il était hideux. Moitié animal, moitié insecte, serait la meilleure description. Il s'est transformé en la chose la plus bizarre que j'aie jamais vue. Shawnee retombe sur la chaise, prend une serviette en papier et s'essuie les yeux. Je suis désolée, mais il avait raison. Je n'aurais pas dû demander à voir sa véritable apparence. Il était très grand, peut-être 2,50 m. La meilleure façon de le décrire était qu'il ressemblait à une grande sauterelle, ou peut-être à une fourmi. Je sais que c'est incroyable. Je n'arrêtais pas de me demander comment une telle créature pouvait traverser l'Univers.

– Comment ça ?

– C'était ni plus ni moins qu'un insecte. Quand il a vu que j'étais contrariée, il a immédiatement repris sa forme humaine. Il m'a dit que je ne devrais pas avoir peur, qu'il ne me ferait pas de mal. Il m'a ensuite proposé de me faire visiter son vaisseau. Il m'a emmenée sur un pont supérieur, et là, j'ai vu quatre autres extraterrestres assis autour des commandes, comme un écran d'ordinateur, mais ce n'était pas des ordinateurs. Il a expliqué que les écrans ne faisaient que suivre les différents corps célestes dans l'Univers et qu'ils utilisaient leur esprit pour voyager.

– Vous a-t-il montré autre chose ?

– Il m'a ramenée dans la pièce où dormait Dakota. Il m'a dit que le chauffeur revenait de la ville et que je serais bientôt à la maison. Il s'est approché d'un mur dans la pièce et a appuyé sur un bouton. Soudain, un petit clapet s'est ouvert, comme un distributeur de boissons chaudes et il m'a apporté une tasse de liquide. Il m'a conseillé de le boire pour oublier tout ce qui s'était passé. J'ai regardé la substance épaisse, on aurait dit du mucus, et lui ai répondu que je voulais me souvenir. Maintenant, je pense que j'aurais dû le boire.

– Pourquoi ?

– Parce que ce serait plus facile d'être comme Dakota. Elle se souvient d'avoir vu l'ovni, c'est tout. Elle n'a pas de cauchemars et elle pense qu'il ne s'est rien passé d'autre.

– Vous pensez que Dakota accepterait de me parler ?

– Je pense qu'elle confirmera l'ovni, si vous promettez de ne jamais révéler son nom. Comme elle était inconsciente la plupart du temps, elle ne se souvient pas de grand-chose.

Après avoir vérifié sa soupe et éteint le brûleur, Shawnee et moi rendons visite à Dakota. Elle est très mal à l'aise lorsque Shawnee me présente. Alors que nous nous asseyons sur le canapé de son salon, elle déclare :

– Tout ce dont je me souviens, c'est l'ovni, et je ne veux pas vraiment en parler. Je n'ai jamais eu aussi peur de toute ma vie. Les ovnis sont bien réels. Nous en avons vu un, et ensuite, nous étions de retour chez nous. C'est tout ce dont je me souviens.

Après l'avoir remerciée de son témoignage, nous revenons vers la maison de Shawnee.

– J'ai une autre question à vous poser. Comment êtes-vous rentrées chez vous ?

– Ça aussi, c'est très étrange, dit-elle. Je ne me souviens pas avoir conduit. D'un coup, j'étais en ville et je déposais Dakota chez elle. Je pense qu'ils nous ont ramenées chez nous. Je ne vois pas d'autre explication.

*Je n'ai pas revu Shawnee depuis notre après-midi ensemble, bien qu'elle reste en contact occasionnellement par courriel. Il ne fait aucun doute que quelque chose lui est arrivé ce soir-là, sur cette route isolée. Depuis l'incident, elle et Dakota ne sont plus jamais retournées ensemble en ville pour leur shopping mensuel. Dakota ne quitte jamais la réserve. En revanche, Shawnee s'y rend, mais seulement lorsque son mari est disponible pour l'accompagner.*

## 8. L'histoire d'Everett : ils ont dit que mon sang était défectueux

*Everett a travaillé dans la construction comme conducteur de camion. Sa profession l'a amené à la fois à l'intérieur et à l'extérieur de la réserve et souvent loin de chez lui. Il a avoué que, dans sa jeunesse, il aimait beaucoup boire et faire la bringue en compagnie de femmes dans de nombreux États. Un soir, en chemin vers le site d'un nouveau travail, il a fait une rencontre hors du commun, qui a irrémédiablement changé sa vie. Il a accepté de me raconter son vécu, si je promettais de garantir son anonymat.*

J'ai rendez-vous avec Everett dans un restaurant routier d'une ville en dehors de la réserve, près de sa maison. Il est en train d'attendre quand j'arrive et se lève lorsque je m'approche de la table. Il mesure environ 1,70 m. En surpoids et souffrant d'asthme, sa voix siffle souvent quand il parle.

– C'est arrivé l'été après le grand incendie dans le parc national de Yellowstone, commence-t-il après que la serveuse a apporté du thé glacé.

– Vers la fin des années 1980, c'est ça ?

– L'incendie a eu lieu en 1988 et ma rencontre en 1989.

– Vous travailliez à Yellowstone ?

– Oui. Après l'incendie, de nombreuses routes de Yellowstone avaient besoin de réparations majeures. J'ai présenté ma candidature auprès d'une équipe qui y travaillait. Comme ils essayaient de remplir un quota de minorité, je n'ai eu aucun mal à obtenir l'emploi. J'ai emmené ma caravane sur le site et j'avais prévu de vivre dans le parc cet été-là, ce qui réduisait les coûts, et le salaire horaire était deux fois plus élevé que ce que je pouvais gagner localement. Je savais que ce serait bénéfique pour ma famille. Le travail est plus rare en hiver. Avec ce salaire, nous pouvions tenir jusqu'à la saison suivante. C'est comme ça dans la construction : soit on a plein d'argent, soit on n'en a pas.

– Parlez-moi de votre rencontre.

– Nous travaillions dans la région de Lake Lewis. C'était un endroit où le feu avait fait fondre la route. Vous connaissez la région ? J'acquiesce. Le travail se faisait de nuit la plupart du temps. D'énormes lampes halogènes éclairaient le site. Pendant la journée, des milliers de touristes empruntaient la seule voie restée ouverte. Parfois, nous travaillions 24 heures sur 24, mais, la plupart du temps, les responsables du parc voulaient garder une voie ouverte pour les touristes. Je conduisais un camion et transportais du gravier d'un côté à l'autre du lac, là où les réparations étaient en cours.

– C'est près du lac que vous avez vu l'ovni ?

– Un jour, j'étais de l'autre côté du lac, à l'aube. J'ai vu que les lumières étaient éteintes, signalant la fin de la nuit de travail. J'ai garé le camion et me suis dirigé vers mon véhicule. J'avais prévu de conduire jusqu'à ma caravane et de prendre un peu de repos, dont j'avais grand besoin, quand, d'un coup, j'ai vu cet objet lumineux apparaître dans le ciel. Il a volé et plané directement au-dessus du lac. Soudain, un énorme jet d'eau est sorti du lac et a touché l'ovni. Je pense qu'il prenait l'eau du lac.

– Pendant combien de temps les avez-vous vu puiser de l'eau ?

– Peut-être 5 mn. Après, j'ai décidé de sortir de là avant qu'ils ne me voient. Je me suis senti passer en mode fuite.

– Savez-vous pourquoi ?

– J'avais l'impression qu'une charge électrique avait frappé mon corps. Puis la peur m'a envahi. Il fallait que je parte au plus vite.

– Vous avez réussi à retourner à votre caravane sain et sauf ?

– J'aurais bien aimé.

– Que s'est-il passé ?

– Alors que je contournais le lac, j'ai vu le vaisseau atterrir dans un champ et deux objets lumineux en sortir. Je me suis arrêté pour regarder ce qu'ils faisaient et, d'un coup, ils étaient devant la vitre de mon pick-up en train de m'observer. Le moteur s'est arrêté, les lumières se sont éteintes, et tout ce que je voyais, c'était deux êtres me fixant. Je leur ai crié de s'éloigner de moi, mais ils n'ont pas bougé. Ils sont restés là, à me dévisager.

– Croyez-vous qu'ils vous ont enlevé ?

– Je sais qu'ils m'ont emmené à bord de leur vaisseau. J'ai lutté, mais ils sont venus vers moi et ont placé un instrument sur ma tempe, alors j'ai été paralysé. Je ne pouvais même pas bouger un doigt et, pourtant, j'étais tout à fait éveillé et conscient de ce qui se passait.

– Que vous est-il arrivé ?

– Ils ont enlevé mes vêtements et m'ont placé dans une petite pièce vitrée. J'étais attaché à un mur debout. Je ne sais pas comment ils ont fait. J'étais paralysé. Puis, ces lumières ont scanné mon corps. Après environ une minute, ils m'ont fait sortir. Mon corps était couvert de cendres. Ils m'ont emmené dans une autre petite pièce vitrée et m'ont installé sur une chaise. Ils ont attaché des instruments à mes bras et à ma tête, et m'ont laissé là. Après quelques minutes, ils sont revenus et m'ont emmené dans une pièce avec une table en métal, comme on en voit dans les cabinets de vétérinaires. Ils m'ont placé sur la table, coupé quelques mèches de cheveux, prélevé du sang, des ongles et ont gratté ma peau.

– Que faisiez-vous pendant ce temps ?

– Comme je l'ai dit, j'étais paralysé. Je pouvais bouger les yeux, mais pas parler. J'ai essayé de bouger les orteils, les doigts, les bras. Rien. C'était la sensation la plus horrible. Je ne savais pas si c'était permanent ou non. Je n'arrêtais pas de penser à ma femme et à mes enfants et qu'aucun travail ne valait la peine de traverser une telle épreuve. J'ai décidé que si je m'en sortais, j'attacherais mon pick-up à ma caravane et rentrerais à la maison. Tant pis pour l'argent. Je voulais simplement être à la maison, en sécurité.

– Comment vous êtes-vous échappé ?

– Ils ont affirmé que mon sang était défectueux.

– Comment ça ?

– Après l'avoir analysé, ils ont dit qu'il était défectueux et n'avaient pas besoin de moi. D'un coup, j'étais au volant de mon pick-up et me dirigeais vers ma caravane.

– Qu'avez-vous fait à votre retour à la caravane ?

– Je l'ai attachée à mon pick-up et je suis rentré chez moi. J'ai dit à mon patron que j'avais une urgence familiale. Il m'a donné mon chèque de paie et je suis parti. Tout au long du chemin, je me sentais faible. J'ai eu du mal à conduire et à maintenir la caravane sur la route. J'ai dû m'arrêter fréquemment pour me reposer. Je pense que c'étaient les effets de l'enlèvement.

– Vous êtes allé chez le médecin ?

– Une fois de retour à la réserve, je suis passé à la clinique. On m'a envoyé à l'hôpital hors réserve pour d'autres tests. J'ai reçu un diagnostic de leucémie.

– Vous pensez qu'ils ont considéré que votre sang était défectueux à cause de la leucémie ?

– Qu'est-ce que ça pourrait être d'autre ? Je frémis à l'idée de ce qu'ils m'auraient fait si j'avais été en bonne santé. Au moins, je sais qu'ils ne reviendront pas.

Il sourit et prend une longue respiration.

– Comment ça va maintenant ?, demandé-je.

– Je suis en rémission. La leucémie a été détectée à temps. Heureusement, j'ai le genre de leucémie qui peut être soigné. Je dois être surveillé, mais, pour l'instant, je vais bien.

– Que pouvez-vous me dire au sujet des êtres qui vous ont enlevé ?

– Pas grand-chose. Ils étaient lumineux et couverts de la tête aux pieds avec un uniforme, comme une combinaison de protection. Ils portaient des lunettes et un masque, donc je n'ai jamais vu leur visage. Je me souviens seulement qu'ils avaient une forme humaine, et même si je ne les ai jamais entendus parler à voix haute, comme vous et moi, je savais qu'ils commentaient que mon sang était défectueux. D'une certaine façon, j'ai de la chance. Peut-être peut-on dire qu'ils m'ont sauvé la vie. D'un autre côté, je ne veux plus jamais revivre cette expérience.

*Je n'ai pas revu Everett depuis notre entretien, mais je pense souvent à lui et à la technologie avancée des extraterrestres qu'il a rencontrés. Ils ont identifié son problème, mais n'ont rien fait pour l'aider. C'était différent des autres personnes que j'avais interrogées. Dans la plupart des cas, les victimes furent guéries par leurs ravisseurs. Je me demande souvent pourquoi pas Everett.*

## 9. L'histoire de Ward : la Terre les a avalés

*Ward était un homme extraverti, au contact facile, qui aimait les machines à sous et appréciait les belles femmes. Du moins, c'est ainsi que cet Autochtone paiute se décrit. Je l'ai rencontré dans un casino à Las Vegas, dans le Nevada. Par inadvertance, je m'étais installée à une machine à sous qu'il avait libérée et, en quelques secondes, elle atteint le jackpot, qui s'élevait à environ 300 $.*

*Lorsque le bruit habituel d'une machine à sous annonçant un gagnant de jackpot s'est fait entendre, il s'est précipité à mes côtés et m'a dit que cette machine à sous était la sienne. Il l'avait apparemment quittée pour aller chercher des pièces. Me sentant un peu coupable qu'il ait alimenté la machine à sous pendant quelques heures, je lui ai proposé de partager les gains. Il a refusé, mais a ensuite suggéré que je l'invite à dîner.*

Ward est un homme grand et musclé au sourire envoûtant, qui semble à l'aise avec tout le monde. Je ne suis pas surprise d'apprendre qu'il est avocat. Sa manière persuasive de parler révèle une personnalité instruite et éloquente. Tandis que nous marchons jusqu'à l'un des buffets du casino, toutes les femmes que nous croisons sourient et le reconnaissent. À chaque fois, il leur rend leurs salutations et incline son chapeau de cow-boy noir, qui semble faire partie intégrante de son corps. Au cours de la soirée, je lui explique que je suis en chemin vers l'Arizona pour rencontrer des contacts pour mon prochain livre. Il est extrêmement intéressé de savoir que je collectionne des témoignages sur les ovnis.

– J'ai vu mon premier ovni quand j'avais environ 12 ans, dit-il. Peut-être que vous aimeriez raconter mon vécu ?

– J'adorerais l'entendre, lui rétorqué-je tandis qu'il se lève pour un deuxième voyage au buffet.

Quand il revient, j'attends qu'il finisse de parler avec une jeune femme qui s'est arrêtée à notre table pour l'inviter à une soirée.

– J'étais avec mon grand-père dans le désert de Mojave, commence-t-il, pour camper. La chaîne de montagnes Panamint était sacrée pour lui. Chaque année, depuis mes 8 ans jusqu'à mes 18 ans, je réalisais ce voyage annuel avec lui. Nous campions, nous parcourions des sentiers et nous priions. Le soir, il me racontait les anciennes histoires paiutes. Ward s'arrête au moment où un homme s'approche de notre table pour le saluer. Après avoir parlé un instant, Ward explique à son ami Hudson que je suis une écrivaine célèbre qui l'a invité à dîner. Tandis qu'ils rient et parlent tous les deux, je reste silencieuse et apprécie leurs plaisanteries. Lorsque Hudson part, Ward s'excuse. Désolé, mais il faut que je conserve ma réputation, dit-il.

– Je m'intéresse plus à votre récit qu'à vos excuses, dis-je, en feignant d'ignorer le fait qu'il avait amené Hudson à croire que j'avais tellement besoin de compagnie masculine que je l'avais invité à dîner.

– Quand mon grand-père m'emmenait camper, nous n'allions pas sur des terrains de camping publics. Il avait un endroit secret, où nous pouvions nous installer loin des regards indiscrets. Nous avions une meilleure vue du ciel nocturne, et nous n'entendions rien d'autre que les sons de la nature. Notre rituel du soir était de cuisiner le dîner et, ensuite, d'ajouter quelques énormes rondins dans le feu jusqu'à ce qu'il flambe dans le ciel. Mon grand-père apportait toujours des marshmallows. Il disait que c'était pour moi, mais je savais qu'il les aimait tout autant. Une fois le feu suffisamment dense et le dîner cuisiné, il m'envoya chercher le sac de marshmallows dans le pick-up. Soudain, je l'ai entendu me dire de me dépêcher. J'ai senti une urgence dans sa voix ; j'ai pris le sac et je suis retourné au camp. Je n'étais pas préparé à voir ce que j'ai vu. Là, près de notre campement, il y avait un ovni qui planait. Il se trouvait à environ 50 m au-dessus du sol et nous pouvions distinguer le contour complet alors qu'il couvrait les étoiles au-dessus.

– Pouvez-vous le décrire ?

– Il correspondait à peu près à la longueur d'un terrain de football. Il était de forme cylindrique, comme un tube. Il ne faisait pas de bruit et semblait suspendu dans les airs. Il ne bougeait pas du tout. Il était sombre, pas brillant. Je ne pouvais pas distinguer de couleur. Il y avait plusieurs lumières blanches, faibles en dessous, et une à l'avant, qui était comme une lumière stroboscopique. En fait, la lumière s'est approchée de notre campement, comme si elle inspectait les environs. Je me souviens avoir eu très peur.

– Comment a réagi votre grand-père?

– Il m'a dit de rester calme et qu'ils ne nous feraient pas de mal.

– Combien de temps est-il resté dans cette position ?

– Nous l'avons regardé pendant plusieurs minutes, puis il a commencé à s'éloigner de nous et à se rapprocher des montagnes Panamint. Je ne l'oublierai jamais. Il se déplaçait lentement, comme s'il se préparait à une manœuvre spéciale. À mesure qu'il approchait de la montagne, la lumière stroboscopique est devenue plus intense et le vaisseau s'est déplacé de plus en plus lentement et, d'un coup, la montagne s'est ouverte et il est entré à l'intérieur.

– Vous voulez dire que l'ovni est entré dans la montagne ?

– C'est exactement ça.

– Vous l'avez vu sortir ?

– Nous avons décidé de rester éveillés toute la nuit pour le voir. Grand-père a refait du café, nous avons fait griller des marshmallows. Vers minuit, nous avons regardé l'énorme vaisseau sortir des montagnes et atterrir sur le sol du désert. Mon grand-père a pris la cafetière et éteint le feu. Assis dans notre endroit secret, nous avons vu plusieurs grands êtres en sortir et se diriger vers un endroit situé à environ 15 m de nous. Puis le sol s'est ouvert et ils ont disparu sous le désert.

– Comment ça, *ils ont disparu sous le désert* ?

– C'est exactement ce qui s'est passé. C'était comme si la terre les avait engloutis.

– Avez-vous vu autre chose ?

– Six entités sont entrées sous la terre mais, environ une heure plus tard, huit en sont sorties et sont montées à bord du vaisseau, puis ils sont partis en un clin d'œil.

– Vous en avez vu six entrer à l'intérieur de la terre, mais huit en sont sortis. C'est ça ?

– Oui.

– Qu'en avez-vous pensé ?

– Cela confirmait les anciennes légendes. Nos grands-pères d'il y a longtemps racontaient des histoires sur une race blanche de gens portant des vêtements blancs purs et vivant à l'intérieur de la montagne. Grand-père disait que certains croyaient que leur maison d'origine était souterraine. Ils y ont construit une civilisation complète, loin des humains.

– Vous croyez à ces légendes ?

– Je crois que ce dont nous avons été témoins confirmait la présence d'une civilisation et du peuple des étoiles sous le désert de Mojave et dans les montagnes Panamint. Mais ce qui est plus important, c'est que mon grand-père y croyait.

– Et vous ?

– J'ai vu l'ovni disparaître à l'intérieur de la montagne. Je sais que je n'avais que 12 ans, mais je sais ce que j'ai vu. J'étais avec mon grand-père, et même si nous avons décidé de ne le dire à personne, cela ne signifie pas que ce ne s'est pas produit. C'était réel.

– Pourquoi avoir choisi de ne le révéler à personne ?

– Mon grand-père estimait que c'était un événement sacré qui ne s'adressait qu'à nous deux.

– Avez-vous revu cet ovni ?

– Plusieurs fois. Nous y sommes retournés chaque année jusqu'à mes 18 ans, l'année du décès de mon grand-père. Lors de ce voyage, il m'a prévenu que c'était le dernier et la dernière fois que nous verrions le peuple des étoiles et, presque à ce moment-là, ils sont apparus. Ils ont répondu à mes prières. Je voulais tellement qu'ils reviennent une dernière fois. Mon grand-père avait un cancer, et nous savions qu'il ne lui restait pas beaucoup de temps à vivre, mais il voulait quand même aller camper. Nous nous sommes assis le soir et avons fait griller des marshmallows. Vers minuit, ils sont venus. Même rituel : l'ovni est entré dans la montagne et, environ une heure plus tard, il en est ressorti et a atterri sur le sol du désert. Cette fois-ci, huit hommes sont descendus sous terre, mais seulement six en sont sortis. Je n'oublierai jamais cette nuit-là. Cela semble être de l'histoire ancienne maintenant, mais je suis heureux d'avoir l'occasion de vous en parler. J'espère que vous l'inclurez dans votre livre.

– Revenons un peu en arrière. Vous avez dit que, lorsque vous aviez 12 ans, vous avez vu six êtres disparaître sous le sol du désert et huit en sortir. Lors de votre dernière session, c'était l'inverse. J'aimerais savoir si ceux qui sont sortis étaient habillés de la même façon que ceux qui sont descendus. Vous vous en souvenez ?

– C'est une question très intéressante. Mon grand-père me l'a fait remarquer les deux fois. Ceux qui sont entrés dans l'engin spatial étaient habillés de combinaisons argentées brillantes. Ceux qui venaient d'en bas étaient vêtus de blanc, non pas d'une combinaison, mais de vêtements amples.

– Qu'est-ce que votre grand-père en a pensé ?

– Il croyait que ceux qui étaient sortis rentraient chez eux, sur leur planète natale, et que ceux qui restaient étaient leurs remplaçants. Cela l'a encore plus convaincu qu'il y avait une civilisation secrète sous le désert de Mojave.

– Est-ce que lui ou vous avez communiqué avec eux ?

– Lors de notre dernière session de camping, mon grand-père s'est levé et s'est dirigé vers eux. Je suis resté caché et j'ai regardé. Il m'a demandé de rester à l'écart. Lorsqu'il a atteint le vaisseau, ils n'ont d'abord pas fait attention à lui, puis ils se sont tournés dans sa direction et l'ont salué.

– Il a communiqué avec eux ?

– Apparemment, ils lui ont annoncé qu'ils le verraient dans les étoiles.

– Il a expliqué ce qu'ils entendaient par là ?

– Mon grand-père croyait que la mort n'était pas la fin de la vie et, qu'en quittant la Terre, il se déplacerait vers un autre endroit, une autre planète, un autre monde. Il sentait qu'ils lui disaient qu'ils connaissaient son destin et se reverraient. Peut-être même renaîtrait-il en homme des étoiles et reviendrait-il dans le désert.

– Êtes-vous déjà retourné à cet endroit sacré, maintenant que vous êtes adulte ?

– Jamais. Chaque année, j'y pense, mais je crains que ce ne soit pas la même chose sans mon grand-père.

– Avez-vous déjà pensé que si vous alliez là-bas, vous pourriez revoir votre grand-père en homme des étoiles ?

– Croyez-moi, j'y ai songé, mais je crains de ne pouvoir gérer si cela se produisait. Je préfère penser qu'il est vivant et heureux parmi les étoiles et qu'il veille sur moi.

– Vous pensez qu'il serait fier de l'homme que vous êtes devenu ?

– Je ne crois pas. Grand-père n'aimait pas le jeu, sous quelque forme que ce soit. C'est probablement la vraie raison pour laquelle je n'y retourne pas. Si je devais le rencontrer, je suis sûr qu'il me ferait part de son mécontentement.

– Avez-vous déjà envisagé de changer de vie ?

– Voir cet ovni m'a changé. Je viens ici pour oublier cet événement.

– Pourquoi vouloir l'oublier ?

– Je sais que des millions de personnes aimeraient voir ce que j'ai vu, mais je veux rester sur terre, vivre ma vie et, quand je mourrai, je veux que ce soit définitif. Je n'ai aucune envie de vivre dans les étoiles.

– Avez-vous autre chose à préciser au sujet de cette rencontre hors du commun ?

Ward réfléchit un instant.

– Rien d'autre. Je vous ai dit exactement ce que j'ai vu.


*J'ai passé la soirée avec lui aux machines à sous. Je ne suis pas du genre à rester à une machine à sous plus de cinq ou dix minutes, mais Ward avait l'habitude de choisir une machine et d'y rester. Au cours de la soirée, nous sommes devenus amis, et je le vois toujours quand je me rends à Las Vegas. La dernière fois, il m'a proposé de m'emmener dans le désert de Mojave pour me montrer les montagnes Panamint et camper à l'endroit où ils voyaient l'ovni. J'ai été surprise qu'il change d'avis. Il a dit que cela avait quelque chose à voir avec son âge et sa récente opération à cœur ouvert. Quoi qu'il en soit, je compte accepter sa proposition.*

# 10. L'histoire de Léonard : ils nous ont transportés en lieu sûr

*Léonard était pêcheur professionnel. Sa carrière commença à 16 ans et, à 72 ans, il dirigeait un bateau avec ses deux neveux. Natif de l'Athabasca, il pratiquait les cérémonies et les enseignements traditionnels de son peuple. Je l'ai rencontré à un potlatch. Il s'est approché de moi et m'a demandé si je m'occupais toujours de collecter des récits au sujet d'ovnis. Quand je lui ai dit que je continuerai à les recueillir sur mon lit de mort, il m'a répondu qu'il avait une histoire à raconter et qu'il aimerait bien la partager avant d'être sur le sien.*

J'ai donné rendez-vous le lendemain soir à Léonard, au restaurant de l'hôtel Sophie Station, où je loge à Fairbanks. Puisqu'il demeure à Fairbanks pendant l'hiver, c'est pratique pour nous deux. À l'extérieur, la neige est soufflée de côté sous la lumière des lampadaires. J'ai choisi une table près de la fenêtre avec une belle vue sur la rue, et je me réchauffe avec du thé en attendant son arrivée. Quand il entre, il me repère immédiatement et me salue. L'un des hommes les plus heureux que j'aie jamais rencontrés, Léonard sourit toujours et salue tout le monde, ami ou étranger. Grand homme à la carrure imposante avec une petite barbiche, il se penche vers la table et me serre la main avant d'enlever sa parka bordée de fourrure.

– J'espère que je ne vous ai pas fait attendre trop longtemps, dit-il en s'asseyant en face de moi.

Je secoue la tête.

– Je regardais la tempête.

– J'ai écouté les prévisions météorologiques, nous pourrions bien avoir 30 cm de neige ce soir. Nous avons un drôle de temps en Alaska. L'an dernier, il faisait chaud, cette année, c'est tempête sur tempête. La serveuse vient prendre notre commande, puis nous parlons du potlatch et de l'importance du rassemblement traditionnel. Lorsque notre repas est servi, Léonard parle de sa rencontre hors du commun d'une voix douce et assurée :

– J'ai passé ma vie sur un bateau de pêche. Petit garçon, j'étais sur celui de mon oncle et j'ai appris les rudiments. J'ai économisé chaque centime que j'ai gagné et j'ai finalement versé un acompte pour mon propre bateau. J'ai pêché en haute mer presque toute ma vie, sauf lors de mon séjour dans l'armée.

– Vous étiez au Vietnam ?

– Oui.

– Y avez-vous vu des ovnis ?

– Plusieurs fois, mais ils sont restés à distance. Je les ai vus trois fois pendant des combats, planant dans le ciel, comme s'ils observaient. Je ne les ai jamais vu atterrir, mais je me suis toujours demandé à leur sujet : quel genre d'entités pouvait se trouver à bord d'un vaisseau spatial ?

– Quand avez-vous fait la rencontre hors du commun dont vous voulez me parler ?

– Il y a trois ans. Les garçons et moi, nous pêchions le thon. Nous sommes revenus tard sur la côte. La journée avait été bonne, nous avions rempli toutes nos glacières. Des jours comme celui-là, nous n'avons pas envie de nous arrêter, alors quand nous nous sommes dirigés vers le port, il faisait déjà nuit.

– Donc c'était tôt le matin, parce qu'il ne fait jamais vraiment nuit en Alaska l'été.

– C'est exact, mais la plupart des bateaux étaient déjà rentrés. En fait, je n'en ai vu aucun autre. C'était paisible. Les eaux étaient calmes quand, d'un coup, le bateau a été pris dans un tourbillon sorti de nulle part.

– Un tourbillon ?

– Un vent violent s'est levé et, d'un coup, c'était comme si nous étions pris dans une tornade d'eau, un tourbillon qui aspirait notre bateau vers le bas. J'ai levé les yeux : il y avait un mur d'eau tout autour de nous. C'était comme un entonnoir qui tournait dans le sens des aiguilles d'une montre, tourbillonnant vers le bas, et nous étions aspirés dedans. Je pensais que nous allions y rester, quand quelque chose d'inattendu s'est produit. Au-dessus de moi, j'ai vu des lumières, des lumières fortes en forme de cercle, et une force que je ne peux expliquer nous a ramassés, nous a fait voler dans les airs et placés dans des eaux calmes.

– Comment ça, *une force vous a fait voler dans les airs* ?

– C'est exactement ce qui s'est passé. Nous tourbillonnions vers le bas dans cet entonnoir d'eau, sans moyen d'y échapper et, d'un coup, nous avons été soulevés et avons volé dans le ciel. On nous a retirés du tourbillon et on nous a soigneusement placés sur une eau calme. C'était incroyable.

– Que faisaient vos neveux ?

– Ils se tenaient sur le pont, accrochés à la rambarde, priant pour leur vie et m'appelant de toute leur voix. Je suis descendu sur le pont et j'ai regardé dans la direction qu'ils indiquaient : un vaisseau spatial survolait la mer à une cinquantaine de mètres de nous.

– Que faisait-il ?

– Je voyais que l'eau était agitée sous le vaisseau, un peu comme le tourbillon que nous avions rencontré. Au milieu, il y avait une colonne d'eau, d'environ 50 cm, qui était aspirée par le vaisseau spatial. C'était une vue à la fois magnifique et effrayante. À ce moment-là, je me suis rendu compte que nous avions été pris dans un tourbillon généré par ce vaisseau, et ils nous ont sauvés en nous soulevant hors de l'eau et en nous plaçant dans des eaux calmes.

– Pendant que vous regardiez l'événement, avez-vous pensé à appeler les garde-côtes ?

– Non seulement j'ai essayé, mais j'ai aussi voulu lancer un appel à tous les bateaux de pêche de la zone, mais ma radio ne fonctionnait pas. Il n'y avait même pas de friture. Lorsque j'ai tenté de démarrer le moteur, il était mort. Nous ne pouvions ni partir, ni avertir qui que ce soit.

– Qu'avez-vous fait ?

– À ce moment-là, mes neveux m'ont rejoint dans la cabine. Nous sommes restés là, à regarder la scène se dérouler devant nous. Nous ne pouvions rien faire d'autre.

– Combien de temps avez-vous observé l'engin spatial ?

– Peut-être dix ou quinze minutes.

– Avez-vous vu une entité ?

– Non, mais je sais qu'il était piloté par des êtres intelligents. Vu la façon dont ils nous ont sortis de l'eau, c'était évident. Ils nous ont sauvé la vie, mais ce sont eux qui avaient créé le problème.

– Vous avez dit avoir observé le vaisseau prendre de l'eau pendant dix ou quinze minutes. Que s'est-il passé ensuite ?

– Il s'est levé, s'est soudainement retourné sur le côté et a glissé sur l'eau, comme un skieur nautique, puis il est monté dans le ciel jusqu'à ce que nous ne le voyions plus. Je n'avais jamais observé un vaisseau manœuvrer de cette façon. C'était incroyable.

– L'avez-vous signalé ?

– Oui, aux garde-côtes. Ils m'ont regardé comme si j'hallucinais, ont rempli un rapport et je n'ai jamais eu de nouvelles.

– En avez-vous parlé à d'autres pêcheurs ?

– Non. Après la réaction des garde-côtes, j'ai décidé de me taire. J'ai conseillé aux garçons d'en faire de même. J'ai raconté ce qui s'est passé à ma mère, Ruth, qui était au courant de vos recherches. Elle m'a dit que son frère vous avait parlé à son camp de pêche sur le Tanana. C'est la raison pour laquelle je vous ai contactée. Je voulais savoir si vous aviez entendu des histoires semblables.

– Oui. Des gens m'ont raconté avoir vu des vaisseaux spatiaux aspirer l'eau des fleuves et des lacs. Je ne suis donc pas surprise de ce que vous avez vu. Vous avez vécu une expérience unique, mais vous n'êtes clairement pas le seul.

– Merci beaucoup. J'avais besoin d'une confirmation. Il sourit et se tapote le ventre. Un dessert, ça vous branche ?

J'accepte.


*Je n'ai pas revu Léonard depuis notre entretien, ce qui ne signifie pas que je ne pense pas à lui. Je prévois d'assister à un rassemblement de chanteurs et de danseurs à l'université. C'est un événement annuel à Fairbanks, et j'espère l'y voir. Son récit d'engin spatial, qui sauve son bateau de pêche d'une situation mortelle que les extraterrestres ont eux-mêmes créée, m'a impressionnée. Cependant, ce n'est pas la première fois que j'entends parler d'hommes des étoiles qui portent secours à des humains en détresse.*

## 11. L'histoire d'Eve : les hommes des étoiles sont des guérisseurs

*Eve a obtenu une maîtrise en biologie d'une université d'État. N'ayant pu trouver d'emploi dans sa discipline, elle a alors accepté de travailler dans le département des services sociaux de la tribu, où elle autorise les bons d'alimentation pour les familles dans le besoin. Margie, la mère d'Eve, membre retraitée du conseil tribal, est confinée chez elle à cause d'une forme débilitante d'arthrite. J'avais vu Eve grandir, sa mère et moi étions amies depuis des années, donc je ne fus pas surprise de recevoir un appel téléphonique à mon motel m'invitant à dîner le soir suivant. La grande surprise vint quand je découvris que l'invitation n'était pas juste l'occasion de manger les fameux « tacos indiens » de Margie, mais aussi d'écouter l'une des histoires les plus intéressantes sur une rencontre hors du commun que j'aie jamais entendue.*

J'arrive chez Margie deux heures avant le dîner. Même si nous sommes samedi, je suis surprise de voir également Eve à la maison.

– J'ai dit à Evan [le mari d'Eve] que c'était strictement une soirée entre filles, alors il est allé voir Eric LeBeau, explique-t-elle. Après deux heures de bavardages sur la famille, la politique des réserves, la retraite de Margie, le jardin familial et le projet d'agrandissement de la maison d'Eve, nous allons dans la cuisine, où Margie et Eve commencent à préparer le dîner. Je savoure les meilleurs « tacos indiens » depuis un an, puis nous nous retirons sous le porche avec du café.

– J'ai demandé à Maman de t'inviter à dîner ce soir, avoue-t-elle. Je me souviens à quel point tu aimes ses tacos, mais il y a une autre raison. Quelque chose nous est arrivé il y a plusieurs mois, qui a changé nos vies, surtout celle de maman. Nous voulions t'en parler parce que nous te faisons confiance et savons que ce que nous te révélerons ce soir sera utilisé discrètement.

– Je t'écoute.

– Il s'agit d'un ovni. Elle fait une pause et regarde Margie. As-tu remarqué des changements chez maman depuis la dernière fois que tu l'as vue ?

– On dirait que la retraite lui fait du bien, dis-je. Il me semble qu'elle se déplace mieux.

Margie hoche la tête.

– C'est le peuple des étoiles, affirme Eve. Mais il faut commencer par le début. Maman, tu as été la première à les voir.

– Tout a commencé avec un raton laveur, dit Margie. Il n'arrêtait pas de venir la nuit : il a déraciné les plantes du jardin, détruit mes haricots verts et cueilli les tomates vertes en les laissant par terre. Il faisait beaucoup de dégâts. Alors, un soir, j'ai décidé d'y mettre fin pour de bon. J'ai pris mon fusil et je suis allée vers le coupe-vent (je sais que Margie fait référence à la rangée d'arbres plantés du côté nord et ouest de la maison pour la protéger du vent). J'avais une de ces nouvelles lampes de poche avec un projecteur, poursuit-elle. J'avais l'intention de le trouver et de le tuer.

– Maman est bonne tireuse, dit Eve. Tu le sais. Je me souviens que vous vous entraîniez toutes les deux dans la cour. Vous étiez tellement en compétition. Elle rit.

J'ignore son commentaire, même si je sais qu'elle a raison.

– Tu l'as trouvé ?, demandé-je, en essayant de maintenir la conversation sur la bonne voie.

– J'ai trouvé plus que ça : un homme, un homme des étoiles, dit Margie.

– C'est lui qui détruisait ton jardin ?

– Non, c'était le raton laveur.

– Je ne comprends pas.

– Quand je me suis approchée du coupe-vent, je balayais les environs avec mon projecteur et, d'un coup, j'ai vu une forme humaine avancer vers moi. J'ai braqué le projecteur dans sa direction, et il a poussé une sorte de cri et s'est couvert les yeux de ses bras. J'ai baissé la lumière et lui ai demandé de s'identifier, tout en le gardant en vue.

– Tu pointais l'arme sur lui ?

– Bien sûr. Je ne le connaissais pas. Qui s'amuserait à traîner dans le jardin d'un particulier ? Je lui aurais tiré dessus s'il s'était avancé vers moi. Je n'aurais pas visé pour le tuer, juste pour l'arrêter. Je ne suis pas une tueuse, mais je voulais me défendre.

– Tu as dit avoir vu une forme humaine. Je suis curieuse de savoir pourquoi tu as choisi ces mots pour décrire ce que tu as vu.

– Parce que je cherchais un animal, mais j'ai vu un humain, puis j'ai découvert qu'il n'était pas humain.

– Qu'as-tu fait ensuite ?

– Quand j'ai demandé qui il était, il s'est arrêté et a dit : *N'ayez pas peur. Je ne veux pas vous faire de mal.* J'ai baissé mon arme et j'ai de nouveau dirigé la lumière sur lui. Il avait l'air humain, du moins, il avait une forme humaine. Il portait un uniforme brun foncé d'une seule pièce. Une étiquette blanche sur son bras était estampillée de caractères inconnus. Plus tard, il m'a dit que cela identifiait son rôle sur sa planète.

– Quel était son rôle ?

– Il était médecin et chercheur, d'après ce que j'ai compris, et faisait partie d'une équipe de personnes parcourant l'Univers pour recueillir des éléments à étudier.

– Où étaient les autres ?

– Ils ont été déposés sur différents sites autour de la Terre.

– Déposés ?

– C'est ce qu'il a dit. *Déposés.*

– Qu'a-t-il dit d'autre ?

– Qu'il avait l'intention de rester dans la région pendant encore trois jours et qu'il était important que personne d'autre n'apprenne son existence.

– C'est à peu près à ce moment-là que j'ai rejoint maman vers le coupe-vent, intervient Eve. J'ai eu peur lorsque j'ai vu cet homme. J'ai pensé que nous étions en danger, alors j'ai pris le fusil de maman et l'ai pointé sur lui. Maman me l'a repris des mains et m'a dit qu'il n'était pas dangereux. Je ne comprenais pas, il me semblait dangereux.

– Que veux-tu dire ?

– Je n'avais jamais vu quelqu'un habillé comme ça, dit Eve. Personne ici ne s'habille ainsi. Du coup, je me suis dit qu'il n'était pas de la réserve. Il avait des yeux très étranges : ils étaient énormes et noirs, et on ne pouvait pas voir la pupille. Il était sensible à la lumière et protégeait ses yeux chaque fois que la lumière s'approchait de lui.

– Comment savais-tu qu'il n'avait pas de pupille ?

– Tu sais comment les pupilles brillent dans le noir à la lumière artificielle... Ses yeux ne brillaient pas. En fait, chaque fois que la lumière s'approchait de lui, il reculait, presque comme s'il était terrorisé.

– Qu'avez-vous décidé de faire ?

– Je lui ai dit qu'il pouvait rester, dit Margie, mais uniquement dans la grange.

– Je m'y suis opposée, dit Eve. J'avais peur qu'il effraie ma jument. Elle est nerveuse de nature et je ne voulais pas qu'elle ait peur.

– Finalement, dit Margie, nous avons décidé qu'il pouvait rester dans la serre. Il y avait une remise à outils attenante. Je me suis dit qu'il pourrait rester dans le noir s'il en avait besoin. Il a semblé aimer l'idée de la serre. Il s'intéressait aux plantes, et c'était chaud et humide. Il a dit que, sur sa planète, il faisait froid à la surface, mais son peuple vivait sous terre où il faisait plus chaud et plus humide que sur la Terre. La serre lui permettrait de se sentir chez lui. Nous l'y avons conduit, mais je pense qu'il savait déjà où elle se trouvait. Il nous a posé des questions sur diverses plantes. Il s'intéressait à mes herbes et voulait connaître leurs utilisations.

– Vous pourriez le décrire ?

– Il mesurait environ 1,75 m, dit Eve. Il était un peu plus grand que nous. Nous mesurons toutes les deux 1,70 m. Il était très mince, un vent de plaine l'aurait emporté. Il marchait bizarrement, comme s'il effleurait le sol. Il ne faisait pas de pas comme nous, mais je pense que c'était à cause du drôle de sac à dos qu'il portait.

– Un drôle de sac à dos ?

– Il était de forme carrée, explique Eve. Je l'ai vu appuyer sur un bouton sur sa manche quand il se déplaçait. Je me suis positionnée derrière lui alors qu'il suivait maman jusqu'à la serre. Je voulais mieux le voir. J'ai dirigé la lumière sur lui et il a accéléré. C'est alors que j'ai remarqué que ses pieds ne touchaient jamais vraiment le sol.

– Une fois que vous étiez dans la serre, quel genre d'échange avez-vous eu avec lui ?

– J'ai une chaise en osier dans la serre, répond Margie, avec des coussins. Je lui ai dit qu'il pouvait s'y reposer, parce qu'il semblait fatigué. Je lui ai demandé s'il avait besoin d'eau ou de nourriture et il m'a répondu qu'il avait tout ce dont il avait besoin.

– Vous avez vu son visage ?

– Nous n'avons eu qu'un aperçu ce soir-là, dit Eve, mais nous avons vu son visage plus tard. C'était un peu humain, en quelque sorte, sauf les grands yeux. Sa bouche était petite. Un bonnet extensible recouvrait sa tête. Je ne sais pas s'il avait des cheveux. Sa peau était plutôt pâteuse. Il ne passerait jamais pour un humain dans la foule, sauf à Halloween.

– Et pourtant, tu as accepté qu'il reste chez toi. Comment l'expliques-tu ?

– Je me sentais sereine en sa présence, dit Margie. Il m'a dit qu'il ne me ferait pas de mal et je l'ai cru. Je n'ai vu aucune arme. Je lui faisais confiance.

– Je ne voulais pas lui faire confiance, dit Eve, mais je ressentais aussi un sentiment de sérénité qui m'envahissait, et le besoin de le protéger. Quand j'y repense maintenant, je me dis qu'il contrôlait nos esprits, mais je me dis qu'il était inoffensif et faisait ça pour que nous ne lui tirions pas dessus.

– Vous avez communiqué avec lui, après le soir où vous l'avez ren-contré ?

– Oui, dit Eve. Je suis allée dans la serre le lendemain matin et je l'ai trouvé en train d'examiner les plantes. Il avait de grandes lunettes noires entourant ses yeux. Il a expliqué que ses yeux n'étaient pas habitués à la lumière et que, sur sa planète, elle correspondait plutôt au crépuscule sur la Terre. Je lui ai posé des questions sur la vieillesse et leurs maladies. Je m'inquiétais pour maman depuis longtemps. Non seulement elle souffrait de fibromyalgie, mais son arthrite était devenue paralysante. Il y avait des jours où elle ne pouvait pas sortir du lit sans mon aide. Je voulais savoir s'il y avait de telles maladies sur sa planète.

– Qu'a-t-il répondu ?

– Que les maladies ne faisaient pas partie de leur nature. Je n'ai pas compris ce qu'il voulait dire, et il ne saisissait pas la maladie que je décrivais. Quand je lui ai expliqué que la fibromyalgie, telle que je la comprenais, créait un court-circuit dans le système nerveux, il est devenu très intéressé. Lorsque j'ai reparlé avec lui plus tard, il m'a annoncé qu'il pouvait guérir maman.

– Et il l'a fait ?

– Pourquoi crois-tu avoir vu un tel changement en moi ?, rétorque Margie. Ses mains étaient magiques. Il m'a demandé de m'allonger sur mon lit.

– Tu l'as laissé entrer dans la maison ?

– Oh, oui, dit Eve. Il n'y avait pas d'endroit où s'allonger dans la serre. J'ai convaincu maman de le laisser essayer.

– Au moment où il m'a touchée, j'ai senti cette chaleur envahir mon corps. C'est devenu inconfortable à un moment donné, mais rien d'insupportable.

– Tu avais peur ?

– Non, je savais qu'il ne me ferait pas de mal.

– Comment le savais-tu ?

– Je le savais. Cela n'a pas pris plus d'une minute, et il m'a dit que je n'aurais plus de douleur.

– Et c'est le cas ?

– Plus aucune douleur, dit Margie. Depuis six mois, je me sens comme une nouvelle femme. Je peux refaire ce que je faisais quand j'étais jeune.

– Elle est plus forte que moi, ajoute Eve. Je n'arrive pas à comprendre comment il l'a guérie. Regarde ses mains, elles ne sont plus déformées. Elle avait tellement mal qu'elle ne pouvait plus ouvrir une poignée de porte ou un bocal. Maintenant, elle le fait sans problème. Non seulement son arthrite a cessé, mais sa fibromyalgie est inexistante et son diabète et ses maladies cardiaques ont disparu. Quand elle est allée chez le spécialiste, il lui a demandé un échantillon de ce qu'elle avait pris. Maman ne pouvait pas lui raconter la vérité. Personne ne la croirait, mais elle est la preuve vivante que les hommes des étoiles sont des guérisseurs. Ils n'ont pas besoin de médicaments, seulement de leurs mains. C'est comme le pouvoir qu'avaient nos aînés. Tout ce qu'ils faisaient, c'était de poser les mains sur les malades pour les guérir. La plupart ont perdu ce pouvoir, mais les hommes des étoiles l'ont toujours.

– Quand il est parti, ajoute Margie, je lui ai dit qu'il pouvait revenir quand il voulait. S'il revient, je veux que tu le rencontres et que tu le laisses te guérir. Tu auras l'impression d'être une jeune femme à nouveau. Ça te donnera l'énergie et l'endurance pour vivre pleinement à nouveau.

*Je n'ai pas eu de nouvelles de Margie ou d'Eve pendant plus d'un an. Un soir, j'ai reçu un appel d'Eve. Elle m'a dit que sa mère était toujours en forme et en parfaite santé, mais que l'homme des étoiles n'était pas revenu. Je ne peux m'empêcher d'envier Margie. Qui ne voudrait avoir à nouveau la chance d'être jeune et en parfaite santé ?*

# 12. L'histoire de Roy : ils vont à l'intérieur de la montagne

*Roy vivait seul dans la cabane où il est né. La propriété était dans sa famille depuis que le gouvernement avait attribué des parcelles de terre à des particuliers. Vétéran reconnu pour ses talents de tireur, il subvenait à ses besoins en chassant, en élevant des poulets et une vache laitière, et en faisant pousser un jardin potager. À l'occasion, des femmes lui donnaient des fruits frais et de la gelée lorsqu'il se rendait à la petite église catholique la plus proche de sa propriété. À Noël, il reçut assez de cookies, de gâteaux aux fruits et de bonbons pour tenir toute l'année. Il lui fallut une bonne partie de la journée pour ranger tous ces cadeaux. C'est le prêtre de l'église qui me parla de lui. Quand il me suggéra de le rencontrer, il me dit qu'il ne savait pas s'il était atteint d'incapacité mentale ou avait reçu la visite d'extraterrestres, mais il pensa que Roy apprécierait que je vienne.*

À l'occasion de mon passage dans la réserve, je m'arrête à l'épicerie et fais le plein de fruits et légumes séchés, puis j'ajoute des goûters sucrés comme des boules coco, des brownies et des beignets au miel. Je termine ma collection avec des hamburgers, du poulet et des morceaux de bœuf, le tout lyophilisé. Sur le chemin du retour, je m'arrête au bureau de tabac et j'achète plusieurs boîtes de tabac en vrac. Je suis partie tôt samedi matin pour arriver à destination tard le soir. J'ai prévu d'aller à la messe le dimanche et de demander au prêtre le chemin vers la cabane de Roy.

Quand j'arrive chez lui, il est en train de finir la vaisselle du petit-déjeuner. Je me présente et il m'accueille volontiers. Il apporte une chaise et m'invite à m'asseoir à l'intérieur, pendant qu'il remplit une tasse de café et la place devant moi. Il pose la dernière assiette sur l'égouttoir, prend sa tasse de café et s'assied en face de moi.

– Je ne reçois pas beaucoup de visiteurs ici. Je suis surpris que vous soyez là.

– Ma voiture a quatre roues motrices et peut aller là où peu osent s'aventurer, dis-je en souriant.

Je le regarde. Il est très mince et semble avoir besoin d'un bon repas. Les voisins m'ont dit que seule la moitié de lui était revenue du Vietnam, et je comprends leur remarque. À la suite d'un mariage désastreux et d'un diagnostic de stress post-traumatique, il a choisi de vivre seul dans une cabane isolée pour éviter les interactions avec les gens, au lieu de prendre les médicaments sur ordonnance fournis par l'office des anciens combattants. Il a un tic au-dessus de l'œil gauche, ce qui fait que, parfois, il place ses mains devant les yeux et se les frotte vigoureusement, ainsi que le front.

– En parlant de voiture, dis-je, j'ai apporté quelques boîtes de friandises pour vous.

– Les cadeaux sont toujours les bienvenus, répond-il.

Il se lève et sort de la cabane. Je le suis et j'ouvre le coffre. Il regarde rapidement le contenu et sourit.

– C'est Noël, déclare-t-il en portant un carton à l'intérieur et en revenant rapidement pour le deuxième. Merci beaucoup. Sans amis, mon alimentation serait très limitée.

Je l'observe examiner les cartons, attraper un paquet de boules coco, le tenir haut, et dire qu'elles sont ses préférées. Il s'assied à la table et ouvre le paquet. Il sort une des boules chocolat/guimauve et m'en offre une. Pendant qu'il la mange, j'aborde le sujet :

– Père Finnegan m'a dit que vous lui aviez raconté votre vécu avec le peuple des étoiles. J'écris des livres sur leurs rencontres avec les Autochtones. Je me demandais si vous accepteriez de me parler de vos expériences. Je promets de garder votre anonymat. Personne ne connaîtra jamais votre nom ou votre adresse. Qu'en dites-vous ?

Il me regarde les yeux vides, finit sa boule coco, récupère la cafetière et remplit sa tasse. Quand il me propose de remplir la mienne, je secoue la tête.

– Je crois que si vous m'offrez quelque chose, dit-il, je dois en faire de même en retour. Ce sont les manières autochtones. Donc, en contrepartie, je vais vous parler du peuple des étoiles. Je ne reproche pas au Père Finnegan de vous en avoir parlé, mais je ne le raconte pas à beaucoup de gens. Ils pensent que je suis fou, alors que je ne fais que dire la vérité.

– Il n'y a aucune obligation. Je n'ai pas apporté de la nourriture pour que vous vous sentiez obligé de me raconter votre vécu. Je l'ai apportée par respect pour vous. Si vous n'êtes pas à l'aise, je m'en vais.

– Non. Il tend la main et touche la mienne. Je ne veux pas que vous partiez. Il est peut-être temps qu'on sache la vérité.

– Allons-y.

– La première fois que je les ai vus, j'avais tellement peur que je ne pouvais plus bouger. J'avais probablement une dizaine d'années. Je ne m'étais pas rendu compte de leur présence jusqu'à ce qu'ils soient pratiquement au-dessus de moi. Ce sont les lumières, les lumières les plus fortes que j'aie jamais vues, qui ont attiré mon attention. Quand j'ai levé les yeux, j'ai remarqué cette énorme machine ronde au-dessus de moi. Deux petites boules de lumière en sont sorties et se sont envolées. Puis, le gros vaisseau est monté haut dans le ciel jusqu'à ce que l'on ne le voie plus. C'est seulement là que je suis sorti de ma cachette et me suis dépêché de rentrer chez moi.

– Où étiez-vous lorsque cela s'est produit ?

– À environ 3 km d'ici. J'allais toujours à l'école sur le dos de ma jument, Bella. À cette époque, tous les enfants arrivaient à cheval, à pied ou en chariot. L'école avait une prairie clôturée pour les chevaux. Bella aimait cet endroit. Elle pouvait se sociabiliser avec les autres chevaux, et il y avait toujours du foin apporté par les parents. Ce jour-là, j'avais eu des problèmes avec la maîtresse. Elle me fit rester après l'école, et il était tard. Il fait nuit tôt en hiver. Je réfléchissais à ce que j'allais dire à maman et papa au sujet de mon retard, et c'est là que je l'ai vu. J'ai senti que Bella était tendue. J'ai tenu les rênes fermement et l'ai guidée vers un sous-bois.

Il s'arrête et prend une gorgée de café.

– C'est là que vous vous êtes caché ?

Il hoche la tête.

– Vous le verrez sur le chemin du retour en ville. Il est sur le côté gauche de la route. Une étendue de saules et de trembles. Bref, Bella et moi nous sommes cachés là, et avons regardé. Après la disparition du grand vaisseau, nous avons couru jusqu'à la maison.

– Que pensiez-vous avoir vu, alors que vous aviez 10 ans ?

– Les garçons à l'école étaient toujours en train d'échanger des bandes dessinées. Il y avait beaucoup d'histoires sur les hommes de l'Espace et les voyages dans l'Espace. Buck Rogers était mon héros. J'ai encore quelques vieilles bandes dessinées. Il pointe du doigt une pile de presque un mètre de haut de magazines dans le coin de la pièce. Je les chercherai après notre conversation.

– Donc vous pensiez avoir vu un vaisseau spatial ?

– Oui. Le lendemain, je l'ai dit à Hinson et à Joseph. C'étaient mes meilleurs amis. Ils me crurent et passèrent ensuite la nuit chez moi tous les samedis, et nous surveillions le ciel. Pendant l'été, nous faisions du camping et nous surveillions aussi.

– Avez-vous vu les hommes des étoiles ?

– Pas avant l'âge de 12 ans. Je me souviens que nous étions en sixième. Nous avons demandé à l'enseignante si elle pensait qu'il y avait de la vie dans l'Espace, et elle nous a répondu que Dieu avait créé les humains uniquement parce qu'ils étaient à son image. Elle a ajouté que toute pensée de la présence d'êtres vivants dans l'Espace était le Diable infiltrant nos cerveaux. Il va sans dire que nous ne l'avons jamais plus interrogée au sujet des voyages dans l'Espace.

– Vous avez dit les avoir vus à 12 ans. Pouvez-vous m'en parler ?

– Bien sûr. C'était la nuit. Nous étions tous les trois allés pêcher sur le fleuve. Nous avions une tente et de la soupe de haricots préparée par ma mère. Hinson avait apporté des tranches de gâteau au chocolat cuisiné par la sienne et Joseph du pain de maïs. Nous pensions être parés pour la nuit. Vers minuit, nous attendions les poissons quand un vaisseau spatial est arrivé. Cette fois-ci, une boule de lumière est sortie et nous l'avons regardée descendre au sol, tout près de l'endroit où nous pêchions. Joseph a attrapé sa lampe de poche, et nous nous sommes dirigés vers le lieu de l'atterrissage. Tandis que nous approchions d'une clairière, nous avons vu un vaisseau circulaire s'installer dans une ouverture près du fleuve. Nous nous sommes allongés sur le ventre et avons observé. Deux silhouettes s'affairaient autour du vaisseau. Hinson avait très peur et s'est levé pour s'enfuir. Sa réaction a attiré l'attention et ils nous ont presque immédiatement encerclés. J'ai regardé vers Hinson, pensant qu'il s'était échappé, mais c'était comme s'il était paralysé en position de course. Je me souviens avoir entendu mon cœur battre, et c'est tout.

– Qu'est-ce que les silhouettes ont fait de vous ?

– D'un coup, nous étions à l'intérieur du vaisseau. Il n'était pas très grand, avec une seule pièce, et cinq êtres dedans. Ils nous ont dit de ne pas avoir peur, car ils étaient nos amis. Hinson pleurait de manière incontrôlable. J'ai regardé un des êtres s'approcher de lui. Il avait un truc dans la main ressemblant à un pistolet futuriste. Il l'a pressé contre son épaule et, presque immédiatement, Hinson a cessé de pleurer, s'est allongé et endormi. Joseph s'est levé et a essayé de trouver une sortie, il luttait de toutes ses forces, quand l'un des êtres l'a ramené sur une table. Une fois dessus, il ne pouvait plus bouger.

– Pouvez-vous les décrire ?

– Je n'arrêtais pas de penser à Tigerman, que Buck Rogers trouve sur Mars. Ils marchaient comme des humains et avaient une forme humaine, mais leurs yeux ressemblaient à ceux des chats.

– Vous souvenez-vous de ce qui s'est passé à bord du vaisseau ?

– Je les ai vu examiner Hinson et Joseph, et prendre des échantillons de cheveux et de peau. Ils utilisaient une machine qu'ils plaçaient au-dessus des yeux et de la tête. Quand ce fut mon tour, ils firent la même chose. Même si mes amis dormaient, j'étais pleinement éveillé. Je n'ai pas essayé de leur résister. Je savais que si je coopérais, je pourrais apprendre quelque chose.

– Et vous avez appris quelque chose ?

– Seulement qu'ils venaient des étoiles et étaient des explorateurs. Je leur ai posé des questions sur la vie sur d'autres planètes, et ils m'ont dit qu'il existait de nombreux mondes. C'est à peu près tout. Ils m'ont demandé notre âge, et je leur ai répondu que nous avions 12 ans. Après, ils nous ont ramenés à notre campement. Hinson et Joseph étaient toujours inconscients, mais ils m'ont dit que ce n'était que temporaire, puis ils sont partis.

– Vous êtes-vous senti en danger ?

– Jamais. En fait, c'était tout le contraire. Je me sentais heureux autour d'eux. Même s'ils avaient une apparence bizarre, j'ai eu l'impression que nous venions de confirmer les bandes dessinées de Buck Rogers : la vie existait dans d'autres mondes et j'en étais enthousiasmé.

– Lorsque vos amis ont repris conscience, se souvenaient-ils de quelque chose ?

– Hinson se rappelait avoir vu les êtres venir vers nous et Joseph être à bord du vaisseau, mais pas ce qui lui était arrivé. J'étais le seul à me souvenir de tout. Ce soir-là, nous avons fait le pacte de ne jamais révéler notre expérience.

– Quand avez-vous revu les hommes des étoiles ?

– Au Vietnam. Joseph et moi nous sommes engagés en même temps et sommes restés ensemble. Nous faisions tous les deux partie de la même unité. Hinson s'est fait recaler à l'examen médical militaire. Après l'enlèvement, il avait développé une éruption cutanée sur le corps. Quand les médecins militaires l'ont vue, ils ne l'ont pas accepté. Ils ne savaient pas ce que c'était.

– Où les avez-vous vus au Vietnam ?

– Joseph et moi, nous étions excellents. Nous marchions à environ 500 m devant les autres lorsque nous avons rencontré le même homme qui ressemblait à un chat. Il nous a demandé de le suivre, donc nous l'avons fait. Il a voulu savoir pourquoi nous nous battions. Joseph a répondu que nous combattions les Viêt-Cong. Il a de nouveau posé la question, et je lui ai dit que nous ne comprenions pas le pourquoi de cette guerre. Il nous a interrogé si nous voulions rentrer chez nous. Nous lui avons répondu *oui* et, d'un coup, nous étions de retour dans la réserve.

– Ils vous ont ramenés du champ de bataille à la réserve ?

– C'est exactement ce qui s'est passé.

– Nous savions que nous allions avoir des problèmes. Nous serions inscrits soit comme portés disparus pendant le combat, soit comme déserteurs. Nous leur avons demandé de nous renvoyer. Ils ne comprenaient pas trop, mais ils l'ont fait quand même. Nous ne pouvions pas expliquer à notre commandant ce qui nous était arrivé, alors nous lui avons dit nous être perdus. Il n'a pas gobé notre histoire et nous a jetés en prison. Nous y sommes restés jusqu'à ce que notre enrôlement soit terminé. Nous avons été exclus pour conduite déshonorante et renvoyés chez nous.

– Vous n'avez donc jamais dit à votre commandant ce qui s'était passé ?

– Non. Il ne nous aurait pas crus de toute façon.

– Lorsque nous sommes rentrés à la maison, mon père n'était pas content de mon renvoi. Il avait l'impression que j'avais déshonoré la famille. J'ai alors vécu dans la grange. L'été, je campais près du fleuve. Tous les jours, je rentrais à la maison et je l'aidais au ranch. Il a fallu environ deux ans avant qu'il me propose d'emménager de nouveau dans la maison.

– Et Joseph ?

– Joseph s'est mis à boire. Il a été tué il y a une vingtaine d'années par un chauffard, qui a commis un délit de fuite. Son homicide n'a jamais été résolu.

– Et Hinson ?

– Hinson est mort pendant que nous étions au Vietnam. Les médecins ont déclaré que son corps avait été empoisonné.

– Il ne reste donc que vous. Avez-vous revu les hommes des étoiles ?

– De nombreuses fois. Roy s'arrête, choisit un autre cupcake et le mange avant de continuer. Je veux vous montrer quelque chose, dit-il en se levant.

Je me lève de table et le suis dehors. Il ouvre la portière de son pick-up et attend que je monte à l'intérieur. Il démarre vers la route de gravier qui mène à la ville. Nous roulons sur quelques kilomètres, puis il s'arrête sur le bord de la route.

– Est-ce que ce sont les arbres où vous avez vu les hommes des étoiles pour la première fois ?

– Les mêmes, mais nous allons descendre et poursuivre à pied.

Je descends du pick-up et le suis pendant qu'il serpente parmi les arbres, jusqu'à ce que nous arrivions à la rive du fleuve. Ce n'est qu'à 500 m, dit-il.

– Où allons-nous ?

– C'est ici que nous campions, montre-t-il tandis qu'il s'arrête pour reprendre son souffle. Puis il poursuit le chemin le long du fleuve. Je crois qu'ils viennent ici parce qu'ils ont un secret, déclare-t-il.

– Quel genre de secret ?

– Vous voyez cette montagne, là-haut ?

– Oui.

– Je les ai vu y entrer. Ils m'ont emmené à l'intérieur de la montagne alors que j'étais à bord de leur vaisseau spatial.

– Qu'ont-ils fait à l'intérieur de la montagne ?

– Je ne sais pas. Tout ce que je sais, c'est qu'ils m'ont emmené à bord de leur vaisseau et, d'un coup, nous avons atterri.

– Comment procèdent-ils lorsqu'ils vous embarquent ?

– Ils font la même chose à chaque fois. Ils s'intéressent au vieillissement de l'espèce humaine, mais, après mon retour de la guerre, ils ont pratiqué autre chose.

– C'est-à-dire ?

– Je ne devrais pas en parler à une dame.

– C'est lié à la procréation ?

– Je ne connais pas ce mot, mais je peux vous dire qu'il s'agit de me prendre quelque chose qu'ils peuvent utiliser pour faire des bébés.

Je hoche la tête.

– J'ai compris.

– J'ai passé des années à essayer de trouver où ils vont. Il y a quelques semaines, je pêchais. J'étais assis là où vous êtes et j'ai vu un engin sortir de la montagne. Au début, je n'en croyais pas mes yeux, mais maintenant, je sais que c'est la vérité. Ils ont une base à l'intérieur de la montagne. Il y a deux jours, je pêchais de nuit et j'ai vu de nouveau un vaisseau y disparaître. Il n'est jamais sorti, et je suis resté éveillé toute la nuit pour surveiller. Je ne sais pas ce qu'ils font là-bas, mais je crois que c'est leur maison loin de leur planète. Je suis trop vieux pour aller vérifier. C'est trop haut, il faut être alpiniste pour y grimper. Mais je vous le dis, ils vont à l'intérieur de cette montagne. C'est pour ça que je les vois toujours dans cette zone.

– Quelqu'un d'autre les a vus ?

– Pour autant que je sache, seuls mes vieux amis disparus et moi.

– Mais vous en avez parlé au prêtre, n'est-ce pas ?

– Oh, non. Un jour, je lui ai parlé de la vie dans l'Univers. Il m'avait embauché pour faire quelques travaux autour de l'église, et nous avons eu une conversation. Je lui ai raconté que j'avais vu un ovni et qu'ils venaient souvent ici. Il pense probablement que je suis fou, mais je vous assure que je ne le suis pas. Je sais qu'ils existent, tout comme Joseph et Hinson le savaient. Je pense qu'ils sont la raison pour laquelle mes amis sont morts. Joseph parce qu'il s'est tourné vers l'alcool pour faire face à son renvoi déshonorant, et Hinson pour avoir été exposé à quelque chose sur leur vaisseau spatial.

– Selon vous, qu'est-ce que ce pouvait être ?

– Hinson était le seul des trois à qui ils ont fait perdre connaissance. Je pense que ce qui a été utilisé pour le calmer a causé l'éruption cutanée et a littéralement détruit son corps.

– Vous croyez qu'ils sont malveillants ?

– Je ne le pense pas, mais je ne crois pas qu'ils mesurent les conséquences de ce qu'ils font. D'une certaine façon, ils semblent naïfs. Lorsque nous étions au Vietnam, et qu'ils nous ont demandé si nous voulions être chez nous, nous avons répondu *oui*, mais cela ne signifiait pas que nous voulions partir. Tous les marines veulent être à la maison, mais ils nous ont effectivement ramenés chez nous. Cela me dit qu'ils ne comprennent pas complètement la race humaine. C'est peut-être la raison de leurs tests, ils essaient d'apprendre.

– Comment décririez-vous l'impact de ces rencontres sur votre vie ?

– Ces expériences contrôlent ma vie. Depuis l'enfance, je suis obsédé par ces voyageurs de l'Espace. Quand je suis rentré à la maison, je voulais renouer avec eux. J'ai toujours participé de plein gré à leurs expériences. Je veux croire qu'ils sont bienveillants, mais je n'en suis pas sûr. Même maintenant, je viens ici pour les voir. C'est devenu une obsession.

En fin d'après-midi, nous retournons à la cabane. Roy prépare un petit sac avec des haricots en conserve et des crackers. Il m'invite à le rejoindre pour une autre veillée sur le fleuve. Nous nous asseyons toute la nuit et observons la montagne. Nous mangeons les haricots et les crackers insipides pour dîner et deux cupcakes aux carottes que j'ai apportés. Il a fait trois pots de café pour nous maintenir éveillés. Vers 3 h du matin, nous voyons une boule de lumière dans le ciel. Nous la regardons s'approcher de l'endroit où nous campons, puis prendre un virage à droite et disparaître à l'intérieur de la montagne. Ensuite, nous rassemblons nos affaires, reprenons le pick-up et rentrons à la cabane de Roy.

– Vous l'avez vue, n'est-ce pas ?, demande-t-il.

– Je l'ai vue.


*J'ai rendu visite à Roy deux fois depuis notre entretien. Chaque fois que je passe le week-end dans la région, je me prépare à le rejoindre à son coin de camping isolé, au bord du fleuve. J'apporte toujours des boîtes de boules coco chocolat-marshmallow, qui sont devenues un aliment de base de notre régime de camping. Alors que je le rejoins dans sa veillée nocturne, je ne peux m'empêcher de penser que les hommes des étoiles savent qu'il est là, mais ils s'en fichent. Après tout, il porte leur secret depuis près de soixante ans. Inutile de penser qu'il le révélera un jour à qui que ce soit. J'ai de la chance qu'il m'ait choisie.*

## 13. L'histoire de Joseph : leurs captifs ne sont
## pas tous humains

*Parfois, je découvre des récits de rencontres hors du commun dans les endroits les plus insolites et les situations les plus extraordinaires. Un jour de janvier, je me dirigeais vers un petit aéroport situé à une soixantaine de kilomètres d'une ville de réserve, où j'avais accepté d'aider un district scolaire local à développer une subvention pour le projet Safe Schools [la sécurité à l'école]. Je déteste voler dans les petits avions, surtout par mauvais temps. Après un retard de trois heures, l'avion a été autorisé à décoller. Je me suis retrouvée assise à côté d'un homme, Joseph, qui portait un uniforme identique à celui de notre pilote. Alors que l'avion quittait la piste, il m'a dit qu'il rentrait dans sa réserve pour voir son grand-père à l'hôpital. Une demi-heure après le début du vol, le pilote nous a annoncé via l'interphone que nous étions bloqués par un blizzard sévère et redirigés vers un autre aéroport, situé à 160 km de notre destination. En sortant de l'avion, j'ai vu Joseph s'engager dans une conversation animée avec le bagagiste. Alors que nous étions dans le petit salon de l'aéroport, en attendant le transport vers un motel voisin pour la nuit, j'ai entendu distinctement le bagagiste mentionner un « ovni » qui avait été aperçu. J'étais dans la file d'attente pour monter à bord d'un bus fourni par la compagnie aérienne, je suis restée un peu en retrait et j'ai attendu Joseph, espérant avoir une chance d'en découvrir davantage sur l'ovni. Quand il a rejoint la file d'attente, je me suis tournée vers lui et lui ai demandé discrètement si j'avais bien entendu le bagagiste mentionner un ovni. Il a mis son doigt sur la bouche pour me signaler de garder les questions pour moi. Plus tard dans la soirée, j'ai vu Joseph assis seul dans le restaurant du motel. Je me suis approchée et il s'est levé, m'invitant à le rejoindre. Quand j'ai expliqué que je recueillais des témoignages au sujet des ovnis et que sa conversation avait piqué mon intérêt, il s'est penché et m'a regardée de façon pensive. Après l'avoir un peu encouragé et rassuré, il a accepté de me raconter son expérience.*

– Avant de vous en parler, je veux que vous sachiez que je prends un risque pour vous. Je suis prêt à le faire puisque vous travaillez à obtenir des fonds fédéraux pour aider les jeunes de la réserve, mais vous devez promettre que vous ne révélerez jamais mon nom, ma compagnie aérienne ou ma réserve d'origine. J'ai travaillé trop dur pour être pilote pour qu'on m'enlève ma licence parce que j'ai vu un ovni. Peu importe que tous les pilotes en aient vu, aucun d'entre nous ne doit en parler.

– Je comprends, et vous avez ma parole.

– Je crois que beaucoup de personnes enlevées se souviennent de ce qui leur est arrivé. Cela ne semble pas déranger les extraterrestres. Après tout, qui va prêter attention à leur récit ?

– Combien de fois avez-vous vu des ovnis ?

– Plusieurs fois. Lorsque j'étais pilote dans le golfe Persique, des ovnis m'ont suivi à plusieurs reprises.

– Depuis combien de temps êtes-vous pilote ?

– Si je compte l'armée de l'air, quatorze ans. J'aime piloter les petits avions. J'espère qu'un jour, j'aurai mon propre avion et que je pourrais transporter des gens vers la réserve. J'attends juste que la tribu construise une petite piste.

– Pouvez-vous me parler de l'ovni dont je vous ai entendu discuter avec le bagagiste de l'aéroport ?

– Tout à l'heure, c'était sérieux. Un rapport a alerté la tour de contrôle qu'un ovni apparaissait sur le radar et se dirigeait vers notre couloir de vol. Les pilotes militaires de la base aérienne voisine étaient en alerte. Le bagagiste m'en a parlé à l'atterrissage.

– Intéressant. C'est la raison pour laquelle notre avion a été redirigé ?

– Non, c'était vraiment la météo. Il sourit et se concentre sur le menu.

Joseph n'est pas particulièrement beau. Il mesure un peu moins de 1,80 m. Une bague en or sur son annulaire indique qu'il est marié. Sa coupe de cheveux, de style militaire, montre des signes de gris au niveau des tempes. Je pense qu'il est au début de la quarantaine. Son sourire révèle des fossettes sur les deux joues, diminuées par des cicatrices d'acné sur le visage.

– J'aimerais entendre parler de votre rencontre avec les voyageurs des étoiles.

– Je ne sais par où commencer, dit-il.

– Il suffit de commencer par le début.

– Un soir, après avoir été aux États-Unis pendant environ six semaines, j'ai décidé de me rendre à la réserve en voiture. J'ai appris, par un de mes amis pilotes, la création d'une compagnie aérienne. C'était près de chez moi. Il m'a dit qu'elle avait la réputation d'embaucher des anciens combattants. Ma femme et moi avions envie de quelques changements. Nos enfants étaient à l'université et je voulais un nouveau départ. À l'époque, nous vivions dans l'Alabama. J'ai décidé de rentrer à la maison et de préparer la suite, trouver une maison et, je l'espérais, un emploi. J'ai traversé le pays presque sans arrêt, je dormais sur des aires de repos pendant quelques heures, puis je reprenais la route. Joseph fait une pause lorsque l'employé lui remet un message. Il le lit et me regarde. Il semble que la tempête sera passée d'ici demain matin. Nous partirons vers 8 h.

– C'est une bonne nouvelle.

– Espérons que la piste sera dégagée à temps pour le départ. Il regarde sa tasse de café vide, comme s'il voulait qu'elle soit pleine, avant d'appeler le serveur pour avoir davantage de café. Où en étais-je ?

– Vous me parliez de votre trajet en voiture à travers l'Amérique.

– J'étais à environ 80 km de Williston, dans le Dakota du Nord.

– Je connais bien cette région. C'est assez désert.

Il hoche la tête.

– J'étais sur un tronçon de route isolé. Soudain, j'ai vu un énorme globe orange sur la route, devant moi. J'ai ralenti. Cela ressemblait à une boule de feu, parfaitement ronde. La luminosité était aveuglante. J'ai arrêté ma voiture au bord de la route et je suis sorti pour voir ce qui se passait. Sans prévenir, deux silhouettes sont sorties de la lumière. Je me suis replié vers ma voiture, mais, alors que j'attrapais la poignée de la portière, j'ai réalisé que je ne pouvais plus bouger. Puis, tout à coup, j'étais en vol, je flottais littéralement dans les airs. Soudain, je me suis retrouvé dans une soucoupe volante, je vous jure, une soucoupe volante ! Joseph s'appuie contre le dossier de sa chaise et croise les bras, comme s'il ne pouvait toujours pas y croire. J'étais en effervescence. Je n'avais pas peur du tout. Je voulais découvrir le vaisseau et comment il volait, rencontrer le pilote...

– Pouvez-vous décrire les silhouettes qui vous ont amené à bord du vaisseau ?

– Ils étaient plus grands que moi d'environ 5 cm. Un peu plus de 1,80 m, je dirais. Ils n'avaient pas de cheveux et semblaient humains, mais je pense que c'était uniquement pour me rassurer. Ils n'avaient ni sourcils ni cils. Leur tête était plus ronde et légèrement plus grande que celle des humains. Le haut du corps était plus grand que le bas, alors on aurait dit qu'ils pouvaient basculer. Ils avaient de grands yeux noirs ronds, plus grands que les yeux humains, un petit nez et une bouche, mais pas de lèvres. Ils ne marchaient pas, mais flottaient partout.

– Pensez-vous que votre enlèvement était aléatoire ?

– Dès le début, je savais qu'il ne l'était pas. Il était clair qu'ils s'intéressaient aux pilotes humains.

– Vous ont-ils dit pourquoi ?

– Je pensais qu'ils essayaient de déterminer l'état d'esprit d'un pilote de combat. Qu'est-ce qui faisait qu'on pouvait bombarder sans avoir de remords ? Ils m'ont demandé, je devrais dire, « m'ont interrogé », sur mon travail et l'armée en général.

– Ils vous parlaient de vive voix ?

– Non. Ils ne communiquaient que par télépathie, mais je les comprenais. La communication orale ne signifiait rien pour eux, tout se faisait avec l'esprit. Je ne pouvais m'empêcher de me demander si la race humaine allait dans cette direction avec toute sa technologie. Pourquoi parler ? Il suffit de penser, c'est plus facile. Pas de temps perdu à choisir le bon mot. Il s'arrête et secoue la tête, comme s'il n'y croyait pas.

– Vous avez pu voir une partie de leur technologie de pointe ?

– J'ai demandé à visiter le vaisseau. Ils ont accepté de m'en montrer des parties, mais ils ont refusé l'accès à leur zone de contrôle. Ils ont dit que le vaisseau était contrôlé par des pensées. Ils m'ont expliqué qu'ils avaient maîtrisé le pouvoir de la pensée et qu'ils étaient capables d'établir une destination ou un cap, d'y réfléchir et d'apparaître à l'endroit en question. Ce genre de voyage était incompréhensible pour moi.

– Que vous ont-ils permis de voir ?

– J'ai vu un immense laboratoire, avec peut-être une centaine de patients, mais tous n'étaient pas humains. Ceux qui l'étaient semblaient provenir de partout dans le monde. Lorsque je leur ai posé des questions sur la raison des enlèvements, ils m'ont simplement répondu que c'était clinique et qu'ils étudiaient leurs captifs en tant que scientifiques.

– Ils considéraient donc les humains comme des rats de laboratoire.

– Exactement. Les humains ne signifiaient rien pour eux. Ils ont indiqué que les humains ne constituaient qu'une petite partie de leur programme. Ils choisissaient d'autres formes de vie « intelligentes » ou dominantes dans d'autres mondes de toute la galaxie. Tout cela faisait partie de leurs recherches. Ils se considéraient supérieurs aux autres espèces de l'Univers et exploitaient leur savoir et leur technologie supérieurs.

– Vous ont-ils précisé comment ils sélectionnaient les personnes pour leurs recherches ?

– Ils préféraient les régions rurales, où ils étaient peu susceptibles d'être détectés. Ils ne voulaient aucun témoin de leurs activités perverses. Ils ont admis essayer d'effacer toute trace des enlèvements, mais que cela ne fonctionnait pas toujours. Les humains évoluaient et, pour certains, leur cerveau était moins sensible aux suggestions. Pour d'autres, la suggestion ne durait que peu de temps. Ils ont enlevé des sceptiques et des croyants, afin de les examiner pour constater les différences cérébrales. Le métier ou le niveau d'éducation n'était pas non plus un facteur. Si une personne se souvient de l'enlèvement, ils ne la considèrent pas comme une menace pour leur opération, car la plupart des gens sur terre ne croient pas vraiment aux enlèvements.

– Pourquoi vous voulaient-ils, vous un pilote ? Ont-ils révélé leur intérêt pour vous ?

– Oui, pour deux raisons. Premièrement, comme je l'ai mentionné, ils s'intéressaient à ce qu'ils appelaient le « conditionnement psychologique » des pilotes, qui nous permet de bombarder sans remords. Deuxièmement, ils m'ont emmené dans une zone semblable à un énorme hangar. À l'intérieur se trouvaient des petits avions de partout dans le monde, dont des avions militaires, des jets privés, des épandeurs, des hydravions... C'était comme un musée. Malgré leur « intelligence supérieure », ils ne comprenaient pas la mécanique d'un avion, ni comment le réparer.

– Vous ont-ils dit pourquoi ils avaient besoin de cette information ?

– Seulement que cela leur permettrait d'utiliser nos avions pour interagir avec la Terre sans éveiller les soupçons de la population.

– En ont-ils expliqué davantage ?

– J'ai essayé d'obtenir plus d'information, mais ils ont ignoré mes questions.

– Vous ont-ils opéré ?

– Pas d'expérimentation physique, mais ils ont essayé de prendre mon esprit, je pense. Ils m'ont mis dans un cylindre et attaché un casque de métal sur la tête, mais je me suis souvenu de mon entraînement militaire pour utiliser mon esprit afin de subvertir l'ennemi si je devais être capturé. J'ai utilisé cette technique et cela paraissait les frustrer. Ils étaient intéressés par mes processus de pensée et également curieux au sujet des émotions. Ils semblaient n'en avoir aucune, même dans leur communication, il n'y avait pas de nuances dans leur discours. Une question ressemblait à une affirmation.

– Pouvez-vous m'expliquer la technique que vous avez utilisée ?

– Je ne peux pas. Ce serait dévoiler des secrets militaires, alors laissons cela de côté.

– Combien de temps vous ont-ils gardé à bord ?

– Quelques heures, mais cela semblait plus long. Il y avait tellement de questions auxquelles je voulais des réponses, et j'ai essayé d'utiliser la stratégie de donner une information seulement s'ils m'en donnaient une en retour. Ils ont vite compris cette tactique et, quand j'ai tardé à leur répondre, ils ont utilisé la douleur. Joseph s'arrête et balaye la pièce du regard. Il tapote nerveusement sur la table, puis il se penche vers moi. Vous avez déjà bu une gorgée d'une boisson glacée trop rapidement et fait un gel du cerveau ? Je hoche la tête. C'est ce qu'ils peuvent faire avec une pensée. La douleur devient tellement atroce qu'on leur dit tout ce qu'ils veulent savoir.

– Les avez-vous vu mener des expériences ?

– Dans le laboratoire. J'ai remarqué des interventions chirurgicales où des cerveaux étaient exposés. J'ai regardé des humains connectés à des machines. J'ai vu et entendu les cris de ceux qui résistaient. J'ai exprimé mon dégoût, et ils m'ont rapidement fait sortir du laboratoire.

– Avez-vous une idée de ce qu'ils faisaient ?

– Ils m'ont dit guérir les malades. Je ne sais si c'était vrai. Peut-être l'ont-ils dit pour atténuer l'effroi que je ressentais ?

– Avez-vous constaté autre chose ?

– Non. Ils étaient sélectifs dans leur visite. Quand ils m'ont libéré, ils ont dit qu'ils reviendraient. C'était il y a trois ans, et je ne les ai pas encore revus.

– Qu'en pensez-vous ?

– Je suis soulagé, mais en même temps déçu.

– Comment ça ?

– Je pense qu'ils sont malveillants, mais je pense que plus nous en apprendrons sur eux, plus nous serons prêts à leur faire face.

– Avez-vous déjà pensé à écrire votre histoire ?

– Peut-être que j'en parlerai publiquement sur mon lit de mort, dit-il en riant. Attirer l'attention ne m'intéresse pas. Je ne parle à personne de mon expérience. Je suis pilote dans une petite ville, je vis dans une petite ville de réserve. Je ne veux pas que les gens pensent que je suis cinglé.

– Mais votre peuple a une histoire qui remonte au début des temps avec les hommes des étoiles. J'ai entendu des légendes de ce qui semble être des enlèvements.

– Je sais. Mon grand-père me les a aussi racontées, mais je ne suis pas sûr que les gens fassent confiance à un pilote qui voit des ovnis.

– Avec votre permission, je veux raconter votre histoire, mais je n'utiliserai pas votre vrai nom ni votre lieu de résidence.

– Permission accordée. Il regarde sa montre et se lève. Je ferais mieux de me reposer. Le temps passe et il faut que je sois à l'aéroport à 6 h si nous voulons partir à l'heure. Je vous dis à demain matin.

*Je vois Joseph de temps en temps. Depuis que je suis à la retraite, je ne voyage plus autant qu'avant. Lors de mon dernier voyage avec la compagnie aérienne, j'ai rencontré son épouse, Melinda, qui parlait avec enthousiasme de son mari et de son engagement à faire entrer sa tribu dans l'ère technologique.*

## 14. L'histoire de Lily : des turquoises et des mains miraculeuses

*Lily a une petite entreprise dans la réserve, spécialisée dans les objets faits à la main par des artistes autochtones américains. Située dans une région visitée par les touristes, sa société est passée d'un magasin d'une pièce il y a quarante ans à un grand établissement de 900 m², comptant trente-cinq employés à temps plein, tous autochtones américains. En tant qu'amatrice de bijoux en turquoise, je m'arrête souvent dans sa boutique pour voir les dernières créations d'artistes contemporains. Lily met de côté des pièces qui pourraient m'intéresser. Nous parlons souvent de l'origine de la turquoise, de l'artiste et de l'histoire d'un bijou en particulier. Un jour, elle m'a montré un bracelet d'une seule pierre turquoise et m'a expliqué qu'elle avait personnellement trouvé la pierre unique et avait engagé un artiste pour créer le bracelet. Quand elle m'a précisé l'origine de la pierre, je n'étais pas préparée à sa révélation.*

Lily et moi avons prévu d'aller à Las Vegas pour assister au concert de Céline Dion au Caesar's Palace. Nous sommes toutes les deux fans et avons décidé qu'un week-end dans la cité des péchés était ce dont nous avions besoin. Le dimanche, elle insiste pour que nous allions à Tonopah, dans le Nevada.

– Pourquoi Tonopah ?, demandé-je, pendant que nous roulons sur l'autoroute.

– Tu collectes toujours des histoires sur les ovnis ?

– Oui. Pas autant que je le voudrais. Je limite maintenant mes déplacements à environ deux voyages par an. Plus je vieillis, plus j'apprécie mon temps à la maison.

– Je te comprends. Je suis pareille, dit-elle, tandis que nous doublons un homme âgé roulant à 60 km/h sur l'autoroute inter-États. Pourtant, j'admets que c'est génial de te voir et d'aller au concert. Dans ma jeunesse, je passais tous mes week-ends à chercher des turquoises. Mon endroit préféré était les collines autour de Tonopah. Elles étaient remplies de turquoises et, à l'occasion, je trouvais un joyau inestimable. Mon père était bijoutier et j'en cherchais pour lui. Mon rêve, à l'époque, était d'avoir une mine de turquoise dans la région de Tonopah. Mais, avant que j'aie l'âge, les Ottenson ont emménagé et acheté la plupart des droits miniers. Maintenant, il y a des visites minières à cent dollars par personne où l'on peut creuser pour chercher des turquoises, et tous les autres pièges touristiques. C'est là que l'on trouve toutes les turquoises Royston.

– Nous allons dans une mine de turquoises ?

– Pas exactement. Nous allons nous arrêter à Tonopah et y passer la nuit. J'ai fait des réservations au Best Western. J'ai juste quelque chose de spécial à te montrer.

Le lendemain matin, nous nous levons tôt et partons en direction du nord, vers la réserve. Après environ 45 minutes de route, Lily indique la droite : « Arrête-toi ici. » Nous devons prendre cette route sur environ un kilomètre et demi.

– C'est ça que tu appelles une *route* ? C'est plus un chemin de terre qu'une voie.

– Ça l'est pour moi. Peut-être pas très bien équipée, mais c'est une route. Nous devons faire un petit bout de chemin. Je t'emmène à mon endroit de turquoises préféré.

– Tu veux dire là où tu cherchais des turquoises quand tu étais enfant ?

– Je cherche toujours des turquoises ici, mais pas aussi souvent que lorsque j'étais adolescente.

Je ralentis et regarde l'énorme ornière sur la route, en m'assurant de la chevaucher.

– Gare-toi là-bas. Lily indique un endroit assez grand pour un véhicule ; je me gare. Viens, je veux te montrer quelque chose, dit-elle. Je sors de la voiture et la suis sur le flanc d'une colline. Nous grimpons sur une quinzaine de mètres, puis elle s'assied. J'étais assise dans cette zone, dit-elle en regardant autour. J'étais fatiguée de creuser et je me reposais un peu. C'est là que je l'ai vu pour la première fois.

– Quoi ?

– Un ovni. Je voulais que tu voies l'endroit. C'est pour ça que je t'ai amenée ici.

– Que faisait-il ?

– J'ai regardé pendant peut-être cinq minutes, et il était juste là. Pas de bruit, pas de mouvement, comme suspendu aux cordes invisibles du ciel.

– Quelle était sa taille ?

– Ma meilleure estimation serait peut-être de 15 m de large sur 10 m de haut. Ce n'était pas gigantesque du tout. Il était de couleur gris foncé. Il n'y avait pas de fenêtres. Pas de motif particulier. On pourrait facilement le décrire comme deux bols scellés ensemble, mais il faudrait qu'ils soient très grands. Tu vois ce que je veux dire, je parle de la forme. Pendant que je regardais le vaisseau, un homme s'est approché de moi.

– Un homme ? Tu veux dire que quelqu'un d'autre l'a vu ?

– Non, je veux dire un homme du vaisseau spatial. Eh bien, je dois admettre que je pensais que c'était un humain au début. Il ressemblait à un homme. Il portait une combinaison brun foncé et des bottes marron. Quand j'ai levé les yeux vers lui – il faut rappeler que j'étais assise et que le soleil se reflétait dans mes yeux – je n'ai pas pu distinguer grand-chose de son visage. Il mesurait environ 1,80 m. Il avait de très longues mains et de très longs doigts.

– Tu lui as parlé ?

– Oh, oui. Je lui ai dit que je cherchais des turquoises et que je venais ici depuis mon adolescence. En fait, j'ai raconté ma vie à cet étranger. Je ne sais pas pourquoi j'ai tant parlé. Je lui ai dit que j'étais propriétaire d'un magasin et où il était situé. Je lui ai aussi parlé de mon ex-mari et de mes enfants. Je n'arrêtais pas de parler.

– Que faisait-il pendant que tu parlais ?

– Il avait l'air d'écouter et, ensuite, lorsque je me suis arrêtée et qu'il n'a rien dit, j'ai reparlé de ma vie jusqu'à ce qu'il n'y ait plus rien à dire. Puis je suis redevenue silencieuse, attendant qu'il dise quelque chose. J'ai commencé à croire que c'était un pervers, et je réfléchissais à un moyen de m'échapper, quand il m'a dit de ne pas avoir peur. Je lui ai alors parlé de ma recherche de la turquoise parfaite au fil des ans. J'ai expliqué que les turquoises naturelles adaptées aux bijoux étaient difficiles à trouver. J'ai ajouté que la plupart étaient traitées avec des colorants pour modifier la couleur et stabilisées avec divers produits chimiques, destinés à augmenter la dureté ou la brillance. Il semblait intéressé par ce que j'expliquais et m'a posé des questions sur la turquoise.

– Il te parlait oralement ?

– C'est ce que je pensais à l'époque, mais, plus tard, j'ai découvert qu'il utilisait la lecture des pensées comme moyen de communication. Il pensait à une question, je pensais à une réponse.

– Que faisait l'ovni pendant que tu vous échangiez ?

– Il planait toujours, juste là, dit-elle en pointant du doigt. Il ne bougeait pas.

– Tu lui en as parlé ?

– Non. Ça ne semblait pas important quand il est arrivé. C'était comme si l'ovni était un événement normal. Il n'en a pas parlé non plus. Après quelques minutes, il m'a demandé de le suivre. Nous avons marché vers l'est sur le côté de la montagne, puis il s'est agenouillé et a ramassé deux grosses pierres. Il en tenait une dans chaque main. Ses mains se sont mises à briller, et quand il m'a remis les pierres, c'étaient les turquoises les plus parfaites que j'avais jamais vues. C'était incroyable.

– Qu'as-tu fait après avoir vu les pierres ?

– Je lui ai demandé comment il avait fait, mais il n'a pas répondu. Au lieu de cela, il a longé la colline et, je te le jure, il s'est placé sous l'ovni et un faisceau lumineux lui est tombé dessus juste au moment où il a disparu. J'ai fait monter les pierres sur deux bracelets. Je les ais dans la voiture. L'un d'eux est pour toi.

– Mais...

– Pas de *mais*. Je veux que tu l'aies. Il a été fait spécifiquement pour ton poignet. Je sais que tu as toujours été intéressée par les histoires d'ovnis. Eh bien, maintenant, tu en as une qui est vraie, et tu peux porter une turquoise qui a été façonnée par un homme des étoiles. Et je te jure que – tout comme toi et moi nous existons – il était réel et existait. Il est descendu d'un vaisseau spatial et est remonté à bord.

– Tu as vu son visage ?

– Non. Ses yeux étaient couverts d'énormes lunettes s'enroulant autour de sa tête, et je jure aussi qu'il n'avait pas de lèvres.

– Quand il t'a remis les pierres, tu lui as dit quelque chose ?

– Je lui ai demandé comment il avait transformé les pierres en belles turquoises, et il m'a répondu d'un mot : « Énergie ». Lorsque j'ai demandé des précisions, il a dit que je possédais aussi de l'énergie, mais que je ne savais pas comment l'utiliser.

– Et ?

– J'ai proposé de les lui rendre, mais il m'a dit qu'elles étaient pour moi.

– Tu crois qu'il collectionnait les turquoises ?

– Non. Je ne sais pas ce qu'il ramassait, mais il portait une sacoche d'environ 30 cm sur 30. Je sais qu'il a recueilli quelque chose parce qu'elle semblait pleine.

– Quelles autres pierres trouve-t-on dans cette région ?

– Le Nevada a toutes sortes de minéraux. Nous produisons plus d'argent et d'or que tout autre État. Il y a beaucoup de turquoises, à part la Royston, il y a les Apache Blue, Blue Ice, Blue Jay ou Lander, Blue Goose et Blue Moon. Puis il y a l'améthyste, l'opale, le quartz, le béryl, l'azurite, pour n'en nommer que quelques-uns. Mais je ne peux pas imaginer qu'un extraterrestre s'intéresse à ces pierres, à moins qu'il en fasse un usage que nous ne connaissons pas, même si, maintenant que j'y pense, il semblait s'intéresser au quartz.

– Tu te souviens d'autre chose ?

– Oui. Quand je regardais les pierres, il m'a touché le dos. J'ai d'abord senti de la chaleur, puis c'est devenu de plus en plus chaud. Il m'a dit que je n'aurais plus jamais de maux de dos. Il m'a guérie.

– Comment a-t-il fait ?

– Avec ses mains miraculeuses. Les mêmes mains qu'il a utilisées pour fabriquer les turquoises. Il m'a enlevé la douleur.

– D'autres informations à ajouter ?

– Oui. Il faut que je te montre quelque chose. Plusieurs semaines après les avoir vus, lui et l'ovni, je suis revenue dans cette zone à la recherche de turquoises. Par curiosité, je me suis approchée de la rive pour regarder la zone où stationnait l'ovni. Et là, parmi toutes les mauvaises herbes et les cactus, il y avait un cercle de fées.[18] Viens, je vais te montrer.

J'essaie de la suivre pendant qu'elle parle avec excitation. Lorsque nous arrivons à l'endroit, je comprends son enthousiasme. Il y a effectivement un cercle. Lily se place au milieu, tend les mains vers le haut et dit : *Montre-toi, homme des étoiles !,* mais personne ne répond.

– Je viens ici aussi souvent que je le peux, dit Lily. J'ai tellement de questions et je veux lui demander de m'apprendre comment il a transformé la turquoise avec ses mains. Je veux apprendre.

Nous parlons à peine sur le chemin du retour vers la réserve. Nous sommes toutes les deux profondément perdues dans nos pensées. Je ne peux m'empêcher d'admirer la belle pierre surdimensionnée sur le bracelet autour de mon poignet. Non seulement elle est magnifique, mais elle a été créée par un homme des étoiles.


*Je vois Lily une ou deux fois par an, selon la fréquence à laquelle je me rends dans le sud. La dernière fois que nous nous sommes vues, elle pensait à la retraite. Nous avons parlé d'aller au concert de Shania Twain. Si nous y allons, je suis sûre que nous ferons le voyage à Las Vegas avec une escale à Tonopah. Si nous avons de la chance, nous trouverons la turquoise que l'on trouve une fois dans sa vie. Je ne peux m'empêcher toutefois de penser que je l'ai déjà.*

---

18. NdÉ : Les cercles de fées sont des aires circulaires qui se démarquent par leur manque de végétation. On les trouve un peu partout dans le monde. La cause de leur formation est encore inconnue, bien qu'il existe plusieurs hypothèses.

## 15. L'histoire de Smokey Bear : la nuit où la réserve a presque brûlé

*Edwin était membre de la Rez Boy Hot Shots, une équipe de vingt pompiers, tous autochtones, spécialisée dans la lutte contre les incendies de forêt dans des endroits éloignés. Son surnom de Smokey Bear [Ours fumant] est venu à la suite d'un événement lors de son premier jour chez les Hot Shots. Sur place, l'équipe avait reçu l'ordre d'évacuer en raison de la vitesse de propagation et de la direction de l'incendie. En se rassemblant à leur position de repli, ils constatèrent que leur nouvelle recrue, Edwin, avait disparu. Juste au moment où la situation devenait critique et que ses chances de survie diminuaient seconde après seconde, il est sorti du feu en portant un ourson gravement brûlé. Un des pompiers a crié : « Voilà Smokey et son ours ». Depuis cet événement, tout le monde appelle Edwin* Smokey Bear.

Avant de prendre ma retraite de l'université d'État du Montana, je travaillais avec un certain nombre de districts scolaires des réserves au développement d'une équipe d'intervention en cas de risque. Elle comprenait des agents des forces de l'ordre, des ambulanciers, des pompiers, des aînés, des psychologues et des enseignants. Cela faisait partie d'un programme de sécurité scolaire mis en place sous la présidence Bush qui s'avéra extrêmement réussi.

Smokey appartient à l'équipe de dix membres organisée dans sa réserve pour s'occuper des jeunes susceptibles de décrocher de l'école ou de tomber dans la drogue et l'alcool. Même s'il est le plus jeune de l'équipe, son enthousiasme et son optimisme guident les autres membres. Il est célibataire et les femmes de la réserve le convoitent. Lorsque je le rencontre pour la première fois, son sourire et son humilité illuminent la salle.

Après la réunion, où chacun a reçu les tâches à accomplir, Smokey reste pour aider le personnel de la cafétéria de l'école à nettoyer les tables et vider les poubelles. Alors que je porte le dernier sac à la poubelle, il accourt vers moi pour me proposer son aide. Il s'arrête au milieu du chemin et me regarde.

– Je ne sais pas comment le dire, dit-il en remuant les pieds et en regardant le sol.

C'est la première fois que je le vois presque effrayé de parler. Je reste silencieuse pour lui laisser le temps de continuer. Même s'il mesure plus de 1,80 m et qu'il est visiblement en pleine forme, ce qui se voit grâce aux muscles qui saillent sous son t-shirt noir, il ressemble à un petit garçon convoqué dans le bureau du directeur.

– Tout le monde sait que vous recueillez des histoires sur les ovnis, dit-il. J'acquiesce. Je connais une vraie histoire d'ovni, si vous voulez l'entendre. Je n'en ai jamais parlé parce que c'est tellement bizarre que personne ne me croirait, mais je vous jure que c'est la vérité.

– Il m'en faut beaucoup pour penser que c'est bizarre. C'est pour cela que je recueille des récits, pour donner aux gens l'occasion de parler de ce qui leur est arrivé. Je serais honorée que vous me partagiez votre expérience.

Il me regarde et sourit.

– Vous garderez le secret, n'est-ce pas ?

– Vous avez ma parole.

Nous nous serrons la main. Ma parole est d'honneur, il le sait.

– Vous êtes attendue quelque part ce soir ?

– Non, et je n'ai pas de rendez-vous d'ici là.

– Bien. Nous avons du temps devant nous, parce que si vous êtes d'accord, je veux vous emmener quelque part. J'accepte d'un signe de la tête. Ne bougez pas. Je vais chercher ma voiture et je vous rejoins ici.

Cinq minutes plus tard, je monte à bord et nous prenons l'autoroute vers le sud. À une trentaine de kilomètres de la ville, il emprunte une route secondaire et se dirige vers le nord, sur un sentier de gravier peu entretenu. Au bout, apparaît un chemin envahi par la végétation, qui me fait penser à un chemin pour les vaches. Soudain, le paysage change complètement et devient noirci, avec des restes d'arbres calcinés.

– Cet incendie s'est produit il y a un an, dit Smokey. Les aînés l'appellent l'*endroit mort*. Plus personne ne vient ici, mais, avant, c'était un terrain de chasse populaire. Il nous a fallu trois semaines pour maîtriser le feu, et une de plus pour écraser tous les arbres qui brûlaient sous terre.

– Je ne savais pas que les arbres brûlaient sous terre.

– Lorsqu'un feu est vraiment intense, les racines continuent de brûler, même si la partie au-dessus est éteinte. Cela peut durer des jours et rallumer les incendies s'il y a encore quelque chose à brûler.

– Vous me l'apprenez, merci. J'ignorais que les racines brûlaient.

– Ce n'est pas tout, ajoute-t-il. L'incendie a été causé par un ovni.

Smokey enclenche la fonction 4 roues motrices de son véhicule et se dirige vers l'ouest. Nous gravissons une petite colline, en esquivant les tronc carbonisés le long du chemin. Quand nous atteignons le sommet, il gare son véhicule et indique le chemin que le feu a suivi.

– Ben Old Eagle [vieil aigle], mon oncle, vivait dans cette maison sur la crête, dont on voit le toit. Je suis son doigt qui pointe vers le nord. Le feu démarra vers minuit, j'étais chez moi à ce moment-là. Mon oncle m'appela pour m'informer qu'une boule de feu volait vers le sud et était passée au-dessus de chez lui. Il s'inquiétait du risque d'incendie dans les prairies, car les terres de la réserve étaient desséchées, il n'avait pas plu de tout l'été.

– Vous êtes allé chez Ben ?

– Oui.

– Qu'avez-vous vu ?

– Quand je suis arrivé, la peur de Ben était justifiée : l'incendie avait déjà commencé. J'ai prévenu les Hot Shots et leur ai demandé d'appeler la police pour avertir les résidents de la région. À première vue, le feu ne serait pas facile à maîtriser. Ce n'était pas un brasier ordinaire, loin de là. Il était alimenté par quelque chose que nous n'avions jamais vue.

– L'ovni ?

Il acquiesce.

– Après avoir alerté les Hot Shots, j'enfile mon équipement de sécurité, que je garde toujours dans mon véhicule, en cas d'urgence. Mon oncle et moi montons dans mon pick-up et nous partons. Nous longeons le tracé de l'incendie, à environ 800 m. Nous nous trouvons dans une impasse – j'ai supposé que c'était l'endroit où la boule de feu avait touché terre – et nous distinguons un engin circulaire embrasé. La température est si élevée que je dois prendre de la distance avec le pick-up, par sécurité. Si vous regardez le capot, vous verrez la peinture cloquée à cause de l'intensité de la chaleur.

– Pouvez-vous m'en dire plus sur l'engin circulaire ?

– Il était grand, d'une quinzaine de mètres de circonférence. Je vais vous conduire là où ça s'est produit. L'endroit où il s'est arrêté est encore visible.

Nous retournons à son pick-up et continuons notre trajet. Je reste assise en silence, à regarder les dégâts de l'incendie dévastateur. Une trentaine de minutes plus tard, nous arrivons dans la zone où il avait vu l'ovni. Il ne fait aucun doute que quelque chose d'inhabituel s'est produit en ce lieu. Un énorme cercle noir est visible. Il n'y a aucun arbre ni aucune preuve que la vie ait jamais existé ici.

– C'est là que le vaisseau s'est arrêté. Mon oncle et moi avons observé le feu intense le détruire. Il a fondu sous nos yeux, nous n'y croyions pas.

– Y avait-il des restes du vaisseau ?

– Avant que mon oncle et moi puissions faire quoi que ce soit, nous avons remarqué des boules de lumière dans le ciel, dont émanaient des faisceaux de lumière se centrant sur le vaisseau englouti par les flammes.

– Que faisaient-ils ?

– Je crois qu'ils récupéraient les corps des occupants à l'intérieur du vaisseau.

– Qu'est-ce qui vous le fait penser ?

– Nous étions assis là, et nous avons vu l'un des occupants fuir l'incendie. Il courait vers notre pick-up, les bras levés et les jambes en feu. Avant de pouvoir lui venir en aide, il a commencé à tourner et s'est transformée en boule de lumière brillante. Alors que j'essayais de comprendre ce que je venais de voir, un faisceau de lumière s'est orienté vers la boule de lumière et elle a disparu.

– Une fois l'incendie dissipé, y avait-il des restes de l'engin spatial ?

– Rien. En fait, l'enquête sur l'origine de l'incendie a donné lieu à une cause « indéterminée ». L'équipe d'enquête a déclaré qu'il s'agissait d'une combustion inexplicable, qui aurait pu être causée par un éclair intense.

– Vous avez déjà révélé cette histoire à quelqu'un ?

– Nous avons décidé de ne la raconter à personne. Nous ne voulions pas d'hommes du gouvernement dans la réserve et, pire encore, des tonnes de journalistes, ni attirer l'attention.

Smokey marque une pause et se dirige vers l'arrière du pick-up. Il ouvre une glacière et me propose une bouteille d'eau, avant de poursuivre :

– Ben est mort l'an dernier. Maintenant qu'il est parti, je pense que je peux vous partager cet événement. Vous pouvez écrire à ce sujet, en parler, mais ne dévoilez pas l'endroit ni mon nom aux journalistes.

– Vous pouvez compter sur moi.

– La nuit, il me hante toujours. L'image de l'homme des étoiles fuyant le feu et courant vers nous pour sa sécurité est gravée dans ma mémoire. Mon oncle a qualifié cet endroit de lieu sacré. Les anciens l'appellent l'*endroit mort*, mais je sais que c'est le site où un ovni s'est écrasé et où les survivants se sont envolés dans le ciel.

– Maintenant que le temps s'est écoulé, que pensez-vous de ce qui s'est passé ce soir-là ?

– J'ai beaucoup appris sur les voyages dans l'Espace. J'ai lu des livres sur ce sujet et l'astronomie. Je suis ce que les aînés appellent un *Autochtone de l'ère spatiale*. Mon cœur est dans les étoiles, mais mes pieds sont sur terre. Un jour, je crois que j'irai là-bas.

– Que voulez-vous dire lorsque vous vous appelez *Autochtone de l'ère spatiale* ?

– Eh bien, c'est comme ça que je me vois. Si les extraterrestres revenaient un jour, j'irais avec eux dans l'espace. J'étudie beaucoup de choses pour me rendre utile, par exemple toutes sortes de moteurs. J'ai appris et pratiqué le jardinage. Je lis tout ce que je trouve sur l'espace et l'astronomie. Je vais sur internet et je visite les sites d'astronomie. Je discute avec d'autres personnes ayant des intérêts semblables. Je suis prêt à aller dans les étoiles.

*J'ai continué à voir Smokey au cours des six années suivantes, pendant que je participais au Safe Schools Project. Il est toujours dans sa quête pour en apprendre le plus possible sur l'Espace. En deux autres occasions, nous sommes retournés sur le site du crash d'ovni. Ce qui est étonnant concernant cette zone, c'est que partout poussent les fleurs sauvages, l'herbe de bison se balance dans le vent et les jeunes arbres, d'environ 30 cm de haut, font leur retour. Cependant, la zone où Smokey a vu l'ovni prendre feu reste sombre et sans vie, ce qui témoigne de ce qui s'est passé cette nuit, qu'il appelle* le moment où la réserve a presque brûlé.

# 16. L'histoire de Cisco : l'homme électrifié

*J'ai rencontré Cisco un soir à une fête communautaire en l'honneur des bacheliers. Il se présenta comme étant le père de Dakota Blue, sorti major de sa promotion. Il me suivit jusqu'à la buvette et, quand il n'y eut personne autour de nous, il m'indiqua avoir fait une rencontre hors du commun qu'il aimerait partager avec moi. Nous convenons de nous retrouver dans un restaurant, à l'extérieur de la réserve, à 19 h le lendemain soir.*

J'arrive au restaurant dix minutes avant notre rendez-vous et j'opte pour une table éloignée des autres convives. En observant la salle, je remarque que la majorité des clients semblent être des locaux. Ils discutent ardemment du temps et du prix du bétail, se saluent comme de vieux amis quand ils entrent et appellent les employés par leur prénom. Lorsque Cisco entre, tout le monde s'arrête de parler. Les gens le regardent et chuchotent alors qu'il suit la serveuse jusqu'à la table où je l'attends. Du haut de son 1,80 m et de ses épaules d'athlète, on le remarque. Il est vêtu d'une chemise à carreaux, d'un jean, d'une cravate texane avec une pépite de turquoise, et porte une bague assortie à son doigt.

– Vous connaissez les gens de ce restaurant ?, lui demandé-je, tandis qu'il s'assied, enlève son chapeau de cow-boy et le pose sur la chaise à côté de lui.

– Je devrais peut-être dire qu'ils me connaissent, mais je ne les connais pas. Il prend le menu et le met de côté. Je suis Autochtone et c'est une ville frontalière. Ils détestent les Autochtones ici, ils veulent simplement notre argent. La ville disparaîtrait sans l'argent de la réserve, mais ça n'arrête pas leur racisme. Ils n'aiment surtout pas les Autochtones qui peuvent manger au même endroit qu'eux.

Je hoche la tête. Je sais qu'il dit la vérité. J'ai vu la même réaction dans les villes frontalières de l'ouest. Le Dakota du Sud, le Dakota du Nord, le Montana, le Wyoming, ce sont tous les mêmes.

– Savez-vous qui est le Cisco Kid ?, demande-t-il en plaçant le menu sur le côté de la table.

– Vous voulez dire le personnage fictif d'O'Henry à la télévision et en bandes dessinées ?

– Celui-là même, dit-il en souriant. Mon père était un grand fan du Cisco Kid. Quand je suis né, il m'a donné le nom de ce personnage. Donc, dans mon quotidien, j'essaye toujours de me rappeler que le Cisco Kid ne laissait jamais les préjugés ou la réaction des autres influencer son comportement.

– Alors pourquoi venez-vous ici ? Ne serait-il pas plus facile d'aller dans un restaurant accueillant pour les Autochtone ?

– Parce que je veux donner l'exemple à mon fils. Il va affronter l'adversité dans la vie. Les gens vont le juger pour sa couleur de peau, son nom de famille, parce qu'il est Autochtone. Je veux qu'il sache qu'il mérite d'être respecté, que ça n'a pas d'importance ce que les autres pensent tant qu'il est une personne estimable. C'est un gentil garçon. Je sais qu'il sera un homme bien, mais je dois lui apprendre que la vie n'est pas facile.

– Si vous voulez mon avis, je pense que vous avez fait du bon travail. J'ai entendu dire que Dakota a été accepté à l'université avec une bourse complète.

– Il veut aller à l'école de médecine après avoir terminé sa licence. Il étudie les sciences biomédicales, ce qui devrait lui donner une longueur d'avance pour entrer dans une bonne école. Je ferai tout ce qu'il faut pour l'aider. S'il choisit la faculté de médecine, je l'aiderai de mon mieux.

Il fait une pause pendant que le serveur apporte nos plats. J'attends qu'il soit parti pour reprendre la conversation :

– Alors, vous avez dit que vous aviez une expérience à raconter. Par où voulez-vous commencer ?

– Je suis électricien de métier. J'ai été formé à l'armée, et quand j'en suis sorti, j'ai passé les examens d'État pour obtenir ma licence. J'ai ma propre entreprise et six employés travaillent pour moi. Comme c'est une entreprise autochtone, d'autres tribus m'appellent souvent pour résoudre des problèmes, former leurs électriciens et ainsi de suite. En tant que père célibataire, je suis vraiment sélectif concernant ce que je fais. L'été, quand Dakota n'est pas à l'école, je l'emmène avec moi. C'est un moment privilégié pour nous deux.

– C'était dans une autre réserve que vous avez fait cette rencontre hors du commun ?

Il acquiesce, et je le regarde couper son steak en petits morceaux.

– C'était dans le sud. À l'approche de Noël, j'ai reçu un appel. Il y avait une tempête terrible, et la majeure partie de la réserve était sans électricité. Dakota était encore à l'école, mais je savais que la tribu avait besoin de mon aide : le bétail mourait, les gens avaient faim et trois personnes étaient mortes, mais je ne voulais pas quitter Dakota pendant les vacances. J'ai discuté avec ses professeurs. Ils ont accepté de le libérer plus tôt et nous nous sommes mis en route pour trois semaines de vacances-travail.

– Quel âge avait Dakota à l'époque ?

– Il a 17 ans maintenant, donc il devait avoir 13 ans. Il était enthousiaste à l'idée de partir. Nous avions prévu un voyage de trois jours en voiture, mais il nous en a fallu presque cinq à cause de la neige. Lorsque nous sommes arrivés, la nourriture était transportée par avion vers des régions éloignées, mais, par endroits, il y avait tellement de neige que les gens étaient toujours coincés. Beaucoup étaient privés d'électricité depuis deux semaines, et les électriciens tribaux, qui faisaient des journées de dix-huit heures, n'étaient pas en mesure de localiser la source du problème.

– C'est dans cette réserve que vous avez fait votre rencontre hors du commun ?

– Il faut que je vous la raconte à ma façon. Il fait signe au serveur, qui apparait presque immédiatement à notre table. Pouvez-vous nous apporter du café, s'il vous plaît, demande Cisco, et deux parts de votre cheesecake Huckleberry pour le dessert ?

Alors que je tente de résister au dessert, Cisco lève la main pour m'interrompre :

– Si vous ne mangez pas votre part, dit-il, je le ferai. Ils préparent leur cheesecake avec des airelles sauvages. C'est le meilleur.

– J'ai hâte de savoir la suite de votre histoire.

– Lorsque je suis arrivé au quartier général de la tribu, le chef avait installé un logement de fortune pour nous, au bureau. Il n'y avait pas de chambre de motel disponible. J'ai passé la première journée à examiner les schémas du service électrique. Le lendemain matin, je savais quelles zones étaient à vérifier. Le chef a commandé un chasse-neige pour m'accompagner, et nous sommes partis. Pendant deux jours, nous avons parcouru les petites routes. Il chassait la neige et je le suivais. Une fois qu'un site était déneigé, je l'envoyais à un autre pour gagner du temps. C'était fastidieux. Parfois, nous nous retrouvions face à des amas de neige de 6 à 9 m. Je me suis demandé si nous allions y arriver un jour. Cisco s'arrête, prend une gorgée de café et une bouchée de son cheesecake. Il attend que je goûte le mien. Quand un sourire traverse mon visage, il me regarde avec une immense satisfaction. Je vous avais dit que c'était le meilleur cheesecake !

Je hoche la tête et prends une autre bouchée, en la savourant.

– Je vous en prie, continuez.

– Le cinquième jour passé dans la réserve, c'était la veille de Noël, il se faisait tard, et le conducteur du chasse-neige voulait rentrer chez lui, auprès de sa famille. Je lui ai dit d'y aller. J'en avais encore pour une demi-heure à peu près. Après qu'il soit parti, la lourdeur du silence autour de moi semblait sinistre. C'est difficile à expliquer. C'était sombre et froid. Le Soleil se montrait pendant la journée, mais maintenant, tout commençait à geler. J'ai ouvert la boîte de distribution électrique en pensant avoir découvert la source du problème. Juste au moment où j'ai terminé le travail, j'ai vu une lumière au loin. Au début, je pensais que c'était le chasse-neige, mais, à mesure qu'elle s'approchait, je savais que ce n'était pas l'un de nos véhicules.

– Pouvez-vous décrire ce que vous avez vu ?

– C'était comme deux lumières au début, mais je constatais maintenant qu'il n'y en avait qu'une. Puis, ce que j'ai vu était une sorte d'engin volant. J'ai pensé que c'était peut-être un hélicoptère apportant de la nourriture, mais il était silencieux. Je n'ai jamais imaginé que c'était un vaisseau spatial. Je suis monté dans mon pick-up et ai essayé de démarrer le moteur, car l'appareil se rapprochait de plus en plus. Je dois admettre que j'avais peur qu'il s'écrase. Je me demandais ce qu'un engin volant faisait dans cette partie éloignée de la réserve. C'est à ce moment-là que cela s'est produit.

Il finit son cheesecake et prend sa tasse de café.

– Que s'est-il passé ?

– L'engin survolait la ligne électrique. C'était un objet circulaire d'environ 10 à 15 m de diamètre. Je l'ai vu voler l'électricité des lignes. C'était comme un éclair irrégulier allant des lignes au vaisseau. Je suis descendu de mon pick-up pour mieux observer.

– Mais vous avez dit que vous aviez peur ?

– J'avais toujours peur, mais je ne pouvais pas m'en empêcher. C'était la chose la plus incroyable que j'avais jamais vue. Tandis que l'électricité entrait dans le vaisseau, il émettait une lueur rose. J'entendais un bourdonnement, comme un moteur roulant très doucement. Je suis resté là à regarder, en me demandant s'ils allaient détruire mon travail, quand, tout à coup, ils ont pris conscience de ma présence. Je suis retourné au pick-up et j'ai verrouillé les portes. C'est à ce moment-là qu'ils se sont éloignés de la ligne électrique et ont atterri doucement devant mon pick-up, bloquant le chemin.

– Vous avez vu les occupants du vaisseau ?

– Un seul, mais j'ai presque fait une crise cardiaque. Je n'y étais pas du tout préparé. Je n'avais aucun moyen de me défendre. J'ai pensé à mon fils qui m'attendait. J'avais promis de dîner avec lui la veille de Noël. Donc, après s'être posé, un panneau a soudainement glissé à l'arrière du vaisseau et un être est venu vers moi. Il était curieux de ma présence dans cet endroit isolé. Il n'arrêtait pas de me demander ce que je faisais.

– L'avez-vous bien vu ?

– Non, pas bien. Il était humanoïde en apparence, mais une lumière scintillante, comme de l'électricité, englobait tout son corps. Je pouvais dire qu'il avait une forme humaine, mais la lumière était si forte que je ne pouvais pas le regarder directement. Je me demandais s'il s'agissait d'un projet gouvernemental secret. Je lui ai crié dessus et demandé qui il était.

– Il a répondu ?

– Oui, qu'il venait de là-haut et qu'il serait bientôt parti. Je les avais vu prendre l'électricité et je pensais qu'il était capable de presque tout.

– Il vous parlait de vive voix ?

– Je ne sais pas. Je lui ai parlé oralement. Quand j'ai expliqué que je réparais l'électricité pour que les gens aient de la lumière, il m'a dit qu'il savait où se trouvait le problème principal et que ce n'était pas à la jonction où je travaillais. Il a dit qu'il y avait un autre carrefour qui était essentiel à toute l'électricité de la réserve. Il a proposé de m'y emmener et de m'aider.

– Comment comptait-il vous y amener ?

– C'est la question que j'ai posée. La zone dont il parlait était toujours obstruée par des tonnes de neige. Le conducteur du chasse-neige s'attendait à ce qu'il faille plusieurs jours pour dégager la route. Je m'étais plutôt concentré sur les autres problèmes potentiels, pensant qu'il serait possible de rétablir le courant, au moins à quelques centaines de familles. Il m'a dit que je pourrais rétablir le courant en moins d'une heure avec son aide.

– Avez-vous accepté la proposition de l'homme des étoiles ?

– Oui. Je suis entré dans une zone seulement éclairée par sa luminosité. Les poils sur tout mon corps se sont dressés, comme électrifiés. En une minute, nous survolions la distribution en question. J'ai dévissé le couvercle du panneau et le problème était évident. Les températures n'étaient jamais descendues en dessous de zéro sur la réserve avant cette tempête de neige effrayante, et la boîte de distribution était gelée. Je réfléchissais à un moyen de faire fondre les connexions gelées sans créer de panne majeure dans tout le réseau, mais le voyageur des étoiles a utilisé ses mains pour les faire fondre et les sécher. Ensuite, nous avons tout revérifié. Quand j'ai appelé le bureau tribal, ils fêtaient déjà le retour de l'électricité. Le réseau électrique fonctionnait à nouveau dans toute la réserve. J'ai remercié le visiteur. De retour à mon véhicule, j'ai mentionné que j'avais deux heures de route devant moi, et il a dit qu'il s'en occupait.

– Qu'a-t-il fait ?

– D'un coup, je me suis retrouvé à la périphérie de la ville, dans mon pick-up, en direction du bureau tribal. Mon fils et moi avons dîné ensemble le 24 décembre.

– Vous avez donc rétabli le courant dans toute la réserve.

– Toute la réserve. Le bureau tribal recevait des appels pour remercier le chef de la tribu. Il était enthousiaste. Il savait qu'avec les prochaines élections, il serait certainement réélu. Il m'a donné une prime de 1 000 $ en plus de mon salaire, que j'ai placée sur le compte-épargne dédié aux frais de scolarité de Dakota.

– Maintenant que trois ans se sont écoulés, diriez-vous que cette rencontre a changé votre vie ?

– L'homme des étoiles m'a appris qu'il y a d'autres êtres dans l'Univers et qu'il venait d'une civilisation où les gens s'entraidaient. La plupart des habitants de la réserve s'entraident aussi. Ils veillent les uns sur les autres. Il m'a montré que c'était la même chose dans l'Espace.

*Je n'ai revu Cisco que plusieurs mois plus tard, et nous restons en contact lorsque je visite la réserve. Il insiste toujours pour m'emmener manger du steak et du cheesecake aux airelles. Dakota a des notes excellentes à l'université, mais aime rentrer à la maison chaque été et aider son père dans son entreprise. Il prévoit toujours d'être médecin. Cisco passe plus de temps auprès d'autres tribus, maintenant que son fils est à l'université. Il dit qu'il espère revoir l'homme des étoiles. Il a préparé une liste de questions à lui poser s'il revient, mais, jusqu'à présent, il ne lui a pas encore rendu visite.*

## 17. L'histoire de Rain : il semblait sans âge

*Mère célibataire de deux enfants, Rain a obtenu son doctorat en psychiatrie dans une prestigieuse université. Après quatre ans de pratique, elle a accepté un poste de professeure adjointe à son ancienne université. Même si elle vivait en ville, Rain entretenait des liens étroits avec sa réserve et profitait de toutes les occasions pour rendre visite à sa mère et à sa grand-mère. Fière de sa famille matriarcale forte, Rain a insufflé la même indépendance à ses filles. Alors qu'elle appréciait les valeurs traditionnelles de son peuple et les pratiquait dans sa vie quotidienne, Rain avait un secret. Ce secret l'a incitée à me contacter.*

Je rencontre Rain au congrès de l'Association nationale d'éducation bilingue à Phoenix, dans l'Arizona. Accompagnée de ses jumelles, qui sont la copie conforme de leur mère, Rain demande si elle peut me rencontrer en privé après les conférences. Nous nous mettons d'accord pour nous retrouver dans sa suite après le dîner.

– Merci d'être venue, dit-elle en m'attrapant par le bras et en me tirant dans son salon. Il ne reste que quelques heures avant le retour des filles. Elles sont allées au cinéma de l'autre côté de la rue, avec des amis. Je ne veux pas qu'elles le sachent, mais il fallait que j'en parle à quelqu'un. Un psychiatre qui a besoin d'un psychologue. Allez comprendre ! Elle rit nerveusement et ramasse un paquet de cigarettes. J'espère que ça ne vous dérange pas, je fume quand je suis nerveuse.

– Il n'y a aucune raison d'être nerveuse. Si vous voulez me raconter ce qui vous est arrivé, je suis là pour vous écouter.

Elle allume une cigarette et prend la chaise en face de moi. C'est une petite femme aux longs cheveux noirs et raides. Vêtue d'un pantalon de jogging et d'un t-shirt, elle pourrait passer pour une de ses filles. Même si elle porte trop de rouge à lèvres et d'ombre à paupières, ses traits doux et sa peau impeccable révèlent sa beauté naturelle.

– J'ai rencontré le peuple des étoiles pour la première fois à l'âge de 20 ans. J'étais à l'université et je rentrais à la maison pour les vacances d'été. Ma mère et ma grand-mère vivaient dans une maison d'entraide, qu'elles avaient elles-mêmes aidé à construire, sur un terrain de 5 acres [2 ha]. Il y avait des terres tribales autour de notre propriété, donc j'avais l'impression que le monde entier était à portée de main. Ma mère et ma grand-mère travaillaient toutes les deux pour la tribu. J'avais un cheval, Starlight, que j'élevais depuis qu'il était petit. Elles prenaient soin de lui quand j'étais absente. Nous avions quelques poulets et un jardin. Juste une famille normale. Il me tardait de mes étés à la campagne. L'équitation était ma passion, et j'adorais me balader toute la journée sur les terres tribales avec Starlight.

– Avez-vous fait votre rencontre hors du commun lors d'une de ces promenades ?

Elle hoche la tête et attrape une autre cigarette. Elle se dirige ensuite vers le réfrigérateur.

– Vous voulez quelque chose à boire ? J'accepte l'un des deux sodas qu'elle tient. J'allais souvent vers le nord, j'empruntais un chemin que je connaissais bien et qui me permettait de faire le tour et de revenir par le sud, le long du fleuve, jusqu'à la maison. Je m'arrêtais souvent, je profitais du paysage, je déjeunais au bord de la rivière et laissais Starlight boire et brouter. C'est lors d'un de ces parcours que j'ai rencontré les hommes des étoiles pour la première fois.

– Pouvez-vous me parler de votre expérience ?

– Je suis montée au sommet d'une colline et j'ai regardé la vallée. J'y ai remarqué un engin circulaire d'environ 20 m de circonférence. J'étais étonnée, déconcertée et curieuse, tout à la fois. Je n'avais pas compris que c'était une soucoupe volante. J'ai invité Starlight à nous faire descendre vers le bas de la colline, lentement, pendant que j'examinais les environs. À mi-chemin, il est devenu anxieux et réticent. Il avait toujours obéi à mes instructions, mais, cette fois-ci, il résistait. Il a refusé de bouger. J'ai sauté de la selle, et il s'est enfui en remontant la colline au galop. Je savais qu'il était inutile d'essayer de le rattraper, d'autant plus qu'il se dirigeait vers la maison.

– Qu'avez-vous fait ?

– J'ai continué à descendre : je n'allais quand même pas rebrousser chemin. Mon idée était d'atteindre le fleuve et de le longer jusqu'à la maison, pour m'approcher de l'engin. À environ 5 m, j'ai senti une odeur inhabituelle. J'ai essayé d'étouffer ma toux, mais l'odeur a irrité mes poumons et j'ai commencé à tousser violemment. Je me suis couvert la bouche et le nez, et j'ai pensé que je ferais mieux de m'éloigner quand, soudain, je me suis retrouvée face à un homme des étoiles. À ce moment-là, j'ai eu des vertiges et je me suis évanouie.

Elle s'arrête, arpente la pièce et allume une autre cigarette. Elle boit une gorgée de soda et me regarde.

– Que s'est-il passé ensuite ?

– Je ne sais pas. Je me souviens m'être retrouvée à l'intérieur du vaisseau spatial, allongée sur une table en métal, et je n'avais plus ni vertiges ni toux. J'ai essayé de m'asseoir, mais je ne pouvais pas, comme si mon corps était collé à la table. J'ai crié aussi fort que j'ai pu. J'ignore pourquoi, je savais que personne ne viendrait me chercher. J'ai pensé à ma mère et à ma grand-mère. Elles ne sauraient jamais ce qui m'était arrivé.

– Vous avez dit avoir vu un homme des étoiles. Pendant combien de temps vous a-t-il gardé dans la pièce ?

– Je n'en suis pas sûre. Quand la porte s'est ouverte et qu'il est entré, d'un coup, je pouvais bouger. Je me suis assise et l'ai regardé. Il ressemblait à un humain ordinaire. Il mesurait environ 1,55 m. Il portait un vêtement bleu d'une seule pièce le couvrant entièrement, y compris les pieds et la tête. Il m'a dit que je n'avais rien à craindre de lui. Je l'ai cru. Je ne ressentais que de l'amour et de l'affection venant de lui. Il m'a demandé de me lever, m'a prise par le bras et m'a guidée vers une zone qui était le système de pilotage, m'a-t-il dit. Je lui ai demandé s'il était seul, et il m'a répondu qu'ils étaient trois. Le vaisseau avait des problèmes mécaniques et ils ont été forcés d'atterrir. Il m'a expliqué que des minéraux pourraient servir de réparation temporaire. Je ne me souviens pas de leur nom. Je me suis creusé le cerveau en essayant de m'en rappeler, mais rien ne vient. Je ne connais aucun minéral qui pourrait faciliter les déplacements spatiaux dans cette région, mais je ne suis ni géologue ni ingénieure.

– Avez-vous vu les autres ?

– Non, seulement lui.

– Vous êtes sûre qu'il était humain ?

– Aussi humain que vous et moi.

– Il ressemblait à un Autochtone ?

– Sa peau était foncée. Ses yeux étaient noirs. Je n'ai jamais vu ses cheveux. Ils étaient sous un bonnet, comme une capuche, mais moulante.

– Comment vous a-t-il parlé ?

– Il parlait anglais.

– Il parlait oralement ?

– Je n'en suis pas sûre. Je me souviens que j'ai ressenti de l'amour venant de lui, mais de l'amour d'un frère ou d'un père.

– Avez-vous appris quelque chose sur la raison pour laquelle il voyageaient dans l'Univers ?

– C'est la partie la plus étrange de toutes. Il m'a raconté que son peuple avait visité la Terre tout au long de son histoire. Au début, ils interagissaient avec les humains et ont même travaillé avec eux. Toutefois, désormais, c'est différent : avec notre technologie de pointe, les conséquences des interactions sont plus importantes, et elles sont interdites par son peuple. Il m'a dit que je ne devais jamais parler de notre rencontre et qu'elle devait rester secrète. Il a ajouté que si quelqu'un l'apprenait, ce ne serait pas bien pour moi.

– Alors pourquoi me racontez-vous votre expérience ?

– Il fallait que j'en parle. J'avais l'impression de devoir en parler à quelqu'un pour conserver ma santé mentale.

– Je ne comprends pas.

– L'an dernier, j'ai pris des vacances tout l'été. Je n'avais pas eu de temps libre depuis que j'avais obtenu mon doctorat. J'ai emmené mes filles, qui tentaient le baccalauréat l'année suivante, à la réserve pour profiter de l'été avec maman. Bien que nous lui rendions souvent visite tout au long de l'année, je n'y avais pas passé l'été depuis de nombreuses années. Starlight était toujours là. Il était beaucoup plus âgé, mais dès qu'il m'a vue, j'ai su qu'il voulait faire un tour. Un dimanche après-midi, maman a emmené les filles à l'église en prévoyant ensuite d'aller pique-niquer. J'ai sellé Starlight et pris notre chemin habituel. Même s'il se déplaçait plus lentement, nous sommes partis en direction du site d'atterrissage du vaisseau spatial. Lorsque nous sommes montés sur la colline, je l'ai vu dans la vallée en contrebas.

– L'engin spatial ?

Elle acquiesce, allume une autre cigarette et me regarde.

– Je suis désolée de fumer autant.

– Pas de souci. Continuez votre récit.

– Tout comme vingt ans plus tôt, je suis descendue de Starlight et j'ai lâché ses rênes. Cette fois, il ne m'a pas abandonnée. Il se tenait au sommet de la colline, comme s'il observait. Lorsque nous avons atteint le fond de la vallée, j'ai appelé l'homme des étoiles et il est apparu en un instant.

– Où était-il ?

– Je ne sais pas. Quoi qu'il en soit, il m'a saluée comme un vieil ami. Il a tendu la main et touché Starlight, qui semblait être à l'aise en sa présence.

– Êtes-vous retournée dans le vaisseau ?

– Pas cette fois-ci. Nous avons marché le long du fleuve. Nous nous sommes assis sur un rocher surplombant l'eau. L'homme des étoiles m'a dit que, depuis notre première rencontre, il était revenu au même endroit chaque année à la date de notre rencontre dans l'espoir de me revoir.

– Vous a-t-il dit pourquoi il revenait ?

– Il m'a dit qu'il était venu me demander de partir avec lui. Il attendait que je revienne ici.

– Partir avec lui ? Où ?

– Dans son monde. Rain regarde sa montre. Je lui ai dit que j'étais mère de deux filles et que je ne pouvais pas partir avec lui. Il m'a encouragée à les amener avec moi et à déménager sur sa planète. Je lui ai dit que j'avais des responsabilités et que ma mère vieillissait et avait besoin de moi. Il a proposé de l'emmener aussi.

– Pourquoi voulait-il vous emmener ?

– Il est resté un peu vague. Il a dit que la vie sur la Terre deviendrait très difficile, et il me donnait une occasion d'avoir une nouvelle vie. Je lui ai répondu que c'était impossible et que je ne quitterais jamais la Terre. C'était étrange. Il ne montrait aucune émotion et, pourtant, j'ai ressenti un amour que je n'avais jamais connu. C'était difficile de le rejeter. Il s'est levé, et je l'ai regardé partir. Pendant longtemps, je suis restée assise là. J'ai vu l'engin se mouvoir vers le haut et, en quelques secondes, il avait disparu. À mesure qu'il disparaissait, je me sentais extrêmement triste. Je savais que je ne le reverrais plus jamais.

– Et l'avez-vous revu ?

– Non. Je reviens chaque année, mais lui n'est pas revenu. Je continue de penser qu'il changera d'avis, mais je suppose qu'il considéra mon refus comme définitif.

– Avez-vous changé d'avis ?

– Pas vraiment, mais je ne peux m'empêcher de penser que j'ai raté l'occasion de ma vie. Elle s'assied et écrase sa cigarette. Voilà mon histoire.

– Vous souvenez-vous d'autre chose ?

– Oui. Au cours des vingt années qui se sont écoulées depuis que je l'ai vu pour la première fois, il n'avait pas du tout vieilli. Non seulement il était gentil, mais il était sans âge.


*Je reste en contact avec Rain, même si ma carrière universitaire est terminée. Elle a obtenu un poste de professeure titulaire à son université, et ses filles étudient maintenant à l'université. Sa mère est décédée il y a deux ans, mais Rain continue de retourner à la réserve pendant ses vacances d'été et attend son homme des étoiles. Jusqu'à présent, il n'est pas revenu.*

# Conclusion

Quand j'ai commencé à écrire ce livre, je voulais savoir si les Autochtones ayant grandi à l'époque de l'ère spatiale avaient fait des rencontres hors du commun sensiblement différentes de ceux avec peu ou pas de contact avec les ordinateurs, la télévision, internet ou les réseaux sociaux. Comme d'autres personnes interrogées dans mes livres précédents, ils ne cherchaient ni la célébrité ni l'argent. Ils furent même souvent réticents à partager leur vécu et ne le firent que parce que leur anonymat était garanti.

Comme ceux ayant vécu une vie plus isolée de la société technologique, ces témoins présentèrent de la cohérence dans leur récit, y compris au niveau des détails. Parfois, les circonstances de ces événements extraordinaires se recoupent, ce qui renforce le sentiment d'authenticité que ne pourraient présenter de pures fictions. Il en émerge même des similitudes troublantes quant aux descriptions des entités extraterrestres, malgré le caractère unique de chaque rencontre, à l'exception notable peut-être de l'apparition des hommes bleus sur les théâtres de guerre : bien que j'aie recueilli de nombreux récits de la part de vétérans, tous me confièrent séparément et unanimement que ces êtres emmenaient les soldats tombés avec la promesse d'une vie nouvelle sur une autre planète.

A contrario, les différences entre les témoignages ne signifient en rien que les personnes interrogées furent influencées par la littérature générale sur le sujet.

En ce qui concerne les activités des divers peuples des étoiles sur la Terre, il semble qu'elles n'aient pas changé de manière significative depuis le premier enlèvement. Une partie de leurs motifs a sans doute évolué, mais les principaux demeurent inchangés : ils utilisent toujours les humains pour la procréation.

Certains sont malveillants, d'autres bienveillants ; certains semblent vouloir nous aider, tandis que d'autres paraissent ambivalents et ne nous considèrent que comme des spécimens à étudier. Certains témoignent d'une profonde préoccupation envers nous, notamment à travers les guérisons, tandis que d'autres ne se soucient guère de la douleur de leurs captifs.

Bien que les histoires racontées dans ce livre par des personnes comme vous et moi suggèrent que les extraterrestres visitent cette planète presque quotidiennement, nous ne disposons pas de preuves pour l'affirmer. Aucun vaisseau spatial ni aucun être ne fut capturé, et ils ne laissèrent rien prouvant qu'ils venaient d'un autre monde ou possédaient une technologie très avancée.

Cependant, en tant que chercheur et scientifique, je crois que les récits de ce livre sont authentiques, légitimes et incontestables. Les Autochtones d'Amérique ont toujours eu des relations étroites avec le peuple des étoiles, qui ne se sont pas estompées avec le temps. Elles semblent même augmenter.

Cependant, les voyageurs de l'Espace d'aujourd'hui ne sont peut-être pas le peuple des étoiles de l'époque de nos grands-parents. Il apparaît même que de plus en plus d'espèces de ce grand Univers ont trouvé le moyen de venir sur notre Mère la Terre et qu'elles ne sont pas toutes ici pour veiller sur nous.

# Remerciements

Lorsqu'un livre est terminé, il est pratique courante de remercier ceux qui ont participé à sa création. Dans celui-ci, ceux qui méritent d'être reconnus sont honorés par omission. Je pense en particulier aux hommes et aux femmes qui m'ont raconté leur expérience. Comme promis, j'ai maintenu leur anonymat, mais cela ne rend pas leur vécu moins important. Leur volonté de le partager avec moi a rendu ce livre possible.

En outre, j'offre mes salutations à tous ceux qui m'ont soutenue pendant mes recherches. Reconnaître chacun d'entre vous personnellement pourrait dévoiler l'identité de certains témoins. Alors vous savez qui vous êtes et vous savez que je vous serai éternellement reconnaissante.

Il a fallu trois ans pour que ce livre soit terminé. Je dois ma plus profonde gratitude à mon éditeur en chef, Patrick Huyghe, dont le soutien pour ce travail fut sans précédent, depuis le début jusqu'à son achèvement.

Un remerciement spécial va à mon mari, Kip, qui a pris soin de moi pendant que je récupérais de ma chirurgie à cœur ouvert et de diverses complications associées à l'opération. Il n'a jamais hésité à me soutenir, et je lui en serai éternellement reconnaissante. C'est vraiment un homme parmi les hommes.

Dix pour cent des bénéfices de ce livre seront versés à la bourse Ardy Sixkiller Clarke de l'université d'État du Montana.

Remerciements de l'éditeur de la version française à Édouard Ballot.

# Bibliographie

NB : tous les titres d'ouvrages, de sites web et d'articles indiqués en anglais dans cette section n'ont fait l'objet d'aucune traduction en français à ce jour.

**Aronson, Virginia,** « John Hunter Gray », *Celestial Healing*, http://celestialhealingstories.com/healings.html.

**Beckley, Timothy Green and Sean Casteel,** *UFOs Wicked This Way Comes: The Dark Side Of The Ultra-Terrestrials*, Inner Light Global Communications, 2013.

**Boylan, Richard,** *The Human – Star Nations Connection: Key to History, Current Secrets, and our Near Future*, Richard Boylan, Ph.D., LLC; First edition, 2012.

**Bryan, C. D. B.,** *Close Encounters of the Fourth Kind: Alien Abduction, UFOs, and the Conference at M.I.T.,* Knopf, 1995.

**Bullard, Thomas E.,** « The Rarer Abduction Episodes » in Pritchard, Andrea & Pritchard, David E. & Mack, John E. & Kasey, Pam & Yapp, Claudia. *Alien Discussions: Proceedings of the Abduction Study Conference*, North Cambridge Press, 1994.

**Carpenter, John,** « Abduction Notes: Reptilians and Other Unmentionables, Part 1 », *Alien Jigsaw*, http://alienjigsaw.com/et-contact/Carpenter-Abductions-Reptilians-Nordics.html

**Carpenter, John,** « The Reality of the Abduction Phenomenon », *MUFON UFO Journal*, 1992.

**Cazeau, Charles J., & Stuart D. Scott Jr.,** *Exploring the Unknown: Great Mysteries Reexamined*, Da Capo Press, 1980.

**Clark, Jerome,** « The Extraterrestrial Hypothesis in the Early UFO Age » in David M. Jacobs, editor, *UFOs and Abductions: Challenging the Borders of Knowledge*, University Press of Kansas, 2000, (pp. 122–140).

**Clark, Ella E. and Margo Edmonds,** *Voices of the Winds: Native American Legends*, Castle Books, 2003

**Clark, Arthur C.,** *2001, L'Odyssée de l'Espace*, Robert Laffon. 2021.

**Clark News & Media Relations,** « Goddard launches space age with historic first 85 years ago today », Clark University, http://www.clarku.edu/article/goddard-launches-space-age-historic-first-85-years-ago-today.

**Clemmer, Richard O.,** « Then You Will Rise and Strike my Head from my Neck: Hopi Prophecy and the Discourse of Empowerment », *American Indian Quarterly* vol. 19, 1995, (pp. 31–73).

**Collyns, Robin,** *Did Spacemen Colonize the Earth?*, Regnery, 1976.

**Dennett, Preston,** *Guérisons extraterrestres*, Trajectoire, 2012.

**Frel, Jan,** « Inside the Great Reptilian Conspiracy: From Queen Elizabeth to Barack Obama–They Live! », *AlterNet*, 2010.

**Garber, Steve,** « Sputnik and The Dawn of the Space Age », *NASA*. https://history.nasa.gov/sputnik/

**Gibbons, Gavin,** *They Rode in Space Ships*, The Citadel Press, 1957.

**Hamilton, Ross,** *A Tradition of Giants: The Elite Social Hierarchy of American Prehistory*, R. Hamilton, 2007.

**Hancock, Graham,** *L'Empreinte des dieux*, J'ai Lu, 2018.

**Hopkins, Budd and Carol Rainey,** *Sight Unseen: Science, UFO Invisibility, and Transgenic Beings*, Atria, 2003.

**Hopkins, Budd,** *Intruders*, Random House, 1987.

**Icke, David,** *Les Enfants de la matrice : Comment une race d'une autre dimension manipule notre planète depuis des millénaires*, Louise Courteau, 1998.

**Jacobs, David,** *Ils marchent parmi nous – Le plan extraterrestre pour contrôler l'humanité*, Atlantes, 2017.

**Le Poer Trench, Brinsley,** *Le peuple du ciel*, J'ai Lu, 1976.

**Le Poer Trench, Brinsley,** *Mysterious Visitors: The UFO Story*, Stein and Day Publishers, 1971.

**Lewis, James R.,** Editor, *UFOs and Popular Culture*, ABC-CLIO, Inc., 2000.

**Mack, John E.,** *Passeport pour le Cosmos – Transformation humaine et rencontres alien*, Dervy, 2016.

**Mack, John. E.,** *Dossier extraterrestres : l'affaire des enlèvements*, Presse de la Cité, 1995.

**Mackenzie, Donald A.,** *Pre-Columbian America: Myths and Legends*, Senate, 1996.

**McDougall, Walter A.,** *Shooting the Moon*, American Heritage, 2010.

**Menger, Howard,** *Amicalement de l'Espace : le secret des soucoupes volantes*, Lulu.com, 2020.

**Mills, Kenneth, R.,** *Colonial Spanish America: A Documentary History*, Rowman & Littlefield, 1998.

**Morning Sky, Robert,** *The Terra Papers*, Terra, 1980.

*Police Officer Herbert Schirmer Abduction*, UFO Evidence, December 3, 1967.

**Randle, Kevin,** *The UFO Casebook*, Grand Central Publishing, 1989.

**Reed, A.W.,** *Aboriginal Myths, Legends, and Fables*, New Holland Publishers, 1999.

**Roth, Christopher F.,** « Ufology as Anthropology: Race, Extra-terrestrials, and the Occult » in Debbora Battaglia, editor, *E.T. Culture: Anthropology in Outerspaces*, Duke University Press, 2005.

**Schefter, James,** *The Race: The Uncensored Story of How America Beat Russia to the Moon,* Doubleday, 1999.

**Shapiro, Joshua,** *Star Knowledge UFO Conference Update*, Contact Forum 4, no. 5 (September-October), 1996.

**Sitchin, Zechariah,** *La 12ᵉ planète*, Macro, 2021.

**Sitchin, Zechariah,** *Guerres des dieux, guerres des hommes*, Macro, 2018.

**Sitchin, Zechariah,** Cosmo *Genèse – Le secret à l'origine de l'humanité,* Macro, 2017.

**Sitchin, Zechariah,** *When Time Began: The First New Age*, Avon Books, 1993.

**Sitchin, Zechariah,** *Rencontres avec le divin – Une explication des visions, des anges et autres émissaires,* Macro, 2014.

**Standing Elk,** *Rods on the Yankton*, Contact Forum 5, no. 3 (May-June), 1997.

**Steiger, Brad,** *Out of the Dark: The Complete Guide to Beings from Beyond*, Kensington, 2001.

**Story, Ronald,** *Guardians of the Universe?*, St. Martin's Press, 1980.

**Strieber, Whitley,** *Communion, A True Story*, Beech Tree Books, 1989.

**Summers, Marshall Vian,** « The Allies of Humanity Book One, Sixth Briefing: Questions and answers », *The Allies of Humanity*, http://alliesofhumanity.org/.

**Summers, Marshall Vian,** *The Great Waves Prophecy*, *The New Message from God,* https://www.newmessage.org/the-message/volume-4/great-waves-change/the-great-waves-

prophecy.

**Summers, Marshall Vian,** *The Tools of the Intervention*, *The Allies of Humanity*, http://alliesofhumanity.org/alien-intervention.

**Sutherland, Mary,** *The Blue People*, http://www.burlingtonnews.net/bluepeople, 2004.

**Swerdlow, Stewart,** *True World History: Humanity's Saga*, Expansions Publishing, 2014.

*Testament for Believers*, *Time*, November 18, 1966.

**Tiger Tiger,** « Space Age Indian », *Space Age Indian*, TTM Records, 1994.

**Trompf, Garry W.; Bernauer, Lauren,** *Producing Lost Civilisations: Theosophical Concepts in Literature, Visual Media and Popular Culture* in Cusack, Carole & Norman, Alex. *Handbook of New Religions and Cultural Production*, Brill, 2012.

**Temple, Robert,** *The Sirius Mystery,* St. Martin's Press, 1976.

**Vallee, Jacques,** *Passport to Magonia: From Folklore to Flying Saucers*, Regnery, 1969.

**Wright, Dan,** *Commonalities and Disparities: Findings of the MUFON Abduction Transcription Project*, MUFON International UFO Symposium Proceedings, 1995.

**Walton, Travis,** *Fire in the Sky*, DaCapo Press, 1997.

**Ywahoo, Dhyani,** *Sagesse amérindienne – Tradition et enseignements des Indiens cherokee*, Le Jour, 2020.

# À propos de l'auteure

Le docteur Ardy Sixkiller Clarke apporte au domaine de l'ufologie ses diplômes en histoire, en anglais, en psychologie et en leadership éducatif, ainsi que son parcours d'enseignante, de professeur d'université, d'administratrice universitaire, de thérapeute, de psychologue et de chercheur en sciences sociales. Professeure émérite à l'université d'État du Montana et ancienne directrice du *Center for Bilingual/Multicultural Education*, elle a travaillé avec des Autochtones pendant la majeure partie de sa carrière. Ses trois livres précédents dans le domaine de l'ufologie sont *Rencontres avec le peuple des étoiles : récits amérindiens inédits* (Atlantes), *Sky People: Untold Stories of Alien Encounters in Mesoamerica* (New Page Books), et *More Encounters with Star People: Urban American Indians Tell Their Stories* (Anomalist Books). Elle est aussi l'auteure de nombreux livres pour enfants et de *Sisters in the Blood: The Education of Women in Native America*, best-seller parmi les ouvrages universitaires.

Elle vit au milieu des montagnes Rocheuses dans le Montana avec son mari. Son site web, www.sixkiller.com,* fournit les renseignements les plus récents sur ses écrits. Vous pouvez communiquer avec elle à : ardy@sixkiller.com.*

\* En anglais uniquement

# Table des matières

## Deuxième partie
## Les reptiliens et insectoïdes

## Troisième partie
## Les autres peuples des étoiles

www.ingramcontent.com/pod-product-compliance
Lightning Source LLC
Chambersburg PA
CBHW031117020426
42333CB00012B/120